Über Christine Brückner

Aufsätze, Rezensionen, Interviews

Herausgegeben von Gunther Tietz

Mit Originalbeiträgen von
Sigrid Bauschinger, Joachim
Biener und Heinz Gockel

W0179628

ein Ullstein Buch

ein Ullstein Buch
Nr. 22173
im Verlag Ullstein GmbH,
Frankfurt/M – Berlin

Originalausgabe

Umschlagentwurf:
B. O. & R., Frankfurt
Foto: Ullstein
Alle Rechte vorbehalten
© 1989 Verlag Ullstein GmbH,
Frankfurt/M – Berlin
Printed in Germany 1990
Gesamtherstellung:
Ebner Ulm
ISBN 3 548 22173 4

2. Auflage April 1990

Vom selben Herausgeber
in der Reihe der
Ullstein Bücher:

Malwida von Meysenbug (30175)
Christine Brückner, Hat der Mensch
Wurzeln? (20979)

CIP-Titelaufnahme
der Deutschen Bibliothek

Über Christine Brückner: Aufsätze,
Rezensionen, Interviews / hrsg. von
Gunther Tietz. Mit Orig.-Beitr. von Sigrid
Bauschinger… – Orig.-Ausg., 2. Aufl. –
Frankfurt/M; Berlin: Ullstein, 1990
    (Ullstein-Buch; Nr. 22173)
    ISBN 3-548-22173-4
 NE: Tietz, Gunther [Hrsg.]; Bauschinger,
Sigrid [Mitverf.]; GT

Inhalt

ZUSTIMMUNG UND WIDERSPRUCH

Vorbemerkung

Seit ihrem erzählerischen Debüt, dem 1954 erschienenen Roman *Ehe die Spuren verwehen,* gehört Christine Brückner zu den erfolgreichsten deutschen Schriftstellern; gleichwohl wurde und wird über ihr inzwischen ein gutes Dutzend Romane und etliche Bände Erzählungen umfassendes Werk in der Fachkritik von Anfang an gestritten. Der vorliegende Band dokumentiert unterschiedlichste Stellungnahmen unter dreierlei Gesichtspunkten: In einem ersten Teil wenden sich Literaturwissenschaftler und -kritiker grundsätzlichen ästhetischen und moralischen Fragen des schriftstellerischen Schaffens der Autorin zu. Im zweiten Teil sind die wesentlichen Rezensionen versammelt, wobei, der Bedeutung der Bücher entsprechend, das Schwergewicht auf der *Poenichen-*Trilogie und den *Ungehaltenen Reden* liegt. Drittens analysiert Sigrid Bauschinger das sehr besondere Verhältnis der Leser zum Werk Christine Brückners. Diese Textsammlung will zu einer kritischen Orientierung beitragen; über Dauer und Wert der Bücher Christine Brückners aber entscheidet stets aufs neue der Leser.

Berlin, im April 1989 *Gunther Tietz*

Fragen
und Antworten

HEINZ GOCKEL

»Man darf mich beim Wort nehmen«
Die sehr ernsten Sprachspiele der
Christine Brückner

> Denn oft sind Worte wie Papierlaternen,
> wohlfeiler Tand nur, bis ein Licht sie sacht
> erhellt und immer durchsichtiger macht;
> dann hängen sie gleich zauberhaften Sternen
> in der Unendlichkeit der Nacht.
>
> (Manfred Hausmann)

Für die zweckfreie Tätigkeit der Kunst, die dem Menschen die Anschauung seiner selbst als freiem Wesen vermittelt, findet Hegel in der Einleitung zu seinen *Vorlesungen über Ästhetik* ein sehr aufschlußreiches Bild: »Der Knabe wirft Steine in den Strom und bewundert nun die Kreise, die im Wasser sich ziehen, als ein Werk, worin er die Anschauung des Seinigen gewinnt.« Unbewußt weiß sich der Knabe als Verursacher einer Veränderung von »Außendingen«, die zwar in der Folge dem Gesetz der Kausalität unterliegt, nicht aber in ihrem Ursprung. Dabei ist sowohl die Tätigkeit des Knaben wie das Spiel der auf dem Wasser sich bildenden Kreise gemeint. Der Stein, der ins Wasser fällt, hat eine nicht erwartete, zumindest nicht dem Zweck, zu dem er ins Wasser geworfen wurde, entsprechende Wirkung. So ist alle Kunst gekennzeichnet durch einen ursprünglich freien, das heißt bei Hegel auch spielerischen Umgang mit den Dingen, der sie ihrer Zweckmäßigkeit enthebt, gerade dadurch ihnen die Fremdheit nimmt, sie zu »vertrauten« Gegenständen macht, in welchen er sich selbst als freies Wesen wiedererkennen kann. Denn die künstlerische Tätigkeit befriedigt als Spiel das Bedürfnis der geistigen Freiheit des Menschen. Diese aber gehört zu seinen höchsten Interessen.

Ist sie doch Ausdruck einer Unabhängigkeit von den »Gesetzen der Dinge«. Ausdruck einer Überlegenheit von jeder Art Notwendigkeit.

»Die Anschauung des Seinigen« – was denn aber wird als »das Seinige« angeschaut? Es ist nichts anderes zur Anschauung gebracht als die geistige Freiheit. Diese erhebt sich über die Notwendigkeit kausaler Abhängigkeiten, nicht indem sie diese außer Kraft setzt, sondern indem sie mit ihnen zu spielen weiß. Hegel nennt die geistige Freiheit das höchste Interesse des Menschen. Spiel ist nur ein anderer Name für dieses Interesse. Davon wußte schon Schiller in den *Ästhetischen Briefen* zu reden, wenn er den Spieltrieb des Menschen als ästhetischen mit der moralisch begründeten Forderung nach Freiheit zu verbinden suchte. »Um es endlich auf einmal herauszusagen«, formuliert Schiller sein ästhetisches Credo beinahe ungeschützt, »der Mensch spielt nur, wo er in voller Bedeutung des Worts Mensch ist, und er ist nur da ganz Mensch, wo er spielt.« Spiel – »von den Fesseln jedes Zwecks, jeder Pflicht, jeder Sorge frei« – ist für Schiller der Name für das »freieste und erhabenste Sein«. Spiel meint auch hier die zweckfreie Tätigkeit des Menschen, die Kausalitäten in Bewegung setzt, ohne dem Gesetz der Kausalität zu unterliegen. Davon wird im Zusammenhang mit Christine Brückners Büchern noch die Rede sein.

Freiheit im Spiel – das ästhetische Interesse. Wo sind die Zwänge, wo ist die »Fremdheit der Dinge«, wenn es sich um Sprache handelt, die in ästhetisches Spiel überführt wird? Solchen Zwängen – zumeist ungewußt und unerkannt – unterwirft uns ein Sprachgebrauch der Konvention, der in der richtigen, das heißt übereinstimmenden Mitteilung seine Bestätigung sucht. Nietzsche hat diese Sprache der Konvention diagnostiziert, zugleich aber auf jene Ursprünge der sprachlichen Mitteilung hingewiesen, die der Konvention zuwiderlaufen. Nietzsche fragte nach der Wahrheit der Sprache. »Was ist also Wahrheit? Ein bewegliches Heer von Metaphern, Metonymien, Anthropomorphismen, kurz eine

Summe von menschlichen Relationen, die, poetisch und rhetorisch gesteigert, übertragen, geschmückt wurden und die nach langem Gebrauche einem Volke fest, canonisch und verbindlich dünken: die Wahrheiten sind Illusionen, von denen man vergessen hat, dass sie welche sind, Metaphern, die abgenutzt und sinnlich kraftlos geworden sind, Münzen, die ihr Bild verloren haben und nun als Metall, nicht mehr als Münzen in Betracht kommen.« Die Wahrheit unserer mitteilenden Rede: Sie ist zumeist eine Illusion des Sprachgebrauchs. Der Vergleich mit der Münze ist bezeichnend: Wir sprechen mit Wörtern, die ihr Bild verloren haben. Die Wahrheit unserer Mitteilungen beruht auf einem Sprachgebrauch, der die Wörter im Laufe der Zeit abgegriffen hat, so daß nur noch ihr Tauschwert, nicht mehr ihre Bildkraft von Bedeutung ist. Unsere Wahrheiten der Sprache sind Wahrheiten der Übereinkunft. Wir haben gelernt zu sprechen, wie *man* spricht; wir haben gelernt, uns auszudrücken, wie *man* sich ausdrückt. Es geht verloren, was die Sprache ursprünglich auszeichnet: ihre Metaphorik, ihre Ambivalenz, ihre unendliche Vieldeutigkeit in bildlicher Konstanz. Die durch Konvention geformte Sprache hat die Metaphern entleert. Sie hat die Wort-Münzen ihres Bildes beraubt. Sie hat die anschaulichen Metaphern in Schemata übernommen, das Bild in den Begriff überführt. Absichtslos war das nicht. Denn, so fährt Nietzsche fort, im Bereich jener Schemata »ist etwas möglich, was niemals unter den anschaulichen ersten Eindrücken gelingen möchte: eine pyramidale Ordnung nach Kasten und Graden aufzubauen, eine neue Welt von Gesetzen, Privilegien, Unterordnungen, Gränzbestimmungen zu schaffen, die nun der anderen anschaulichen Welt der ersten Eindrücke gegenübertritt, als das Festere, Allgemeinere, Bekanntere, Menschlichere und daher als das Regulirende und Imperativische«. Seltsam mutet in diesem Zusammenhang das Wort »menschlich« an. Die Ironie Nietzsches ist nicht zu überhören. »Menschlich« ist dieser Sprachgebrauch, weil er das Bekannte reproduziert, weil er in »hundertjährigen Gewöhnungen« lehrt, nach einer »festen Konvention zu lügen«, aber gerade mit dieser Lüge das Gefühl der sprachlichen Wahrheit vermittelt. In solchen Konventionen lernen wir sprechen.

»Unsre Wärterinnen, die unsre Zunge bilden, sind unsre ersten Lehrer der Logik«, wußte schon Herder. Glücklich, wer Wärterinnen hat, die Geschichten zu erzählen wissen und wenig von der Logik des Sprachgebrauchs verstehen. Aber zumeist lernen wir mit der Sprache die Logik des Regulierenden, die Logik verfestigter Schemata. Damit ist die Wahrheit der Sprache verlassen. Sie hat sich aber ein Refugium in jeder Metapher, auch wenn sie noch so abgegriffen ist, bewahrt. Denn die Metapher weist – auch wenn sie zum Begriff geworden ist – noch auf die anfängliche Bildlichkeit der Sprache und auf die Ambivalenz ihrer Bedeutungen hin. Noch in der Sprache der Floskel bewahren, freilich nicht mehr bewußt und anerkannt, Metaphern und Sprachbilder, selbst wenn sie sinnlich kraftlos geworden sind, ihr ehemaliges Recht.

Wenn Nietzsche die ursprüngliche Wahrheit der Sprache in deren Metaphorik erkennt, steht er nicht allein. Er hätte sich auf einen in dem veröffentlichten Zusammenhang kaum zu erwartenden Text von Goethe berufen können. In Goethes *Allgemeiner Naturlehre* aus dem Jahre 1794 findet sich ein kleiner Aufsatz mit dem Titel »Symbolik«. Nietzsche scheint, wenn er die Metaphern, Metonymien und Anthropomorphismen der Sprache mit Münzen vergleicht, Goethe zu zitieren. Wie es goldene, silberne und kupferne Münzen gibt, aber auch Papiergeld, so gibt es in der Sprache mehr oder weniger Realität. Wie der Wert des Papiergeldes auf Vereinbarung, nicht auf dem Material beruht, so beruht der Wert der Sprache oft nicht mehr auf ihrer ursprünglichen Bildlichkeit. Mit Papiergeld lassen sich trefflich Geschäfte machen, und mit Worten läßt sich trefflich streiten. Aber weder das Geschäft noch der Streit ist der wahrhaft menschliche Umgang unter Menschen.

Wenn Nietzsche und Goethe nach der Wahrheit der Sprache fragen, kommen sie zur gleichen Antwort: Die Wahrheit der Sprache liegt in ihrer ursprünglichen, aber durch den Gebrauch verdeckten Bildlichkeit. Verdeckte Bildlichkeit – das ist nur eine andere Bezeichnung für das Metaphorische der Sprache.

»Unsere meisten Ausdrücke sind metaphorisch, es steckt in denselben die Philosophie unserer Vorfahren.« So sieht Lichtenberg das Herdersche Problem der Sprachlogik unserer Wärterinnen. Und er wendet sich gegen Rezensenten, die dem Philosophen verbieten wollen, in Metaphern zu reden. Die bildhafte Philosophie unserer Vorfahren hat Metaphern als adäquaten menschlichen Umgang mit der zu benennenden Wirklichkeit geschaffen, deren denkanregende Wirkung nicht einmal die Sprache der Konvention zunichte machen konnte. Da liegt der Vorzug, wenn wir mit der Sprache der Wärterinnen auch deren Logik lernen. Denn es ist immer auch eine Logik der Bildlichkeit, eine Logik der Vieldeutigkeit. Freilich haben wir verlernt, diese Logik der Bildlichkeit zur Sprache zu bringen. Das hat seinen rechtmäßigen Grund. Sprachbilder und Metaphern sind selten eindeutig. Ihre intentionale Ambivalenz, wenn nicht Multivalenz stört die geregelte Mitteilung. Die Bilder der Seele wie die der Sprache sind nicht auf den Begriff zu bringen. Sie sind vieldeutig und interpretierbar. Dennoch sind wir genötigt, das, was wir mitteilen wollen, in eindeutiger Begrifflichkeit zu sagen. Dabei bedienen wir uns einer Sprache, deren Intention Vieldeutigkeit ist. Goethe nennt diese Sprache die poetische. Nehmen wir das an, so zeigt sich die Misere unseres Sprachgebrauchs: Wir verwenden eine Sprache, die intentional poetisch ist, um gerade um der Mitteilung willen das Poetische zu eliminieren. Die Schattenseiten haben ihr Licht. Was Nietzsche um der methodischen Klärung willen als Gegensatz herausstellt, die Sprache der Bilder und die Sprache der Begriffe, hat doch seine geheime Identität. Selbst wo Metaphern kraftlos geworden sind, bleiben sie

Metaphern. Es käme, um der Wahrheit der von Goethe poetisch genannten Sprache zu ihrem Recht zu verhelfen, darauf an, die latente metaphorische Valenz der Sprache zu artikulieren, ihre Vieldeutigkeit nicht zu benennen, sondern im Umgang mit ihr selbst zur Darstellung zu bringen.

Es dürfte bezeichnend sein, daß Christine Brückner oft und gern Autoren zitiert, denen der Umgang mit der Sprache nicht selbstverständlich war: Lichtenberg, Goethe, Hofmannsthal, Marie von Ebner-Eschenbach – Aphoristiker allemal, die mit ihren Aphorismen und Maximen großenteils das sehr ernste Spiel der Sprachkritik betrieben. Dabei gibt es unerwartete geistige Wahlverwandtschaften in der schriftstellerischen Intention. »Die Anschläge auf der Schreibmaschine werden die einzigen Anschläge sein, die ich verübt habe . . .« (*Mein schwarzes Sofa*, S. 64) Das ist zurückhaltend gesagt, entdeckt doch aber seine Provokation in der Doppeldeutigkeit des Wortes »Anschlag«. Diese Doppeldeutigkeit wird erst erstellt durch das hinzugefügte Verb »verüben«. Weniger zurückhaltend hatte Lichtenberg von der Wirkung seiner Aphorismen gesprochen. »Mit der Feder in der Hand habe ich, mit gutem Erfolg, Schantzen erstiegen, von denen andere mit Schwerd und Bannstrahl bewafnet zurückgeschlagen worden sind.« Bei Christine Brückner fällt bei aller Zurückhaltung die Fähigkeit auf, den übertragen verwendeten Ausdruck an eine konkrete Situation zu binden, sei diese Situation eine historische oder eine fiktive – ein methodisches Verfahren, das des öfteren bei ihr festzustellen ist und das der Absicht dient, für die begriffliche Rede einen situativen Kontext zu schaffen. Das stellt den Begriff nicht in Frage, ist aber angetan, ihn in seiner Begrifflichkeit neu zu bedenken.

Ein gleiches: Maximiliane von Quindt, als sie erfährt, daß die Tochter Tora, weil sie »wohl zu lange Hermann Hesse gelesen«, auf dem Weg nach Indien ist, weiß eine Maxime zu formulieren: »Die Dichter scheinen nicht zu ahnen, was sie mit ihren Büchern anrichten.« (*Nirgendwo ist Poenichen*,

S. 272) Wiederum ist an Lichtenberg zu erinnern und an seine Bemerkung: »Mehr als das Gold hat das Blei die Welt verändert. Und mehr als das Blei in der Flinte das Blei im Setzkasten.« In dem Satz der Maximiliane ist das Apodiktische der Aussage zurückgenommen. Es wird eher vermutet, denn behauptet. Wichtiger aber, daß diese Maxime im – wenn auch jetzt fiktiven – Kontext einer Situation entsteht. Das heißt freilich nicht, daß sie nur diesem Kontext entspräche. Im Gegenteil, sie wird gerade dadurch zur Maxime, daß sie sich vom Kontext lösen kann. Offensichtlich aber legt Christine Brückner Wert darauf, die »Quin(d)t-Essenzen und Maximen« der *Poenichen*-Romane nicht losgelöst von der Handlung oder dem Charakter einer der Figuren zu formulieren.

Es zeigt sich die Tendenz der Rückbindung einer Maxime an konkrete, wenn auch fiktiv erstellte Ausgangssituationen bzw. der Auslösung der Maxime durch diese. Diese Tendenz ist nicht nur im Verhältnis der Maxime zum Romangeschehen festzustellen, sondern auch da, wo Christine Brückner – in *Mein schwarzes Sofa* schon durch das literarische Genus der »Aufzeichnungen« gegeben – Maximen gleichsam isoliert vorträgt, wenngleich assoziative Zusammenhänge erkennbar sind. »Depressionen sind ansteckend wie Typhus, die Länge der Inkubationszeit kenne ich in beiden Fällen nicht.« (*Mein schwarzes Sofa*, S. 43) Die Rückbindung geschieht hier dadurch, daß die Maxime mit einer – möglichen – Erfahrung der Autorin konfrontiert wird. Diese Erfahrung veranlaßt zugleich den Leser, die Maxime auch an seiner eigenen Erfahrung zu überprüfen.

Kennzeichen aphoristischer Sprachkritik ist es, wie Lichtenberg es einmal formulierte, die Wörter wieder zu »indefinieren«. Gemeint ist der Versuch, das in den Wörtern an Bedeutung durch konventionellen Sprachgebrauch Festgelegte, das Definitorische, also das tendenziell Begriffliche aufzulösen und dem Wort wieder metaphorisches Recht zu geben. Oder, um es mit Goethe zu sagen: der abgegriffenen

Münze das Bild zurückzugeben. Eine bekannte Erfahrung: wenn in einer Diskussion verlangt wird, man sollte erst einmal seine Begriffe definieren, dann ist eine Verständigung zumeist nicht mehr möglich. Sprachliche Verständigung braucht begriffliche *In*definition. Der konventionalisierte Sprachgebrauch aber hat die gegenteilige Intention. Die großen Aphoristiker kennen die Spracharbeit, die erforderlich ist um des »Indefinierens« willen. Sie besteht zunächst in einer Störung. Gestört werden die geläufigen Bedeutungen von Wörtern, die sie im Laufe eines jahrhundertelangen Gebrauchs angenommen haben. Vor allem, wenn dieser Sprachgebrauch die Bildlichkeit des Wortes hat vergessen lassen. Lichtenberg weiß, wer fruchtbare Spracharbeit auf dem weiten Feld der Sprachkritik zu leisten vermag: derjenige, dem es unmöglich ist, »die Wörter nicht in dem Besitz ihrer Bedeutungen zu stören«. Diese Störung, die zunächst Irritation für den Leser bedeutet, ist aber nicht um der Störung willen da. Die Irritation hat die Wirkung, den Leser in seiner Meinung von der Eindeutigkeit eines Wortes unsicher zu machen. Das Ziel der Störung ist, die Ambivalenz oder Vieldeutigkeit der Wörter und damit der Sprache überhaupt bewußt zu machen. Daß dies spielerisch geschieht, ist nur Konsequenz des ästhetischen Umgangs mit Sprache.

Solcher Irritation begegnen wir bei Christine Brückner allenthalben, vor allem in *Mein schwarzes Sofa*, in *Das glückliche Buch der a.p.*, in den *Ungehaltenen Reden*.

Da ist die Beschreibung eines Genesungsaufenthalts in Wildbad. Das Orchester spielt »vertraute Weisen«. Die Floskel ist bekannt, zu bekannt. Es folgt die erste Irritation, indem eine genau die Situation treffende neue Metapher erfunden wird: das »Rauschen der Geigen«. Es wird – man dankt es der, die zu hören weiß – vom Rauschen der Bäume und der Enz übertönt. Weiß doch der Leser um den Ursprung der neuen Metapher. Die vertrauten Weisen: »gängige Musik« – soweit die Floskel. Nur ein Wort weiter: »begehbar« – die Floskel ist als Floskel erkannt. Und zwar dadurch, daß das abgegriffene Wort »gängig« mit der konkreten Situation, von der es eigentlich spricht, das es aber doch uneigentlich zu verdecken sucht, konfrontiert wird. Solche Konfrontation enthält eine Wertung. Es wird der Widerspruch deutlich, den die Floskel »gängige Musik« enthält, ohne daß die, die sie verwenden, sich dessen bewußt sind. Denn Musik verlangt Ruhe, um ihr zuhören zu können, und nicht, daß »man kommt und geht«. (*Mein schwarzes Sofa*, S. 49)

Nicht immer ist die Rückführung auf konkrete Situationen nötig, um die Widersprüchlichkeit einer gängigen Sprachformel oder die Doppeldeutigkeit eines Wortes zu entdecken. Gelegentlich reicht die Wiederholung des Wortes in einer anderen Aktionsform. »Der Umgang mit den wirklich Leidenden erweist sich als leichter als der mit denen, die Beschwerden haben. Die Leidenden leiden; wer Beschwerden hat, beschwert sich.« (*Mein schwarzes Sofa*, S. 50) Ein Sprachwitz scheinbar. Ein Klischee wird bestätigt. Allerdings stört das Intransitiv. Und es stört die vergleichsweise unpersönliche Teilnahme an denen, die Beschwerden haben. Selbstverständlich leiden die Leidenden, möchte man sagen; selbstverständlich beschweren ... – das »sich« erweist sich als unangemessen. Ließe man es fort – der Parallelismus der Aussage legt dies nahe –, so wäre denn das Wort »beschweren« wörtlich zu nehmen. Die, die Beschwerden haben, beschweren sich und andere. Auch hier: indem die Doppeldeutigkeit des Wortes »beschweren« entdeckt wird, ist eine Wertung vorgenommen, eine Wertung zugunsten der Leidenden.

Christine Brückner weiß sich als moralische Autorin. Deshalb kann sie nicht ohne Wertung auskommen. Auch da, wo sie Sprachkritik übt, ist diese nicht destruktiv. Gern zitiert sie Goethe, der wußte, daß uns die Poesie »doch eigentlich dazu gegeben ist, um die kleinen Zwiste des Lebens auszugleichen und den Menschen mit der Welt und seinem Zustand zufrieden zu machen«. (*Mein schwarzes Sofa*, S. 98)

Das scheint auf Affirmation hinauszulaufen, wäre denn Affirmation nur Bestätigung des Vorgegebenen und nicht Zustimmung zu dem, was zu leben sich lohnt.

Solche Zustimmung ist immer auch Zustimmung zu einem Schreiben, das das Sentimentale, wenn es zum Klischee wird, um des Sentimentalischen willen entlarvt. Die Wortwitze und Sprachspiele, die wir von Christine Brückner kennen, wehren sich gegen Klischees der Gedankenlosigkeit, um Nachdenken im Leser zu provozieren. »Andenkquitäten« hat sie mit Otto Heinrich Kühner im gemeinsamen »Kuriositäten-Kabinett« gesammelt. (*Mein schwarzes Sofa*, S. 314) Ein Bierkrug mit der Nummer vier erinnert an Sulzbach-Rosenberg. Stände nicht »Nummer vier« da, würde man »Andenkquitäten« als Wortspiel abtun können. Der Kontext aber läßt solche Leichtfertigkeit nicht zu. Er kennzeichnet die Antiquität nicht als Rarität, sondern als Teil einer möglichst vollständigen Sammlung. Kann man in Quantitäten denken? Ist das Andenken an Quantitäten meßbar?

»Ich bin ein Schreiber, kein Unterschreiber.« (*Mein schwarzes Sofa*, S. 339) Auch dies ist mehr als ein Wortwitz, der nur aus der Wörtlichkeit lebt. Eine Wortneubildung, die sich freilich aus einem gebräuchlichen Wort ableitet. Das Verb »unterschreiben« ist geläufig, das daraus gebildete Substantiv nicht. Keineswegs aber ist die Bedeutung auf das Substantiv übertragen. »Unterschreiben« nämlich ist wertfrei, bezogen nur auf die Tätigkeit. Das Substantiv »Unterschreiber« aber erfährt in der Konfrontation mit »Schreiber« eine neue Sinngebung: eine moralische. Das »Unterschreiben« bezeichnet jetzt nicht mehr nur einen Platz auf dem Papier, es spricht von ganz anderen Verhältnissen. Es spricht von Unterwürfigkeit, auch von Gedankenlosigkeit. Erst in der hier erstellten Konfrontation wird die ethische Fragwürdigkeit des Wortes »unterschreiben« erkennbar. Bei allem Ernst des Anspruchs, das Sprachspiel ist nicht ohne Ironie.

Auch nicht, wenn Maximiliane von Quindt gelegentlich

ihre »fragwürdigen Fragen« stellt. Maximiliane gehört zu den Figuren der Christine Brückner, denen es unmöglich ist, die Wörter nicht im Besitz ihrer Bedeutung zu stören: »›Warum heißt es eigentlich Kriegserklärung?‹ fragt sie. ›Der Krieg wird doch niemandem verständlich gemacht?‹« (*Jauche und Levkojen*, S. 229)

Ironie – man muß nicht an Fontane erinnern – ist bei Christine Brückner nicht Ausdruck von Überheblichkeit, sondern von vorsichtigem, aber sehr bewußtem Umgang mit Sprache. Die Ironie des Wortes, der immer eine Gedankenarbeit vorausgeht, ist nicht auf Einfühlung gerichtet, sondern auf Mitdenken. Dadurch erst wird sie zu einem Schutz gegen das Sentimentale in der Literatur, das allzu leicht im Klischee, wenn nicht im Kitsch endet. Ironie ist die aufgeklärte List der Vernunft gegen die Sentimentalität des Lebens. Denn »das Leben ist sentimental; die Kunst darf es nicht sein«. Deshalb kann und muß die Ironie zum Pathos des Schriftstellers werden. Vor allem dann, »wenn das Leben, das er darstellt, sentimental wird«. (*Mein schwarzes Sofa*, S. 115) Christine Brückner weiß, daß das Leben sich oft eng an die Literatur hält und dabei kein Klischee vermeidet (*Nirgendwo ist Poenichen*, S. 247). Um so wichtiger, daß die Literatur selbst das Sentimentale des Lebens, auch wenn sie es aufzeigt, vermeidet. Man kann in der Tat die Nähe zum Sentimentalen, das zum Klischee werden kann, in den Lebensläufen, die Christine Brückner beschreibt, nicht leugnen. Aber der Gefahr des Sentimentalen in der Kunst begegnet sie mit den Maximen und »Quin(d)t-Essenzen« ihrer Romane. Mag das dargestellte Leben sentimental sein, seine Deutung ist es nicht. Insbesondere Maximiliane von Quindt ist es, deren geheime Ironie mögliche Sentimentalität verhindert. Als Golo durch einen Verkehrsunfall ums Leben kommt und Pfarrer Bethge, wissend um die Heimatlosigkeit der Maximiliane, trösten will, versucht er es mit einem bekannten Vergleich: »Sie haben in Marburg ja nie so recht Wurzeln geschlagen, Frau von Quindt. Solch ein Toter, den man der Erde zurückgibt, verschafft ein Heimatgefühl! Sie werden es zu spüren bekommen, wenn Sie an dem Grabhügel stehen. Sehen Sie dieses Kind als eine Wurzel in fremder Erde an!« Maximiliane entzieht sich der vergleichenden Tröstung, indem sie den Vergleich wörtlich nimmt: »Ich bin kein Baum, Herr Pastor!« (*Nirgendwo ist Poenichen*, S. 173) Das ist keine Zurückweisung der Trostworte, sondern die Behauptung des Sentimentalischen gegen das Sentimentale. Noch eine bedrängende Situation wissen Maximiliane und ihre Autorin mit leiser Ironie zu durchheitern, freilich nicht ohne die Resignation, die solcher Heiterkeit angesichts der Endgültigkeit von Geschehenem zusteht.

Das ironisch durchheiterte Wort entlarvt nicht, es entdeckt. Solche Entdeckung, die ja des Überraschungsmomentes nicht entbehrt, ist Ergebnis eines Gedankenprozesses, dessen einzelne Schritte ausgespart werden, um nur noch Anfang und Ende des Gedankens, in einem Wort verdichtet, auszusprechen. Man könnte auch, um eine Metapher von Marie von Ebner-Eschenbach zu gebrauchen, von einer Gedankenkette sprechen, deren einzelne Glieder übersprungen werden, um nur das letzte, das sich freilich mit dem ersten verbindet, mitzuteilen. Häufig, aber selten auffällig, finden wir bei Christine Brückner neue und unerwartete Metaphern. Daß die Vergleichsebene dabei oft dem Bereich der Ernährung zugehört, ist bei einer Köchin wie ihr, die durchaus – auch nicht ohne Ironie – die Absicht der Literatur, das Leben haltbar zu machen, mit der Arbeit der Hausfrau vergleichen kann, wenn diese verderbliches Obst als Marmelade haltbar zu machen sucht, nicht überraschend. »Mit Worten das Leben haltbar machen – dieser Wunsch stammt aus dem gleichen Bedürfnis, mit dem andere Frauen Erdbeermarmelade kochen, Himbeeren einfrieren.« (*Mein schwarzes Sofa*, S. 343) Die Vorsorge für das Leben, das leibliche wie das geistige – welche menschlichere Vorsorge kann es geben?

Da zeigt sich einiges von Christine Brückners menschlichem Credo, das zugleich ein literarisches ist. Wiederum in Sätzen, die zum Nachdenken Anlaß geben. »Lebensangst scheint mir schlimmer als Todesangst.« (*Mein schwarzes Sofa*, S. 53) Todesangst ist die Angst vor dem Tod. Darf man parallelisieren? Der Satz legt es nahe. Lebensangst als Angst vor dem Leben. Aber auch: Lebensangst als die Angst zu leben. Lebensangst ist schlimmer als Todesangst, weil sie Leben und Tod umfaßt. Ein Satz, auch wenn er erneut im Potentialis gesprochen ist, dessen hintergründige Mehrdeutigkeit doch einen eindeutigen Auftrag an den Schriftsteller enthält: »Be-leben, das ist die Aufgabe des Künstlers.« (*Mein schwarzes Sofa*, S. 74) Man fühlt sich an Thomas Mann erinnert: »Es ist nicht die Gabe der Erfindung – die der Beseelung ist es, welche den Dichter macht.« Thomas Mann mußte sich gegen den Vorwurf verteidigen, seine *Buddenbrooks* seien ein »Bilse-Roman«, ein Schlüsselroman, dessen Aufschlüsselung kompromittierend entlarve. Ob nun der Schriftsteller »eine überkommene Mär oder ein Stück lebendiger Wirklichkeit mit seinem Odem und Wesen erfüllt, die Beseelung, die Durchdringung des Stoffes mit dem, was des Dichters ist, macht den Stoff zu seinem Eigentum, auf das, seiner innersten Meinung nach, niemand die Hand legen darf. Daß dies zu Konflikten mit der achtbaren Wirklichkeit führen kann und muß, welche sehr auf sich hält und sich keineswegs durch Beseelung kompromittieren zu lassen wünscht – das liegt auf der Hand.« Solcher Kompromittierung entgeht Christine Brückner. Denn Schlüsselromane sind die ihrigen allenfalls im Sinne einer inneren Autobiographie. Da ist die Gefahr der Kompromittierung gering.

Aber beleben. Der mehr als ästhetische Anspruch wird erkennbar. Es gilt, die Lebensangst zu bannen. Es gilt, einem Leben diesseits der Sentimentalität das Wort zu reden. »Von der Schwiegermutter Quindt aus Breslau, ebenfalls eine Kriegswitwe, allerdings eine des Ersten Weltkriegs, ist der Satz überliefert: ›Ich habe fünf Kinder aufgezogen, mir ist das Lachen vergangen.‹ Es war auch an Maximilianes Ohren gedrungen und hatte seine Wirkung getan: bei den kriegshinterbliebenen Quints wurde weiterhin gelacht.« (*Nirgendwo ist Poenichen*, S. 101) Wiederum die Ironie, die den Leser überrascht. Der Satz »hatte seine Wirkung getan«. Was denn wäre von dieser Wirkung zu erwarten? Auch Maximiliane hat fünf Kinder aufzuziehen. Was also wäre zu erwarten? Liest man bis »hatte seine Wirkung getan«, meint man zu wissen, was zu erwarten ist: die Bestätigung des von der Schwiegermutter Überlieferten. Um der Be-lebung willen wird die Erwartung enttäuscht.

Enttäuschte Erwartung – ein Kennzeichen aphoristischwitzigen Sprechens. Christine Brückner weiß es gelegentlich auf die einfache, aber provozierende Formel der gegensätzlichen Aussage zu bringen: »Ich bin meiner Sache völlig sicher. Und völlig unsicher.« Was soll ein Leser mit »ihrer Sache« anfangen? Nur stört erneut das adverbiale Adjektiv »völlig«. »Sicher« und »unsicher« werden durch das hinzugefügte »völlig« relativiert. Wer von einer »völligen« Sicherheit spricht, als ob es dieser Beteuerung bedürfte, ist »seiner Sache« denn doch wohl nicht so ganz sicher. Christine Brückner ist es mit Sicherheit nicht. Sonst würde sie diesen Satz nicht wieder konkretisierend auf sich selbst beziehen: »Aus diesem Grunde kleide ich mich schwarz/weiß oder schwarz/rot.« Und wem die Ironie solch apodiktischer Äußerungen verborgen bleibt, dem wird weitergeholfen: »Manchmal (kleide ich mich) auch ganz schwarz.« (*Mein schwarzes Sofa*, S. 39)

»Worte und Widerworte! Sätze und Gegensätze« (*Das glückliche Buch der a.p.*, S. 8) Formaler Parallelismus, inhaltliche, wenn auch etwas modifizierte, Wiederholung – so scheint es. Durch die Parallelstellung aber bekommt das Wort »Gegensätze« im Vergleich zu »Widerspruch« besondere Bedeutung. Es wird doppeldeutig, indem seine Begrifflichkeit in den Kontext zurückgeführt wird, dem sie entstammt. Das ist mehr als Spielerei mit Worten. Erneut ist eine Entdeckung zu machen: die, daß jeder Gegensatz allererst ein sprachlicher ist, ein Widerspruch gegen das Vorhandene, Gegebene. Mehr noch: »Gegensatz« wird zum sprachlichen Relationsbegriff, der ausweist, daß die vermeintlich wirklichen Gegensätze nur solche des Benennens und damit Gegensätze im Bewußtsein des Sprechenden sind.

»Alles wiederholt sich. Nichts ist wiederholbar.« (*Das glückliche Buch der a.p.*, S. 245) Wieder der formale Parallelismus, aber nun inhaltliche Gegensätzlichkeit. Der zweite Satz scheint dem ersten kategorisch zu widersprechen, scheint ihn nur zu negieren, schliche sich da nicht durch die Wortveränderung der Potentialis ein. Man mache, um das zu erkennen, die Gegenprobe: »Alles wiederholt sich. Nichts wiederholt sich.« Ein Widerspruch, der sich nicht auflöst und Zustimmung für die eine oder andere Seite erheischt. Erst der Potentialis des Wortes »wiederholbar«, der sich zugleich auf Vergangenes und Zukünftiges bezieht, gibt der gegensätzlichen Aussage ihre denkanregende Wirkung.

Denkanregung durch Spracharbeit, indem Worte aus ihrem vertrauten begrifflichen Kontext gelöst werden, provozierend gegenübergestellt oder in ihrer ursprünglichen Metaphorik wiederentdeckt werden. Dies alles aber nicht mit angestrengter Attitüde, eher leicht, so daß es wie selbstverständlich anmutet.

»Leicht muß man sein, mit leichten Händen halten und lassen . . .« Das ist ein Wort von Hugo von Hofmannsthal. Christine Brückner zitiert es in ihrem *Glücklichen Buch der a.p.* (S. 153), nicht ohne hinzuzufügen: »aber das ist schwer!« Hugo von Hofmannsthal wußte von der Schwierigkeit des Schreibens, die erst die Leichtigkeit der Worte ermöglicht. »Die Tiefe muß man verstecken. Wo? An der Oberfläche.« Nur wenn die Tiefe versteckt ist, ist solches Schreiben nicht oberflächlich.

Der Beispiele für ein Schreiben mit Tiefe, die an der Oberfläche versteckt ist, ließen sich viele bei Christine Brückner anführen. Einige nur seien noch genannt:

»Ich bin jetzt – nach Mitternacht – so abgeschrieben. Aber bitte tun Sie das nicht, schreiben Sie mich nicht ab ...« (*Das glückliche Buch der a.p.*, S. 36)

»Als ich gestern Deine Nummer gedreht habe, blieb alles still. Wie ich Dich immer aufs neue wählen muß!« (*Das glückliche Buch der a.p.*, S. 110)

»Dem Strom der Flüchtlinge, der sich seit dem Frühjahr über das restliche Deutschland ergoß, folgte seit Ende des Sommers der Strom der Vertriebenen. Er benutzte dasselbe Strombett und dieselben Schleusen.« (*Nirgendwo ist Poenichen*, S. 26)

An diesen und anderen möglichen Beispielen ist eine Vorsicht im Umgang mit der Sprache festzustellen, der, um es in einem Bild zu sagen, dem begrifflich fremd gewordenen Wort wieder Heimatrecht entweder in einem neuen Kontext oder in dem ursprünglich vertrauten, aber verlorengegangenen zu schaffen vermag. Daß dies nicht angestrengt geschieht, hat seinen Grund in einer fürsorglich zu nennenden Tätigkeit am Wort. »Welches Vergnügen, wenn man ein Wort an seinen Ursprung zurückbringen kann.« Das Vergnügen verschafft Christine Brückner sich und dem Leser des öfteren, sie, die von soviel Heimatlosigkeit geschrieben hat. Aber damit auch dieser Satz nicht ins Sentimentale abgleite oder ins Allgemeine sich verliere, fügt sie hinzu: »Ich stehe am Effektenschalter der Bank und frage: ›Effektiv?!‹« (*Mein schwarzes Sofa*, S. 43)

Ein herausragendes Beispiel zugleich ernster und heiterer Spracharbeit ist der Untertitel ihres Buches mit den fiktiven Reden jener Frauen, die in der Geschichte oder in der Literatur kaum zu Wort kommen konnten: »Ungehaltene Reden ungehaltener Frauen«. Die Gedankenarbeit, die dem Titel der ungehaltenen Reden vorausging, ist einer Bemerkung aus den Aufzeichnungen des *Schwarzen Sofas* zu entnehmen. »›Si tacuisses, philosophus mansisses‹, hieß es im Gymnasium, wenn man eine falsche Antwort gegeben hatte. Ich hätte wohl Lust, das Gegenteil zu beweisen ...

Wie oft wurde zur falschen Zeit geschwiegen, vor allem von Frauen ... Ungehaltene Reden. Besser: Reden von ungehaltenen Frauen.« (*Mein schwarzes Sofa*, S. 265) Dasselbe Wort, konfrontiert mit seiner im Laufe eines jahrhundertelangen Gebrauchs zugesprochenen doppelt übertragenen Bedeutung, macht doch die bekannte Doppeldeutigkeit zu einer unbekannten, nachdenkenswerten. Nicht gehalten – bisher jedenfalls nicht – sind die Reden, die nun doch gehalten werden; nicht gehalten – bisher jedenfalls nicht – sind die Frauen, die nun zu Wort kommen. Noch indem Christine Brückner die zweifach übertragene Bedeutung des Wortes »ungehalten« anspricht, verweist sie auf die wörtliche Bedeutung. Ungehalten, nicht gehalten, ungebändigt, ungebunden – ein weites Wortfeld eröffnet sich. Bevor der Leser überhaupt die ungehaltene Christine Brückner lesen kann, hat er nachzudenken. Und was ihm da an Nachdenkenswertem zugemutet wird! Nicht nur, daß diese Katharina Luther oder diese Christiane Goethe, diese Effi Briest nun zu reden beginnen, auch nicht nur, wovon sie reden, vor allem, wie sie reden, ist nachdenkenswert: ein assoziatives, ein fragendes, ein den Widerspruch herausforderndes Reden. So schreibt sie, Christine Brückner, mit ihren ungehaltenen Reden. Christa Wolf hat dieses Schreiben »weibliches Schreiben« genannt, ein Schreiben gegen die Schemata, ein Schreiben des Assoziativ-Anregenden, zugleich ein authentisches Schreiben. Ob Christine Brückner sich, mit diesem Etikett versehen, wohl fühlen könnte? Ich glaube es nicht, wenngleich sie es immer für eine »weibliche Tugend« gehalten hat, »Worte mit Leben zu füllen«. (*Mein schwarzes Sofa*, S. 56) Hat doch das Etikett »weibliches Schreiben« inzwischen zu allzu vielen Vorurteilen Anlaß gegeben. Christa Wolf hat es vorurteilsfrei gemeint. Davon zeugen ihre Frankfurter Poetik-Vorlesungen.

»Weibliches Schreiben« aber ist in Christa Wolfs Verständnis, was in den *Ungehaltenen Reden* zu lesen ist. Nehmen wir als Beispiel die Rede der Sappho an die Abschied

nehmenden Mädchen auf Lesbos. Die Rede ist erfüllt von
dem Gegensatz prosaischer und poetischer Lebensweise. Auf
Lesbos haben die Mädchen nur die eine Weise gekannt: das
schöne Leben der Zweckfreiheit. Es wird anders kommen,
weiß Sappho. Der Maria wird sich die Martha zugesellen
müssen, in jedem der Mädchen, wenn es in die Arme des
weintrinkenden Mannes gekommen ist. Und wenn es erst
einmal Martha ist, wird sich die Maria schicken müssen.
»Vergeßt den Namen des Eisvogels nicht« – das ist nicht nur
eine Aufforderung an die Mädchen auf Lesbos. Mit dem
Namen des Eisvogels ist benannt, was Goethe als poetische
Durchheiterung in prosaischen Zeitumständen forderte. Nur
ist bei Christine Brückner nicht von prosaischen und poeti-
schen Zeiten zu lesen. Bei ihr ist vom Eisvogel zu lesen, von
den leichten Schritten im Gras, von Flöte und Leier, auf der
anderen Seite von Sparsamkeit, von Sorgen und Pflichten.
Allein die Diktion läßt erkennen, von welchem Gegensatz
hier gesprochen wird. Aber Sappho wäre nicht Sängerin,
wüßte sie nicht auch diesen Gegensatz noch im Bilde zu
deuten: »von ranzigem Öl« wird die Rede sein »und nicht
vom schattenspendenden Ölbaum. Sorgt, daß die Wasserkrüge immer gefüllt sind. Schickt die Mädchen an den
Brunnen, aber vergeßt nicht, wie ihr euch in der Quelle gespiegelt und gebadet habt.« (*Wenn du geredet hättest, Desdemona*, S. 51 f.) Im Bild also, das mehr sagt als der Begriff,
weiß Sappho zu ihren Mädchen zu sprechen. In solchen Bildern weiß Christine Brückner zu sprechen.

Die Wahrheit unserer Sprache: das Feste, das Allgemeine,
das Bekannte. Die Wahrheit der Christine Brückner: das Bekannte, das Allgemeine in Bildern und Metaphern, die das
allzu Bekannte und allzu Allgemeine nachdenkenswert machen.

Es kann nicht verwundern, daß sie selbst mit neuen Metaphern spricht. Sie entstehen aus dem vergnüglichen Bedürfnis, die Worte an ihren Ursprung zurückzuführen. Ein
»Vorschußlorbeerblatt« schickt Agnes Piechotta an Johannes

W. Hück. (*Das glückliche Buch der a.p.*, S. 21) Von dem, was
durch Lesen und Beten genährt wird, spricht Katharina Luther. »Das ist wie bei der leiblichen Nahrung, man nährt sich
und scheidet aus, einiges verbraucht man, und der Rest wird
zu Speck.« (*Wenn du geredet hättest, Desdemona*, S. 49) Die
Entstehung eines Aphorismus, der von der Metapher
»schlanke Erinnerung« lebt, ist nachvollziehbar. Katharina
kann ihrem Martin nicht mehr mit der Metapher kommen.
Er ist eben Lutheraner. Aber Christine Brückner weiß, daß
nicht nur Lutheraner ihre Leser sind: »Wenn ein Gedächtnis
Speck ansetzt! Speck: das Unverdaute, Nicht-Bewältigte.
Das Ausgeschiedene ist vergessen, man muß seine Erinnerungen schlank halten.« (*Mein schwarzes Sofa*, S. 267) Vom
»Recht der Bäume« ist in den *Poenichen*-Romanen zu lesen.
Der alte Quindt behauptet dieses Recht. Welches Recht
kann gemeint sein, wenn er seine Angelegenheiten mit den
Bäumen abhandelt? Es ist das Recht des Überlebens, das
Recht der wiederkehrenden Jahreszeiten. »Wer möchte le-
ben ohne den Trost der Bäume«, fragt – mit einem Ausrufungszeichen versehen – Günter Eich. »Es heißt Geduld haben. / Bald wird die Vogelschrift entsiegelt . . .«

   Christine Brückners Vogelschrift: »Vergeßt den Namen
des Eisvogels nicht.«

> *Es gibt Autoren, die mitten in ihren Texten Gedanken wie*
> *strahlende Laternen aufgehängt haben, und diese Gedanken*
> *erleuchten dann nicht nur die Umgebung, in der sie sich befinden,*
> *sondern das Buch und vielleicht noch seinen Autor. In besonders*
> *glücklichen Fällen kann man sie, ohne ihre Leuchtkraft zu*
> *schwächen, aus der ursprünglichen Sphäre herausnehmen und in*
> *eine andere hineinbringen, in neue Zusammenhänge einfügen, und*
> *dann zeigt sich, daß diese Gedanken auch hier wie Laternen*
> *wirken, Dunkelheiten zerstreuen, Glanzlichter setzen und*
> *verhüllte Schönheiten oder Wahrheiten hervortreten lassen.*
>
> (Max Bense)

Literatur

Georg Wilhelm Friedrich Hegel, *Ästhetik*, hg. von F. Bassenge, Band 1, Berlin und Leipzig 1965, S. 41.

Friedrich Schiller, *Über die ästhetische Erziehung des Menschen*, 15. Brief.

Johann Gottfried Herder, *Über die neuere deutsche Literatur*. Erste Sammlung von Fragmenten (Suphan I, S. 147).

Johann Wolfgang von Goethe, *Symbolik* (Weimarer Ausgabe II, 1, S. 167 ff.).

Georg Christoph Lichtenberg, *Aphorismen*, hg. von A. Leitzmann (B 258, E 419, C 276, C 156).

Thomas Mann, *Aufsätze, Reden, Essays*, hg. von H. Matter, Band 1, Berlin und Weimar 1983, S. 73.

Hugo von Hofmannsthal, *Buch der Freunde* (Gesammelte Werke in Einzelausgaben, hg. von H. Steiner, Frankfurt/M. 1959, S. 47).

Christa Wolf, *Voraussetzungen einer Erzählung: Kassandra*, Frankfurt/M. 1983.

Günter Eich, *Botschaften des Regens*. Gedicht, Frankfurt/M. 1961, S. 7.

JOACHIM BIENER

Die Fontane-Rezeption im erzählerischen Schaffen Christine Brückners

Als ich in den siebziger Jahren die Fernsehverfilmung von *Jauche und Levkojen* und *Nirgendwo ist Poenichen* sah, war mir klar, daß hier eine Fontane-Rezeption vorliegen müsse. Zu diesem Eindruck trugen auch bewährte Fontane-Darsteller bei: Arno Assmann, unvergeßlich als alter Stechlin, begegnete einem als alter Quindt, Edda Seyppel, die zusammen mit Cornelia Froboess in *Mathilde Möhring* gespielt hatte, als Sophie Charlotte. Erneute, verstärkte Nahrung erhielt der Fontane-»Verdacht« Jahre später durch die *Ungehaltenen Reden ungehaltener Frauen*. Die Effi-Szene verwies unmittelbar auf Fontane.

Als einer der ersten, wenn nicht als erster überhaupt, hatte, wie ich später feststellte, Walther Killy in der Rundfunkbesprechung von *Jauche und Levkojen* am 7. 3. 1976 im Norddeutschen Rundfunk auf die Bedeutung Fontanes für Christine Brückner hingewiesen: ». . . der Lehrmeister ist erkennbar, der das Talent gefördert hat: er heißt Theodor Fontane und hat dem Roman den Namen geschenkt . . . Das Motto ist nicht das einzig Fontanesche in dem Buch, obgleich es sich für den geschilderten Zeitraum vortrefflich eignet. Denn auch auf Poenichen waren die Verhältnisse sehr gemischt . . .« Killy hebt dann noch besonders die »an Fontane geschulten Dialoge« hervor, »die Personen und Situationen präzise begreiflich machen«.

Inzwischen hat Christine Brückner die Fontane-Aneignung noch direkter bestätigt. In den Aufzeichnungen *Mein schwarzes Sofa* ist gemeinsame Lektüre aus Fontanes Briefen, zusammen mit Otto Heinrich Kühner, für die Zeit der Arbeit an den *Poenichen*-Romanen einbekannt. Den Höhepunkt im direkten Bekenntnis zu Fontane bildet der Bericht über eine Reise in die Mark Brandenburg in der DDR, der als Gespräch der Autorin mit ihrem Lehrmeister angelegt ist. Die »Enkelin«, als die sie sich einbringt, nachdem sie von der Kritik so gesehen worden war, beruft sich vor allem auf Fontanes Brief vom 14. 6. 1883 an seine Frau, in dem er sich im Ergebnis von Zola-Lektüre vom konsequenten, mechanisch-materialistischen Determinismus in folgender Weise abgrenzt: »Der echte Realismus wird auch immer schönheitsvoll sein; denn das Schöne, Gott sei Dank, gehört dem Leben geradesogut an wie das Häßliche. Vielleicht ist es noch nicht einmal erwiesen, daß das Häßliche präponderiert ...« Dieses Bekenntnis zur Abbildung »gemischter Verhältnisse«, zur relativ lebensähnlichen Darstellung ist Christine Brückner offenbar aus tiefster Künstlerseele gesprochen.

Im selben Brief spricht Fontane noch von seinem einsamen literarischen Weg »ohne Klüngel, Partei, Koterie ...« Auch das gilt vielleicht noch für Christine Brückner, die sich nicht einer bestimmten literarischen oder politischen Gruppierung anschloß und nur ihre Kollegen-Ehe als »funktionierenden Autorenverband« ansieht.

Christine Brückner verkörpert den nicht häufigen Fall von Fontane-Rezeption durch einen deutschsprachigen Gegenwartsschriftsteller. Fontane-Aneignungen liegen, soweit mir bekannt, noch bei Walter Jens vor, im Roman *Herr Meister* und in der schöpferischen Fernsehbearbeitung von *Frau Jenny Treibel*, und bei Günter de Bruyn im ironischen Roman *Die Preisverleihung*. Aber bei ihnen hat die Fontane-Beziehung nicht so auffälligen und bekenntnishaften Charakter wie in den *Poenichen*-Romanen.

Schon vorher treten im Schaffen Christine Brückners Anklänge an Fontane auf. Auch ohne Kenntnis der späteren bewußteren Fontane-Aneignung denkt man beim Lesen von *Ein Frühling im Tessin* an *Frau Jenny Treibel*. Auf den tragi-

34

schen Roman *Ehe die Spuren verwehen* folgte die epische Komödie. Der Eheroman *Ein Frühling im Tessin,* in dem Susanne den ehelichen Ausbruchsversuch ihres Mannes als komische Provokation geschickt zurückweist, erinnert in mancherlei Hinsicht an Fontane, besonders an *Frau Jenny Treibel.* Auch bei Fontane überhaupt wie speziell im Roman um Corinna Schmidt geht es um das Motiv des Glückes. Bei Brückner ist es allerdings ganz auf den privaten Bereich konzentriert, auf Ehe und Landschaftserleben. Susanne erinnert in ihrem geistreich-ironischen Wesen an Corinna Schmidt und auch an Irene Overbeck in der *Preisverleihung.* Im Vergleich zu Corinna und Irene ist sie jedoch in hohem Maße ein leicht deprimierbarer Stimmungsmensch. An Fontane bzw. an *Frau Jenny Treibel* erinnern ferner die geistreichen, pointierten Dialoge und das ironisch-komische Gesamtgepräge, in das die Absage an eine pontifikale Literaturauffassung eingeschlossen ist, verkörpert in der Gestalt von Susannes Freund Friedrich Georg. Insgesamt liegt eine Entgesellschaftung und Entpolitisierung Fontanes vor.

Es ist verwunderlich, daß *Ein Frühling im Tessin* angesichts des kleinen Personenkreises, der privaten Handlung und der spritzigen Dialoge noch nicht als Grundlage für ein Fernsehkammerspiel genutzt wurde.

Der Kokon gehört zu den »liebsten Kindern« der Autorin, wie sie am 16. 1. 1989 an den Verfasser dieses Beitrages schrieb. Die Kritik hob den Roman aus dem Schaffen Christine Brückners heraus. So hieß es am 15. 10. 1966 in der *Nürnberger Zeitung*: »Man möchte dieses Buch ohne Abstrich das bisher gelungenste, einer sensiblen Dichtung naheste nennen.« Der Roman der Wiepe Bertram, die es ablehnt, nach dem Tode ihres Mannes nur ein »Leben im Genitiv« als Witwe *des* Jura-Professors Bertram zu führen, erinnert an Fontane durch das Bild der nach Selbständigkeit strebenden Frau und durch die verhalten realistische, balladenhaft lakonische Darstellung.

Sogar den fast ausgesparten Tod der Heldin könnte man

zu Fontane in Beziehung setzen, der, im Unterschied zu den Naturalisten, aber auch zu Leo Tolstoi und Thomas Mann, der Todesdarstellung weitgehend auswich. Nur daß der Tod Wiepe Bertrams zu karg behandelt ist, fast bis zum Ausbleiben von Ergriffenheit. Ist an dieser Stelle das Harmoniebedürfnis zu weit getrieben, die »schönheitsvolle« Seite des Realismus überbetont?

Bei den bisher festgestellten Anklängen an Fontane handelt es sich um unbewußte, unbeabsichtigte objektive Beziehungen, um typologische, nicht um genetische Kontakte, die sich aus verwandten Sujets, Themen oder Motiven und auch aus ähnlichen Zügen in den schriftstellerischen Ästhetiken ergeben. Diese Affinitäten sind zugleich Grundlagen für die spätere bewußtere Rezeption.

Ein Schlüssel zur Ästhetik Fontanes (und zu der des deutschen Nachmärz überhaupt) ist sein Begriff des »kleinen Stils«, der von der Fontane-Forschung bisher vernachlässigt wurde. Die kritisch eingestellte Hofdame Ebba Rosenberg wendet sich in *Unwiederbringlich* mit folgenden Worten gegen den »großen Stil«: »Großer Stil heißt soviel wie vorbeigehen an allem, was die Menschen eigentlich interessiert.« Gymnasialprofessor Wilibald Schmidt, in *Frau Jenny Treibel* in noch stärkerem Maße Sprecher des Dichters, gibt die positive Bestimmung des »kleinen Stils«: »Das Nebensächliche, soviel ist richtig, gilt nichts, wenn es bloß nebensächlich ist, wenn nichts drin steckt. Steckt aber was drin, dann ist es die Hauptsache, denn es gibt einem dann immer das eigentlich Menschliche.« »Kleiner Stil« bedeutet bei Fontane Absage an Haupt- und Staatsaktionen, an monumentalistische Geschichtsbetrachtung, Bekenntnis zum Alltäglichen, Kleinen und Anekdotischen, sofern es menschlich Repräsentatives enthält. Es wendet sich auch gegen naturalistische Nivellierung. Stilistische Kennzeichen sind lockere, balladeske Fabel, eine gewisse »Weitschweifigkeit« bei Behandlung des »Kleinen« (Fontane am 8. 8. 1883 an Emilie Fontane), die große Rolle der

Gespräche, der Sprechweisen, salopper Tonfall, Vorliebe für das drastische Wort.

Christine Brückner folgt dieser zivilen und demokratischen ästhetischen Tendenz, indem sie Frauenschicksale gestaltet (*Ehe die Spuren verwehen, Die Zeit danach, Der Kokon, Wie Sommer und Winter, Poenichen*-Trilogie) und dem Alltäglichen und Individuellen, der Darstellung der Lebensweise Bedeutung einräumt. In gestalterischer Hinsicht wären das relativ unerhebliche Geschehen, die Rolle der Gespräche, die Neigung zum ironischen Humor und zum understatement zu nennen. Im Unterschied zu Fontane besteht nicht die Tendenz zum Übergewicht des »Beiwerkes« (Fontane am 24. 5. 1890 an Th. Wolff).

Direkte Bekenntnisse zum »kleinen Stil« finden sich im *Glücklichen Buch der a.p.* Agnes Piechotta will eine Literaturgeschichte der »Unbekannten, Vergessenen« schreiben. Sie fragt ihren Lebensgefährten J. W. Hück: »Stehen uns solche Leute menschlich nicht näher als die Großen?« Es wird die Absicht geäußert, den »Krieg der Frauen«, der »Dulderinnen« zu gestalten, die von der Autorin später mit der Darstellung des Weges der Maximiliane, einer Waise des Ersten und einer Witwe des Zweiten Weltkrieges, exemplarisch eingelöst wurde.

Maximilianes ältester Sohn Joachim will (im 3. Band der *Poenichen*-Trilogie) als unabhängiger Grüner das Prinzip des menschlichen »kleinen Stils«, der eigentlich der wirkliche »große Stil« ist, auf die praktische Politik anwenden. Den Prinzipien des »kleinen Stils« als des wahren »großen Stils« entspricht die Konzentration auf Innenpolitik, der Wille zu Reformen im Interesse der Wiedervermenschlichung des Einzelnen.

Bei Fontane ist das Prinzip des »kleinen Stils« stets gesellschaftlich-geschichtlich geprägt. Es ist wachsender Ausdruck humanistischer Prägnanz und von Protest und Sezessionismus. Bei Christine Brückner besitzt es nicht diese progredierende Kontinuität. Bester, selbständig entwickelter antiheroischer Fontane-Geist spricht aus der Überzeugung des alten Quindt, »daß auch ein Kornfeld ein Feld der Ehre ist«, eine echte »Quindt-Essenz« mit verborgener Klanglichkeit. Drei Generationen später trägt Joachim Quint das Prinzip des »kleinen Stils« sogar in die praktische Politik hinein. Andererseits droht bei der Erzählerin Christine Brückner die Gefahr der Entgesellschaftung des »kleinen Stils« zum rein Privaten, zum Beispiel in *Ein Frühling im Tessin*, in weiten Passagen des *Glücklichen Buchs der a.p.* oder in *Das eine sein, das andere lieben.*

Es empfiehlt sich, einen weiteren Begriff aus Fontanes Ästhetik heranzuziehen. Es ist die Kategorie der »Verklärung«. Sie ist nicht so eindeutig faßbar wie der Begriff des »kleinen Stils«. »Verklärung« bedeutet bei Fontane zum einen Beseelung und Vertiefung, zum anderen Wahrung des ästhetischen Maßes, Vermeidung naturalistischer Infektionen. Aber auch das Moment des »verklärenden Schönheitsschleiers«, die harmonisierende Tendenz ist mit eingeschlossen. So hat Fontane in den Briefen radikalere Adelskritik geübt als im gestalteten Werk, von dem er stets eine gewisse »Abrundung« verlangte, was freilich »Siege des Realismus« nicht ausschloß.

Brückner bekennt sich, wie wir hörten, zum »schönheitsvollen Realismus«. Selbst wenn wir annähmen, daß die »schönheitliche« Komponente bei Brückner nicht ausgeprägter sei als bei Fontane, wäre geltend zu machen, daß das »verklärende« harmonisierende Element seit dem Ausgange des 19. Jahrhunderts inzwischen fragwürdiger geworden ist. Bezieht sich Hans Weigels Wort vom »liebenswerten Anachronismus« darauf?

Das Prinzip des »kleinen Stils« ist eine unbewußte typologische Kontaktbeziehung, die sich aus verwandter Haltung zur Wirklichkeit ergibt. Das Moment der »Verklärung« trägt auch bewußten Charakter, wie die Zitierung im Bericht über eine Reise in die Mark Brandenburg bestätigt (»Und dann die festlichen Kastanien« in *Deine Bilder/Meine Worte*).

Ganz bewußt erfolgt nun offenbar in *Jauche und Levkojen* die Anknüpfung an Romangestalten Fontanes.

Der alte Quindt läßt an den alten Briest und vor allem an den alten Stechlin denken. »von Lychow, geborener Fontane«, sagt Kurt Tucholsky in seiner Besprechung von Arnold Zweigs Roman *Der Streit um den Sergeanten Grischa* angesichts der Gestalt des sympathischen preußischen Generals, der den russischen Kriegsgefangenen Grischa Paprotkin vor dem Apparat der militärischen Abschreckungsjustiz bewahren will. Mit noch größerer Berechtigung könnte man ›Joachim von Quindt, geborener Fontane‹, sagen, zumal sich der Herr auf Poenichen im alten Stechlin wiedererkennt.

Der alte Quindt ist eine in andere geschichtliche Umstände hineinversetzte, zeitgeschichtlich weitergeführte Fontane-Figur. Er ist härteren geschichtlichen Erfahrungen ausgesetzt. Zunächst muß er erleben, daß seine in zweiter Ehe mit einem Juden verheiratete Schwiegertochter emigrieren muß. Dann dringt ein »Narr in Hitler«, Maximilianes Mann, in seine Familie ein, was zu dauernden, unlösbaren Konflikten führt. Er muß die faschistische Eroberungs- und Vernichtungspolitik erleben und wird zum Pazifisten. Als das sogenannte Dritte Reich zusammenbricht, begeht er aus Einsicht ins Ende seiner Welt, zusammen mit seiner Frau, Selbstmord.

Dietrich Sommer hat 1969 auf einer Fontane-Konferenz in Potsdam an den Hauptgestalten des *Stechlin*-Romans die Praxisferne hervorgehoben bei gleichzeitiger energischer Betonung der gesellschaftsbezogenen individuellen Überschüsse, welche die Figuren vor allem ideell in der Causerie offenbaren und bekunden. Der alte Dubslav von Stechlin ist dabei natürlich der ergiebigste und lockerste, der charmanteste und ausdrucksreichste Kommentator des Zeitgeschehens.

Von geistigen Überschüssen, von visionären Vorstellungen, von sprachlichem Überfluß kann beim alten Quindt

trotz konkreter und vielseitiger geistig-charakterlicher Pro-
filierung, trotz der »Quindt-Essenzen« nicht die Rede sein.
Er ist infolge des Wirkens auf seinem Gute nicht so praxis-
fern wie der alte Stechlin, er ist auch jünger. Er ist stärker in
einen über ihn hinausführenden epischen Prozeß integriert.
Schon dies führt zu höherer Funktionalisierung der Gestalt.
Eingeschlossen ist eine gewisse Reduzierung zu Normalität
und Typik. Das »Original« ist verschwunden. Gleichwohl
bleibt Quindt eine Gestalt in der Einheit allgemeiner und
persönlicher, auch charmanter Züge, wozu nicht zuletzt die
Sprachbewußtheit gehört. Wir sollten nicht den Abstand
zum alten Stechlin beklagen, sondern uns über das Wieder-
auf- und Fortleben von Fontanes persönlichster Romanfigur
im Schaffen eines zeitgenössischen Autors freuen.

Dem alten Briest, der allzuoft in die Worte »Das ist ein
weites Feld« ausweicht, ist Quindt substantiell, d. h. an Lebenserfahrung, an Kenntnissen und an Engagement überlegen, vielleicht nicht an menschlichem Charme. Sophie
Charlotte von Quindt wirkt dagegen im Vergleich zur stan-
des- und haltungsbewußten Luise von Briest blaß. Die ihr
von ihrem Manne zugedachte Devise »Halte dich da heraus«
hat ihr ästhetisches Profil beeinträchtigt. Auch die *Effi-
Briest*-Lektüre am Anfang von *Jauche und Levkojen*, die auf
einen verschwiegenen »Schritt vom Wege« verweist, ist
nicht geeignet, Vitalität und Plastik zu verleihen.

Im Falle der unmittelbaren Einschaltung von Romanlek-
türe hat die Fontane-Rezeption zu direkten, zu literarischen
Charakter. Hier droht die Gefahr des »flauen Traditionalismus« (Thomas Mann), von Literatur aus zweiter Hand. Die
Weiterführung und Verschärfung der Gestalt Effis in den
Ungehaltenen Reden ungehaltener Frauen wirkt demgegenüber
trotz unmittelbarer Anknüpfung an die Vorgestalt freier, fri-
scher und schöpferischer. Der Umgang mit der Vorlage hat
in der Effi-Monologszene zusammenfassenden und zuspit-
zenden Charakter. Sie ist ein Beispiel für produktives Wei-
terdichten im Sinne Brechts, wie auch andere »ungehaltene

Reden«. Inhaltlich erinnert an Brecht, besonders an die *Flüchtlingsgespräche*, die sensualistische Entzauberung und Verfremdung des wirklichkeitsfremden deutschen Idealismus in Gestalt der Ansprache der Autorin an Malwida von Meysenbug unter dem Titel »Eine Oktave tiefer, Fräulein von Meysenbug«.

»Be-leben« hat Christine Brückner als »Aufgabe des Künstlers« bezeichnet. Diese Funktionsbestimmung findet sich in dieser Lakonik, ohne weitere Zusätze, in den Aufzeichnungen *Mein schwarzes Sofa*. Es ist wohl berechtigt, diese lapidare Definition umfassend auszudeuten. Angesichts des Strebens der Autorin nach »Glaubwürdigkeit« und »Lesbarkeit« darf man darin das Bemühen um »Be-lebung« sowohl literarischer Gestalten wie des aufnehmenden Lesers sehen, der, wie es an anderer Stelle heißt, »klüger, mutiger, vielleicht sogar heiterer« gemacht werden soll. Der Vorgang der »Be-lebung« läßt sich aber beim künstlerischen Schaffens- und Formierungsprozeß noch differenzierter erfassen. Er vollzieht sich als »Be-lebung« der Figuren durch ihr Verhalten und Handeln und durch ihre Gespräche und Sprechweisen. Der Dialog spielt übrigens bei Christine Brückner eine größere Rolle als bei manchem anderen Gegenwartsschriftsteller.

Von Theodor Fontane (und Leo Tolstoi und Thomas Mann) ist Brückner in der Anwendung des Leitmotivs als eines herausgehobenen, wesentlichen realistischen Details beeinflußt. Das gilt besonders für den Einsatz sprachlicher Leitmotive zur einprägsamen Figurencharakteristik.

Wesentliche sprachliche Leitmotive im Erzählwerk Fontanes sind das »weite Feld« des alten Briest oder das »Herz für das Höhere« bei der parvenuhaft-sentimentalen Jenny Treibel. Im Spätroman *Der Stechlin* beschränkt Fontane die Handhabung des sprachlichen Leitmotivs auf Nebengestalten wie den siebenfachen Mühlenbesitzer Gundermann oder den Musikkritiker Niels Wrschowitz. Eine durch ein Leitmotiv kenntlich gemachte Nebengestalt ist auch der alte

Möhring, der seiner Tochter Mathilde das moralische Vermächtnis hinterläßt: »Halte dich propper.«

Brückner verwendet bei der Charakterisierung ihrer Hauptgestalten einfache und kompliziertere sprachliche Leitmotive. Einfache sprachliche Leitmotive sind die liberalen Worte des alten Quindt: »Das verwächst sich wieder« oder die Worte Maximilianes: »Das habe ich abgelebt«, »Das brauchen wir nicht« oder »Ich kann es ja mal versuchen«. Diese »Maximen« verweisen auf das Provisorische, Nicht-Verfestigte in der Existenz Maximilianes. Sie deuten auf menschliche Beweglichkeit hin, auf Wesenszüge, die dem noch nicht durchkonventionalisierten Ich im Leser Identifizierungsmöglichkeiten bieten.

Dazu treten komplexere sprachliche Leitmotive wie »Man muß Ballast abwerfen, um an Höhe zu gewinnen« oder »Das ist wichtig, daß man auch noch etwas sieht, wenn man die Augen schließt«. Diese »Maximen« zeugen von Bemühen um Überwindung der Unmittelbarkeit im Sinne von Verinnerlichung und Vergeistigung und sind ebenfalls einer banalen verdinglichten Existenz entgegengesetzt.

Das wesentlichste sprachliche Leitmotiv stammt jedoch vom alten Quindt. Es tritt in allen drei Romanen auf, auch nach dem Tode des Barons kehrt es gleichsam als Vermächtnis des Alten wieder. Bei der Taufe Joachims hatte jener erklärt: »Die Quindts konnten immer reden, trinken und schießen, aber sie konnten es auch lassen ... Auf das Tun und Lassen kommt es an!« Diese Worte des alten Quindt werden zu einem Kernmotiv der Trilogie. Was bedeuten sie? Sie verkörpern eine Aufforderung zum Maßhalten, zur Besonnenheit, zur Selbstbeherrschung, auch zum Verzichtenkönnen. In politischer Hinsicht enthalten sie die Absage an imperialistischen und faschistischen Expansionismus. Sie wurzeln ja auch in nicht-imperialistischer Ideologie (Schopenhauer) und entsprechen zudem der betrachtsamen, skeptischen Geisteshaltung Fontanes.

Christine Brückner hat also die Technik des sprachlichen

Leitmotivs bei Hauptgestalten in Umfang und Gehalt und stafettenhaft über die einzelne Figur hinausgehend erweitert. Sie hat offenbar die schematisierenden Gefahren gespürt, die bei nur einfacher sprachlicher und auch gegenständlicher Leitmotivik der Lebendigkeit einer Figur drohen können.

Fontane war im Interesse inhaltlicher Differenziertheit und formaler Schmeidigung ein Anwalt auch des kleinen Wortes, der Konjunktionen, Präpositionen und Adverbien. »In diesen Dingen«, so schrieb er bereits am 16. 3. 1869 an Rudolf von Decker, »steckt die Kunst, wodurch man sich vom ersten besten Schmierarius unterscheidet.« So produzierte er »Mit-und-Novellen und Ohne-und-Novellen« (am 3. 3. 1881 an Gustav Karpeles), je nach dem Bildungsgrad bzw. der Natürlichkeit des Empfindens der Hauptgestalten.

Bei Brückner fallen im Rahmen ihrer Sprachbewußtheit die kritischen Reflexionen über die Bedeutung von Präpositionen bei Zusammensetzungen auf. So läßt sie Joachim Quint sagen: »Reden wir doch nicht immer von überleben! Reden wir vom Leben ... Das Wort muß wieder von der Vorsilbe ›über‹ befreit werden. Überlebensfreude? Überlebenskraft? Überlebensmut? Jedes ›über‹ ist gefährlich.«

Der dritte Band der *Poenichen*-Trilogie ist vielleicht der sprachbewußteste, auch infolge des Zurücktretens der äußeren Handlung. Gegenstand kritischen Nachdenkens sind darin ferner übertreibendes deutsches Katastrophendenken, zu häufiger Gebrauch des Hilfsverbs »müssen« als Ausdruck angeblich unaufhebbarer Zwänge oder die deutsche Eigenart, das bekenntnishafte »glauben« einsetzen zu ›müssen‹, wo »denken« oder »meinen« näherliegen und richtiger sind.

Die Sprachkritik richtet sich gegen Entfremdungserscheinungen und metaphysische Tendenzen. Ihr Ziel ist mehr Durchschau- und Überschaubarkeit im Interesse von mehr »Eigenständigkeit« (eine Devise Maximilianes), von mehr persönlicher Initiative und mehr Individualität. Angestrebt

wird »eine poetische, oder sagen wir ruhig: lyrische Weltsicht, wie Herbert Marcuse es nennt, eine Weltsicht der Sin-
neswahrnehmung, des Körperlichen, des Schöpferischen,
der Lebensfreude«.

Gewisse Parallelität zwischen Christine Brückner und
Theodor Fontane, freilich auch zu anderen Autoren, ergibt
sich im Charakter des künstlerischen Schaffungsprozesses.
Fontane schrieb anläßlich der Entstehung von *Irrungen, Wir-
rungen* und *Stine*: »Ich schreibe alles wie mit einem Psychographen ... und folge, nachdem Plan und Ziel mir festste-
hen, dem bekannten ›dunklen Drange‹. Es klingt ein
bißchen arrogant, aber ich darf ehrlich und aufrichtig sagen:
es ist ein natürliches, unbewußtes Wachsen.« Und zur Entstehung von *Effi Briest* bemerkt er: »Vielleicht ist es mir so
gelungen, weil ich das Ganze träumerisch und fast wie mit
einem Psychographen geschrieben habe ... Es ist wie von
selbst gekommen, ohne rechte Überlegung und ohne alle
Kritik ...« Verallgemeinernd betrachtet Fontane seine Produktion als »Psychographie und Kritik«, als »Dunkelschöpfung, im Lichte zurechtgerückt«. Im Falle von *Effi Briest* haben sogar erst die Leser die Figurenrelationen ins rechte
Licht gerückt, indem sie Effi als weitaus sympathischer als
Innstetten empfanden, während der Autor den Baron als
»ausgezeichnetes Menschenexemplar« angelegt hatte und
auch so sah. Die gestalterische Auseinandersetzung mit der
»Zwangslage der Frau«, das immer tiefere Hineinschreiben
in Gestalten und Wirklichkeit führte den Autor zu einer
Korrektur von Vorurteilen und damit zu einem »Sieg des
Realismus«, wie er vorher zum Beispiel bei Shakespeare im
Kaufmann von Venedig, bei Balzac in der *Menschlichen Komödie*
oder bei Leo Tolstoi in *Anna Karenina* jeweils zugunsten der
unterdrückten Gestalten beziehungsweise der unverfälsch-
ten Menschlichkeit stattgefunden hatte. Die theoretischen
Grundlagen für diese »Triumphe des Realismus«, für die
Siege des »Weltgeistes« im Schriftsteller über seinen »Pri-
vatwillen« lieferten zum Beispiel Heinrich Heine in seinen

Shakespeare-Studien, Friedrich Engels in seiner Balzac-Analyse und, am umfassendsten, Georg Lukács in seinen Essays zur Geschichte und Theorie des Realismus. Der ungarische Philosoph und Literaturwissenschaftler hat den »Triumph des Realismus«, den Engels bei Balzac nachwies, zum schriftstellerischen Schaffensprinzip erhoben.

Fontanes Auffassung vom Schaffensprozeß als »Dunkelschöpfung« und als »Naturprozeß« entspricht die Ansicht Brückners, »es schreibt in ihr«, oder: sie schreibe mehr mit ihrem Körper als mit dem Kopfe.

Es folgt eine Montage von Notaten aus dem *Schwarzen Sofa* zur Entstehung der ersten beiden, als unmittelbare Einheit geplanten *Poenichen*-Romane: »So fing es an: Im März 1972 . . . Noch heute stellt das Datum des Unfalls einen Lebenseinschnitt dar . . . Etwas war anders geworden, ein starkes Lebensgefühl hatte mich . . . erfaßt . . . Es mußte sich lohnen, daß ich weiterlebte. Und ich wollte leben. Das bedeutete in meinem Fall: Ich wollte weiterschreiben . . . Etwas von dem neuen warmen Lebensgefühl ist wohl in die *Poenichen*-Romane eingeströmt . . . Ich habe fast fünf Jahre mit diesen Quindts aus Poenichen nachdenkend, mitfühlend und schreibend verbracht . . . Die Quindts aus Poenichen erhielten bei uns vollen Familienanschluß; es wurde über sie wie über nahe Verwandte gesprochen . . . Der Zustand äußerster Konzentration, verbunden mit lästiger Zerstreutheit, war erreicht. Ich legte die Seife in den Kühlschrank, die Handschuhe ins Brotfach und fühlte mich wie Prometheus. Ich erschuf eine ganze Welt, die Welt von Poenichen in Hinterpommern. Alles geschah nach meinem Willen. Scheinbar. In Wahrheit sind die Möglichkeiten des Autors begrenzt. Wenn er seine Heldin 1918 in Hinterpommern zur Welt kommen läßt, ist ihr Schicksal weitgehend festgelegt. Außerdem hörten meine Figuren bald auf, sich an meine Regie zu halten, sie emanzipierten sich . . . Wie politisch das Buch ist, habe ich erst später, im Gespräch mit Lesern und bei den Dreharbeiten gemerkt, weniger beim Schreiben.«

Diese Sätze, besonders die Passage über das Nebeneinander von Konzentriertheit auf das entstehende Werk, von prometheushaftem Schöpfergefühl auf der einen Seite und Abwesenheit im Alltag auf der anderen, eignen sich geradezu für die Aufnahme in eine Psychologie des literarisch-künstlerischen Schaffens, wie sie der Psychologe und Ästhetiker Richard Müller-Freienfels in den zwanziger Jahren konzipierte.

Am Anfang steht, nach einer Katastrophe, ein neu erwachtes Lebensgefühl. Die Autorin ist entschlossen, sich dem Wagnis des künstlerischen Schaffensprozesses voll auszusetzen. Sie erfährt in fast exemplarischer Weise den Zustand positiver, schöpferischer Selbstentfremdung. Die entstehenden und wachsenden Figuren werden zu Mitlebenden und Partnern mit eigenen Gesetzen. Balzac fand für diesen Zustand die Worte: »Die französische Gesellschaft« war der »Historiker, ich nur ihr Sekretär«. Vom Schöpfer der *Menschlichen Komödie* ist auch bekannt, daß er in Gesprächen mit Künstlerkollegen seine eigenen Gestalten um ihre Meinung befragte und sie als reale Position in die Debatte einbrachte.

Die zitierten Notate enthalten noch eine weitere wesentliche Aussage. Sie betreffen die bedingte Freiheit des realistisch Schreibenden im Schaffensprozeß und veranschaulichen beispielhaft die Rolle der realistischen, von der Wirklichkeit mitgesteuerten Phantasie.

Christine Brückner erlebte im Schaffensprozeß offenbar selbst eine partielle Umgestaltung, eine Art Selbstübersteigung, und ging in Darstellung und Aussage offensichtlich weiter, als sie beabsichtigt hatte und ihr selbst zunächst bewußt war. Das Ergebnis war eine deutsche »Jahrhunderttrilogie« (Peter Jokostra), deren aktuelle Spitze der relativ frühe poetische Mitvollzug der folgenreichen neuen Ostpolitik der Ära Brandt-Scheel war.

Brückner liefert für ihren Vorstoß zum Realismus in den *Poenichen*-Romanen einen reicheren Selbstkommentar als

Fontane zur Entstehung seiner Romane; der »Sieg des Realismus« hat dennoch bei Fontane umfassenderen und tieferen Charakter. Bei Fontane vollzieht er sich mit wachsender ideologisch-künstlerischer Reife im gesamten Spätwerk; bei Brückner konzentriert er sich auf die Werkfolge der *Poenichen*-Romane und der *Ungehaltenen Reden ungehaltener Frauen.* Bei Fontane ist der Durchbruch zum Realismus in signifikanter und singulärer Weise mit Beseelung und subjektiver Prägung aller Werkelemente verbunden, von der Erzählersprache bis zur Figurenrede, ohne daß die Objektivität der Darstellung leidet, im Gegenteil: Durch die hohen Ausdruckswerte gewinnt sie noch an Gültigkeit. So weit und so unverkennbar verläuft die Durchdringung und Aufzehrung des Stofflichen bei Brückner nicht. Bei Fontane mündet der Vorstoß zum Realismus in tiefe, dynamische Historizität, bei Brückner entbehrt er der ausgreifenden geschichtlichen Vision.

Aber nicht nur durch Fontane, auch durch Christine Brückner wird – wie wir sahen – der »Sieg des Realismus« als schriftstellerische Grundtatsache, als künstlerisches Wertkriterium bestätigt, das nach Auffassung von Georg Lukács (im Vorwort zu *Balzac und der französische Realismus*) »bis an die Wurzeln der realistischen künstlerischen Gestaltung gräbt«. »Sie wissen es nicht, aber sie tun es«, dieses Marx-Wort, das Lukács als Motto seiner Ästhetik *Die Eigenart des Ästhetischen* voranstellte, gilt für weite Bereiche der Literatur, die sich gegen die Selbstentfremdung des Menschen durch die Gesellschaft wendet. Hinzu kommt die besondere ästhetische Bannkraft der Werke, die nicht mit vollem kritischen Bewußtsein geschrieben sind und in denen der Künstler unter dem Diktat der Wirklichkeit sich selbst wandelt, korrigiert und überwindet, was ihm meistens erst später bewußt wird.

Es bleibt zu fragen, warum Fontane erst im Spätwerk, etwa seit 1880, seit *L'Adultera* und *Schach von Wuthenow*, zu »Siegen des Realismus« gelangt und warum nicht das gesamte Schaffen Christine Brückners von Vorstößen zum Realismus geprägt ist, warum es bei ihr auch ein weniger in die Tiefe gehendes Buch gibt wie *Letztes Jahr auf Ischia* oder einen so wirklichkeitsfernen Roman wie *Das eine sein, das andere lieben.* Das populäre Erstlingswerk *Ehe die Spuren verwehen* ist bei aller Faszination, die aber nicht bis zum Schluß anhält, in sich widersprüchlich. Es bewegt sich zwischen Darstellung von Entfremdungsproblematik beim Sparkassenbeamten Rudolf Gravenstein und eigentlich naturalistischer Verabsolutierung von Vererbungsproblematik in Familie Feldcamp. Der folgende Roman *Die Zeit danach,* um auch ihn einzuordnen, ist dagegen, abgesehen vom nicht voll überzeugenden Schluß, der Erneuerung Johanna Grönlands in Griechenland, psychologisch-realistisch einheitlich.

Fontane mußte erst zum Preußentum gewisse Distanz gewinnen. Dazu verhalfen ihm seit Mitte der siebziger Jahre politische und private Desillusionierungen. Einschneidend war zum Beispiel das krisenhafte »Sekretariatsjahr« 1876, das ihm deprimierende persönliche Demütigungen durch die preußische Bürokratie bereitete. Zugleich begann er die moralische Überlegenheit des vierten Standes zu erkennen.

Bertolt Brecht erklärte die Widersprüche im Schaffen Gerhart Hauptmanns, selbst innerhalb einzelner Werke wie der *Weber,* daraus, daß er »zwei Auftraggeber« hatte, »die zueinander in Widerspruch standen«, Proletariat und Bürgertum. So entspricht Christine Brückner, die sowohl in der Vorliebe für realistische Gestalthaftigkeit als auch in der eskapistischen Tendenz an Gerhart Hauptmann erinnert, mit ihren Werken sowohl den Interessen engagierter Leser als auch den Bedürfnissen konformistischerer Rezipienten. Auch aus dieser Ambivalenz erklärt sich m. E. die breite Resonanz. Mit dieser Polarität ist natürlich auch die Frage nach der wirklichen Orientierungskraft der Literaturkritik aufgeworfen.

Wie ist nun die Fontane-Beziehung Christine Brückners einzuordnen und zu bewerten? Es liegt keine das vorbildhafte Objekt heranreißende, distanzlose Anverwandlung vor wie zum Beispiel in Stefan Zweigs rasanten Essays über Heinrich von Kleist und Dostojewski oder in Christa Wolfs Aneignung Kleists in *Kein Ort. Nirgends* oder der Gestalt der Kassandra in der gleichnamigen Erzählung. Epische Großform und erzählerische Objektivität schließen wahrscheinlich die unmittelbare Anverwandlung überhaupt aus, die sich vorzugsweise in kleineren Formen äußert. Aber auch mit dem Begriff der bewußt kritischen Aneignung in der Einheit von Abstoßung des Bedingten und Weiterentwicklung des Unbedingten ist die Fontane-Relation Brückners insgesamt nicht zu fassen. Fontanes widersprüchliche Adelsbeziehung und seine Neigung zu Inkonsequenz und Harmonisierung werden nicht grundsätzlich überwunden. Sein Geschichtsbild, sein differenzierter Blick auf die Gesellschaft werden nicht qualitativ weitergeführt. Im einzelnen trägt die »ungehaltene Rede« Effis infolge ihrer emanzipatorischen Elemente den Charakter der kritischen Weiterentwicklung.

Die *Poenichen*-Romane sind aber insgesamt auch nicht von »flauem Traditionalismus«, von Epigonentum, von Übergewicht der rezipierten schriftstellerischen Erscheinung bedroht. Davon zeugt schon die starke Resonanz. Literatur aus zweiter Hand hätte nicht so breite Wirkung. Die Quindt-Trilogie geht von neuem Inhalt aus, den die Form unauffällig, aber wirksam unterstützt. Wie der Inhalt Vorrang hat vor Komposition und Sprache, so besitzt die Realität klaren Primat vor der Literaturbeziehung.

Es liegt also kein »reiner« Fall von Erbebeziehung vor, wozu übrigens auch die totale Negation der literarisch-künstlerischen Tradition gehört. »Reinheit« ist aber oft kein Kennzeichen von künstlerischem Schöpfertum oder gar von Realismus. Die realistischen Erneuerer der Literatur verstießen meist gegen normative Ästhetiken.

Die Fontane-Beziehung Christine Brückners hat zwischen Hingabe und Variation selbständigen, originären

Charakter. Es dominiert die rezipierende über die rezipierte Erscheinung. Eigenständig rezipiert werden Gestalten, Motive und künstlerische Mittel, nicht zuletzt die mitlebende, mitfühlende Beziehung zu den Figuren. Das Ergebnis trägt originellen, unverwechselbaren Charakter. Die *Poenichen*-Romane nehmen in ihrer Einheit von Familien- und Zeitgeschichte in der deutschen Literatur des 20. Jahrhunderts neben den zeitgeschichtlichen Romanzyklen von Arnold Zweig, Lion Feuchtwanger, Anna Seghers und Ehm Welk, die mit Ausnahme Feuchtwangers alle ebenfalls an Theodor Fontane anknüpften, einen selbständigen Platz ein.

INGEBORG WURSTER

Sonntagsgespräch mit Christine Brückner

Genau vor dreißig Jahren kam ihr erster Roman, Ehe die Spuren verwehen, *und mit ihm der Erfolg. Seither hat sie über 25 Bücher geschrieben und vor allem mit* Jauche und Levkojen *und* Nirgendwo ist Poenichen *Millionenauflagen erreicht. Letztes Jahr erschien das Buch* Wenn du geredet hättest, Desdemona, *und auch das hat inzwischen schon eine beachtliche Auflage.*

Frau Brückner, wie lebt man mit soviel Erfolg?

Gut. Zunächst lebt man damit gut. Ich bin jemand, der in kleinem Umfang Erfolg braucht. Ich hätte wahrscheinlich nicht weitergeschrieben, wenn ich nicht gleich mit meinem ersten Buch Erfolg gehabt hätte. Mein Mann spottet und sagt: »Du brauchst dein tägliches Blättchen Lorbeer.« Das kann ein Leserbrief sein, irgend etwas an Zustimmung brauche ich. Ich brauche keine hohen Auflagenzahlen. Und ich brauche eigentlich auch nicht Geld, aber ich brauche Zustimmung, Echo.

Also ist der große Erfolg eine Wohltat und keine Last?

Die meisten Dinge sind beides, und ich glaube, so ist es auch hier, wie bei dem Titel »Jauche und Levkojen« – es ist beides. Es ist immer ein wenig Jauche, und es sind auch Levkojen.

Man hat Sie die Enkelin Fontanes genannt. Schmeichelt das, oder macht das befangen?

Also, wenn ich schon irgendeine Enkelin sein soll, dann bin ich besonders gerne die von Fontane. Einen Großvater, den ich gekannt hätte oder den es gekränkt haben könnte, gibt es auch nicht; also ist es mir recht, und natürlich ist es auch eine Hypothek.

Ich möchte trotzdem noch gern beim Erfolg bleiben. Was tut der dem Privaten, was fügt er ihm zu, zum Beispiel den Freundschaften oder der Ehe?

Wenn Sie nach den Kollegen gefragt hätten, wäre es schwieriger gewesen.

Zu denen kommen wir noch.

Ich glaube, ich habe solche Freunde, die sich wirklich sehr herzlich mitfreuen. Und dann habe ich natürlich auch Freunde, wo ich heute ein wenig großzügig sein kann und sagen: »Komm mit, wir machen zusammen Ferien.« Das ist einer der großen Vorzüge des Erfolgs. – Und der Ehe, also dieser Ehe, glaube ich, kann gar nichts etwas anhaben, obwohl es eine Ehe unter Kollegen ist.

Sie sind in zweiter Ehe mit dem Schriftsteller Otto Heinrich Kühner verheiratet. Darf Ihr Mann sie kritisieren?

Aber natürlich – und er tut es. Er ist fünfzehn Jahre lang Lektor gewesen beim Hörspiel, und er ist ein sehr guter Lektor. In der Regel geht nichts aus dem Haus, was er nicht einmal durchgesehen hätte, und über manche Dinge reden wir lange. Er ist ein besserer Dramaturg, als ich es bin. Er sagt dann schon einmal: »Das gehört hier nicht hin, das muß an einer anderen Stelle stehen. Das ist dann viel wirkungsvoller.« Alle diese Eingriffe sind ihm gestattet. Ich protestiere auch, aber wir einigen uns. Ich darf natürlich bei ihm auch mitwirken und sagen: »Das würde ich so nicht machen, das solltest du ändern.«

Und wie ist es mit den anderen? Wie reagieren Sie auf Kritik, die nicht von Ihrem Mann kommt?

Ich bin lange Zeit von der Kritik sehr verwöhnt gewesen, gelegentlich werde ich natürlich auch gescholten, und dann bin ich sehr gekränkt und bin traurig und denke, ich werde nie wieder etwas schreiben können. Das dauert ein paar Stunden, und nach ein paar Tagen hat es sich gelegt. Und dann vergesse ich es und schreibe, wie ich immer geschrieben habe: gerne.

Ihre Frauengestalten, nehmen wir mal die Maximiliane von Quindt oder die Gabriele Feldcamp, sind stark. Aber sie haben vor allem Wärme. Sie sind heiter, gelassen, resolut. Sie werden geliebt und bewundert, natürlich auch von der Autorin und nicht zuletzt von den Lesern. – Wären Sie gerne so gewesen, steckt da eine eigene Sehnsucht?

Das müssen wir vermuten. Das sind Gegenbilder zu mir selbst, aber so sind sie nicht gedacht. Das macht man nicht bewußt. Das hat übrigens noch nie jemand gesagt, daß es Gegenbilder der Autorin sein könnten, daß es Wunschbilder wären.

Und das ist es?

Ja, wenn ich es jetzt einen Augenblick überlege, sage ich spontan: »Ja«, wenn ich noch länger überlege, dann würde ich vielleicht Einschränkungen machen. Aber mein erstes ist ein »Ja«.

Sie sind die Tochter eines evangelischen Pfarrers, geboren im hessi-
schen Waldeck, in Schmillinghausen, und mir ist aufgefallen, daß
evangelische Pfarrer und Pfarrhäuser in Ihren Büchern eine gewisse
Rolle spielen. Nicht nur Gabriele Feldcamp ist Pfarrerstochter,
auch in der ungehaltenen Rede der ungehaltenen Gudrun Ensslin
kommt ja schließlich eine Pfarrerstochter zu Wort gegen die Wände
von Stammheim. Wie war das Verhältnis zu Ihren Eltern, und
welche Rolle hat der Protestantismus in Ihrer Entwicklung und in
Ihrem Leben gespielt?

Ich bin zeit meines Lebens sehr bewußt eine Pfarrerstochter
gewesen, bin mit sozialen Aufgaben herangewachsen, denn
ein kleines Mädchen in einem Pfarrhaus hat von klein auf
wirkliche Aufgaben zu erfüllen. Es war nicht nur so, daß
man mit zu allen Tauf- und Hochzeitsessen ging, sondern
man sorgte für Kranke, man sorgte für Alte. Aufzuwachsen
in einem Dorf, wo jeder einen kennt und, wie ich glaube,
auch jeder einen gern hat, das spielt eine große Rolle. Und
so gefestigt bin ich ins Leben gegangen, und diese Basis, die
damals geschaffen ist, die hat ein Leben lang gehalten. – Ich
scheue mich manchmal zu sagen, daß ich in Gottvertrauen
lebe, aber das ist sicherlich so. Ich wandle es manchmal ab,
ich sage, es ist Urvertrauen, das verdanke ich meinem Elternhaus und diesem Leben in der Geborgenheit eines Dor-
fes.

War Ihnen dieses Elternhaus und dieses evangelische Pfarrhaus in
der Zeit des Dritten Reiches und des Krieges eine Stütze? Hat das
eine entscheidende Rolle gespielt?

Ja, das hat natürlich eine Rolle gespielt, denn mein Vater gehörte der ›Bekennenden Kirche‹ an und ist vorzeitig aus
dem Dienst gegangen, sonst hätte er seinen Posten als Superintendent verloren. Er mußte an die Existenz seiner sehr jungen Töchter denken. Ich hatte eigentlich einen Großvater als
Vater, es ist ein Generationssprung. Als ich geboren wurde,

war meine Mutter 44 und mein Vater 55. Ich bin in Gegner-
schaft zum Dritten Reich groß geworden, was sehr schwer
war für ein begeisterungsfähiges Mädchen. Ich war elf Jahre
alt, als das Dritte Reich über uns kam. Und ich habe immer
am Rande gestanden, während meiner ganzen Schulzeit. Ich
bin mit 15 Jahren schon in solchen Einsätzen gelandet, die
von der Partei eingerichtet worden waren, wie ein Pflichtjahr für deutsche Mädchen. Alle meine Ausbildungen habe
ich immer am Rande machen müssen. Ich habe nebenher das
Abitur gemacht, ich war fünf Jahre in Kriegseinsätzen.
Manchmal habe ich gedacht, das Interesse des Staates an mir
war so groß, daß all meine politischen Bedürfnisse damals
übererfüllt wurden, wenn Sie sich das vorstellen können.
Ich hatte das Gefühl, es sei genug.

*Ich komme noch mal zu diesem Protestantismus zurück. Nach der
Beerdigung der Gabriele Feldcamp sagt der Bankdirektor Gravenstein, und ich möchte das gerne mal zitieren, der sagt: »Ich wollte,
ich hätte hingehen können und Kerzen für sie kaufen und anzün-
den. Aber in unserer Kirche gibt es keine Kerzen, da betet man nur
– wenn man beten kann.« Ist da auch ein bißchen Sehnsucht nach
dem anderen, vielleicht heraus aus der Nüchternheit der evangelischen Kirche?*

Das liegt an der Figur dieses sehr nüchternen Sparkassendirektors. Ich konnte mich an diese Szene auch nicht gleich erinnern, jetzt habe ich sie aber wieder vor mir, es ist lange
her, daß ich das Buch gelesen habe im Vergleich zu Ihnen. –
Wenn ich über Beten rede und schreibe, dann tue ich das
mit äußerster Vorsicht, und ich stelle es so hin, daß es nicht
selbstverständlich ist, wenn ein Mensch beten kann. Aber
wenn dieser kleine Einschub dasteht, wird man auch auf-
merksamer. »Wenn man beten kann« verstärkt den Satz, wie
ich meine.

In Ihren Büchern blühen unendlich viele Blumen. Man sieht sie leuchten, man schmeckt förmlich ihren Duft, Gärten mit Kräutern und Bäumen, mit Sträuchern und Früchten, Nüssen und Kartoffeln spielen eine enorme Rolle in den Geschichten, aber vor allen Dingen für die Frauen Ihrer Geschichten. Sogar Klytämnestra bittet Agamemnon um Blumensamen aus Troja. Und Luthers Frau Käthe hält ihrem Mann vor: »Was ich tue, ist beten, wenn ich grabe, wenn ich säe, wenn ich ernte.« Ich weiß, Frau Brückner, daß Sie selber einen kleinen Garten haben. Wie wichtig ist der Ihnen tatsächlich?

Also vornehmlich beschreibe ich ihn! Ich sollte gelegentlich auch mal hacken und jäten. Das tue ich sehr viel weniger, aber ich gehe lobend und mich freuend durch den Garten, und wenn eine Rose aufblüht, dann schreibe ich es in Briefen, oder es kommt gleich wieder in ein Buch. – Es ist wohl wirklich so, daß ich diesen Garten beschreibend noch mehr liebe, als ich es eigentlich tun sollte; denn wo man liebt, muß man auch pflegen, und ich denke immer, dieser Garten gedeiht nur durch Lob, und eigentlich tut er das auch.

Das Rezept müssen Sie mir mal verraten, meiner tut das nicht . . .

Ich habe irgendwann einmal gesagt: »Was blühen will, wird auch blühen.« Man kann diesen Trieb zu blühen gar nicht behindern.

Aber Sie brauchen Ihren Garten, auch wenn Sie ihn nicht pflegen.

Dieses Ins-Freie-Können, aus dem Haus heraus. Das brauche ich.

Das bringt uns also zur Werkstatt der Christine Brückner, zur Methode, zu Ihrer Arbeitsweise. Sie sind Erzählerin, und Sie erfinden fast alles, fast alles. Sie erfinden Gärten und Landschaften und die Menschen dazu, zum Beispiel Pommern. Sie sind aber, ehe

Sie die beiden Poenichen-Bücher geschrieben haben, nie in Pommern gewesen.

Darf ich ein bißchen einschränken? Ich bin zweimal in Pommern gewesen während des Krieges, jeweils acht Tage, einmal im Winter, einmal im Sommer. Ich habe also wirklich einmal ein Rittergut in Pommern gesehen. Damals wußte niemand, geschweige denn ich, daß ich jemals eine Schriftstellerin werden würde. Außerdem hatte ich so großen Liebeskummer, daß ich meinte, gar nichts gesehen zu haben. Nachträglich scheint mir, daß ich doch das eine oder andere wahrgenommen habe.

Aber es nur einmal gesehen zu haben genügt natürlich nicht, um so eine Zeitspanne einzufangen, in der dann auch wirklich alles stimmen soll. Brauchen Sie die nichterfahrene Fremde, weil Sie dann durch die nötigen Studien gezwungen sind, Ihre Phantasie zu zügeln?

Ich beschreibe nicht gern, und ich bin auch ungenau, wenn ich beschreibe. Wenn ich journalistisch arbeite, dann muß immer kontrolliert werden. Zunächst schreibe ich dreizehn, was richtig wäre. Dann klingt das nicht gut. Dann habe ich es irgendwann mal in ›siebzehn‹ geändert. Ich bin ganz ungenau. Das kann ich sein, wenn ich etwas erfinde, und innerhalb der Erfindung bin ich dann ganz genau. Aber ich habe Schwierigkeiten mit der Realität.

Weil Sie gerade Zahlen nennen: Bedeutet Ihnen der 8. August irgend etwas Besonderes, oder ist es Zufall, daß Jauche und Levkojen mit der Geburt Maximilianes anfängt, am 8. August. Und in Ihrem allererersten Buch, das mit diesem Unfall beginnt, bei dem Gabriele Feldcamp getötet wird, oder umgebracht, man weiß es ja so genau nicht, der findet auch am 8. August statt, überhaupt findet viel im August statt. Haben Sie irgend etwas mit diesem Monat, irgend etwas, eine besondere Affinität zum August?

Ich bin natürlich sehr überrascht, daß sie das gemerkt haben. Wir haben vor ein paar Jahren den 8. August wirklich gefeiert, und dazu haben Freunde Telegramme geschickt. Einmal mit Glückwünschen zu dem Geburtstag dieser Maximiliane von Quindt, aber es gab auch Beileidstelegramme zum Tod der ersten Heldin, die an einem 8. August gestorben ist. Das ist nicht Absicht gewesen, aber es gibt doch einen Grund. Ich fange in der Regel im August an, ein Buch zu schreiben, und dann gerät mir das Datum der Wirklichkeit vielleicht in das Buch hinein. Dieses erste Buch habe ich Anfang August begonnen, es endet im November, und im November war ich fertig mit dem Buch. Das ist ein sehr schnell geschriebenes Buch gewesen. Dieses Buch *Ehe die Spuren verwehen* habe ich in einem Vierteljahr geschrieben, und dieses Vierteljahr hat der Sparkassendirektor gebraucht, um das Leben der Toten aufzuspüren.

Sie haben eine ganze Weile gebraucht, fast zwanzig Jahre, bis man Sie in der Bundesrepublik ernst zu nehmen begonnen hat. Lag das nur an den anderen, oder hat sich die Schriftstellerin, die Erzählerin Christine Brückner verändert, gesteigert, und wenn ja, wann ist das passiert und wie, wodurch ist das passiert?

Früher hatte ich das vielleicht nicht wahrhaben wollen, weil ich sagte, ich habe ja mit meinem ersten Buch großen Erfolg gehabt, und dann eigentlich auch so einen mittleren Erfolg. Ich konnte immer als Schriftstellerin leben. Ich schrieb dann auch Hörspiele, schrieb auch für Zeitschriften und Zeitungen. Aber Sie haben natürlich doch recht. – 1972 haben mein Mann und ich einen Autounfall gehabt, der eigentlich tödlich verlaufen ist. Durch irgendein Wunder sind wir beide mit dem Leben davongekommen. Das ist ein wirklicher Einschnitt in meinem Leben, ist es auch heute noch. Danach hat mich ein unglaublich starkes Lebensgefühl erfaßt, ich wollte leben, und ich wollte schreiben, und ich denke, daß von diesem Lebensgefühl etwas in die *Poenichen*-Romane gedrungen sein muß. Denn die strömen, vermute ich, Kraft aus, wenigstens sagt man das, das weiß man selber nicht. Aber das sagen Leser oder schreiben Leser. Das ist wohl der Wendepunkt in meinem Leben gewesen.

Sie schreiben jetzt am dritten Band dieser Poenichen*-Serie, und der soll im nächsten Jahr erscheinen. Frau Brückner, Sie verarbeiten Zeitgeschichte. Ihre Romanfiguren müssen durch diese Zeitgeschichte durch. Wenn man so eine große Lesergemeinde hat wie Sie, kann einen das einengen; führt es dazu, daß man versucht, vielleicht sich mehr rauszuhalten, als man möchte, sich nicht einzumischen, oder sind Sie der Typ, der sich sowieso nicht gern einmischt?*

Zunächst muß ich sagen: Wenn ich schreibe, habe ich natürlich nicht die vielen Leser vor Augen, sondern einen, einen Leser kann ich mir vorstellen. Wenn man schreibt, ist man allein, wenn man liest, ist man allein. Diese intime Situation spielt für mich eine ganz große Rolle, daß man das Gefühl hat, es ist immer ein Zwiegespräch mit dem Leser. Autor und Leser sind Partner; das ist ein intimes Verhältnis. Und so schreibe ich. Ich schreibe Bücher eigentlich, wie ich Briefe schreibe, und diese Vorstellung verläßt mich auch nicht. Ich kann mir niemals tausend Menschen mit dem gleichen Buch in der Hand vorstellen, das läßt meine Phantasie gar nicht zu. – Ob ich mich raushalte? Ich lasse Freiheiten, wissen Sie, ich will nicht unbedingt eine bestimmte Meinung vermitteln, sondern ich möchte, daß der Mensch ein bißchen freier wird und mehr Möglichkeiten sieht und sich nicht so einengen läßt. Das sind wahrscheinlich meine Absichten. Ob ich mich raushalte? Ich glaube nicht. Das tue ich wahrscheinlich nicht, in den ganz ernsten Fragen nicht. Aber in Tagesfragen halte ich mich raus. Das ist richtig.

Sie haben vorhin gesagt, Sie hätten nach dem Ende des Zweiten Weltkrieges das Gefühl gehabt, mit Politik seien Sie nun genug bedient worden. Ich frage Sie heute und trotzdem: Würden Sie von sich sagen, daß Sie ein politischer Mensch sind, ein politisch engagierter Mensch?

Ich bin am Leben engagiert, aber nicht an der Tagespolitik. Da muß ich mich sogar zu der nötigen Aufmerksamkeit zwingen.

Aber Sie schreiben gesellschaftspolitische Kolumnen?

Ja, das tue ich. Aber auch, um mich selber dazu zu zwingen, mich damit auch ausreichend zu beschäftigen und mir eine eigene Meinung zu bilden. Aber immer, meine ich, schreibe ich doch so, daß der Text Spruch und Widerspruch enthält.

Und darum möchte ich noch einmal fragen: Heißt das, daß Sie sich auch dann, wenn Sie sich zu politischen, tagesaktuellen oder latent aktuellen Themen äußern, daß Sie vor allem nach Positionen suchen, die positiv wirken? Ist es Ihre Natur, daß Sie eigentlich dämpfen und glätten möchten?

Nein, das ist so nicht richtig. Nein, ich möchte eigentlich gerne Kräfte wecken, wissen Sie. Ich will nicht, daß wir ununterbrochen über Katastrophen reden und eine Weltuntergangsstimmung schaffen, ohne Konsequenzen zu ziehen. Diese Lethargie, die sich dann ausbreitet, die will ich nicht, gegen die gehe ich an. Ich möchte so gerne, daß der Mensch lebt, solange er lebt! Diese Kräfte will ich wecken. Aber ich will beileibe nicht glätten, sondern ich will ein bißchen stärker machen. Einmal hat eine Verlagssekretärin ein Buch in einer Nacht durchlesen müssen und hat dann gesagt: »Und am Morgen war ich stärker als am Abend.« Ich glaube, etwas Schöneres hat man mir nie gesagt. Daß von einem Buch Kraft ausgeht, das möchte ich, und das kann man nicht durch Glätten erreichen.

Sie haben einmal in einem Interview gesagt: »Meine Leser sollen nach einem Buch dieses Buch verändert weglegen.« Sind Sie auch selber verändert, wenn Sie es geschrieben haben?

Vermutlich. Ich muß ja auch ein bißchen klüger geworden sein, das will ich hoffen. Das kann man selber wahrscheinlich nicht sehen.

Geht es wirklich nur ums Klügerwerden? Sie meinen ja etwas anderes.

Ich meine eine innere oder tiefere Klugheit. Auffällig ist, daß ich mir immer Eigenschaften von meinen Figuren aneigne. Ich hatte mal eine Heldin, die aß immer Nüsse und trank so gerne Sekt dazu, und dann habe ich mir das auch angewöhnt. Nie habe ich das vorher getan.

Ist es Ihnen bekommen?

Das weiß ich nicht mehr. Ich wollte nur sagen, ich nehme die Angewohnheiten meiner Romanfiguren an, nicht sie haben meine Angewohnheiten.

Ich komme noch mal zu diesen zeitkritischen, gesellschaftspoliti-schen Kolumnen. Sie haben Ihre im Augenblick letzte, glaube ich, im Juli geschrieben, und das Thema war das Baumsterben. Da haben Sie sich gegen die Kassandra-Rufe der Umweltschützer und der Grünen gewehrt. Sie haben gefragt, ob man nicht besser statt vom Waldsterben vom »kranken Wald« sprechen solle, und Sie haben Christa Wolfs Kassandra mit ihrem verzweifelten Ausruf zitiert: »Oh, daß sie nicht zu leben verstehen.« Und Sie haben schließlich gefragt, ob es denn keine hellere Schwester der

Kassandra gebe, und ich möchte Sie jetzt fragen: Wollen Sie die
hellere Schwester der Kassandra sein?

Ja. Ich zögere, »ja« zu sagen, aber ich sage es trotzdem.

(Zweites Deutsches Fernsehen, 16. 12. 1984)

Einführung zur Lesung in Augsburg am 6. Juni 1984

In Christine Brückners zweitem *Poenichen*-Roman, überschrieben *Nirgendwo ist Poenichen*, der das schwere und
zugleich das leichte, oder besser: das leichtgenommene
schwere Leben der Maximiliane Quint und ihrer Kinder bis
in die Nachkriegszeit, also bis in das Jahr 1976 hinein, fort-
setzt, findet sich ein Satz, der mir charakteristisch zu sein
scheint für den ironisch-heiteren Erzählstil Christine Brückners: »Das Leben hält sich oft eng an die Literatur und vermeidet dabei kein Klischee.«

Wer immer noch davon ausgeht, daß Literatur von außer-
kultureller Realität lebt, wird spätestens durch die Lektüre
der Bücher Christine Brückners eines Besseren belehrt,
denn in diesen Büchern lebt die ganze Fülle der europäischen Literatur von der Antike bis in unsere unmittelbare
Gegenwart. Allzuoft scheint sich ja – und dies ist die Erfahrung der Moderne – das Leben nach der Literatur zu richten,
nicht die Literatur nach der empirischen Realität. Fiktion
und Wirklichkeit sind kaum noch zu unterscheiden. Die Bücher Christine Brückners jedenfalls leben von kultureller
Realität und beleben Gestalten des Mythos ebenso wie Gestalten der Literatur, der Geschichte und unserer Zeit. Dabei
ist die Technik dieses Schreibens so einfach wie intelligent
und wirkungsvoll: Christine Brückner stellt ihre Figuren –
zumindest so, als hätten sie gelebt – in deren psychologische
und historische Koordinaten und gibt ihnen als Lebenskern
den eigenen Atem, die Nähe der Sympathie und die Zuneigung der Erzählerin.

Die *Poenichen*-Romane nenne ich hier – weil von mir gerne gelesen – stellvertretend für ein umfangreiches, aus Roman, Erzählung, Hörspiel und Theaterstücken bestehendes Werk, wobei darauf hinzuweisen ist, daß nun auch Christine Brückners letztes Buch, *Wenn du geredet hättest, Desdemona* (1983), in dramatisierter Fassung auf vielen deutschen Bühnen gespielt wird und eine Rundfunkfassung, in der Christine Brückner selbst die »Rede der ungehaltenen Christine Brückner an die (aus Kassel stammende) Kollegin Meysenbug« spricht, soeben vorbereitet wird.

In dreizehn Berufen hat sich Christine Brückner versucht, ehe sie, verheiratet mit dem Schriftsteller Otto Heinrich Kühner, in Kassel seßhaft wurde.

Schon der erste *Poenichen*-Roman, *Jauche und Levkojen*, dessen plastischer Titel an eine verlorene deutsche Provinz erinnert, an das nur noch in der Erinnerung aufbewahrte Leben in Hinterpommern, weist mit den Kapitelmotti und dem übergreifenden Erzählmotto des ganzen Textes auf jenen Autor, den Christine Brückner – mit der deutschsprachigen Moderne – wiederentdeckt hat: auf Theodor Fontane. Der schrieb 1887 – und dies eben ist das Motto – aus dem märkischen Rüdersdorf an seine Frau: »Durch mein offenstehendes Fenster strömt der hier, und auch wo anders, ständige Mischgeruch von Jauche und Levkojen ein, erstrer prävalirend, und giebt ein Bild aller Dinge. Das Leben ist nicht blos ein Levkojengarten.« Dies also ist die Mischung des Lebensgeruches, der ich in den Büchern Christine Brückners begegnet bin, dem Geruch von Jauche und Levkojen, der Mischung von Ernst und Heiterkeit, von Trauer und Lachen. Kein Wunder also, daß wir in dem jüngsten Buch der Autorin, das seit vielen Monaten auf den Bestsellerlisten steht, aber viel zu gut ist, um mit diesen vergänglichen Listen wieder vergessen zu werden, wiederum Theodor Fontane begegnen. Eine der ungehaltenen Reden ungehaltener Frauen ist Fontanes Effi Briest in den Mund gelegt, jenem Opfer eines abgestandenen Ehrenkultus, dessen schon 1895 obsolet gewordener Kodex aber noch immer Glück und Leben kosten kann. Effi Briest, geschiedene Innstetten, spricht in dieser Geschichte mit ihrem tauben Hund Rollo – und das ewige Thema ihrer Kindheit, ihrer gescheiterten Ehe und noch ihrer letzten Lebensjahre, dann aber als Stimme, die aus ihr selbst zu kommen scheint, lautet: »Aber Effi!« Es ist dies hier »kein Zauberwort, das war ein Wort, das den Zauber zerstört. Ich stelle mir vor (sagt Effi), wenn ich tot bin, schreibt man auf den Stein: Aber Effi! Denn wenn ich so früh sterbe, dann ist das auch wieder nicht recht und wie ein Vorwurf.« Es ist jenes herablassende, besserwisserische, oft auch zynisch-kalte »Aber Effi!«, das den Frauen aus einer von Männern bestimmten und auf ihre Bedürfnisse hin orientierten Welt allenthalben entgegentönt, jenes vorwurfsvolle »Aber Effi!«, das Ehen zerstört, Karrieren verhindert und all dem stracks entgegensteht, was mit Spontaneität, Gefühl, Zuneigung, Vertrauen, Geborgenheit, kurz: mit gleichberechtigter Partnerschaft zu umschreiben ist. Daß die hier gezeichnete Welt keine Welt von gestern ist, belegt vielleicht am grausamsten in unseren Tagen Uwe Johnsons *Skizze eines Verunglückten* (1981), deren autobiographisch geprägte Hauptfigur – der Schriftsteller Joe Hinterhand – die eigene Ehe, das eigene Glück, ja das eigene Leben und das seiner Frau am »Innstetten-Syndrom«, also an dem selbstquälerischen und fast masochistischen Ehrenstandpunkt des Mannes, zerbrechen sieht. Die inzwischen vielleicht berühmteste Geschichte aus Christine Brückners Redenbuch ist »Kein Denkmal für Gudrun Ensslin. Rede gegen die Wände der Stammheimer Zelle«. In diese Rede, so scheint mir, ist manche eigene Erfahrung der, wie Gudrun Ensslin, aus einem evangelischen Pfarrhaus stammenden Christine Brückner eingegangen, sind auch Erfahrungen der Vizepräsidentin des deutschen PEN-Clubs verarbeitet, deren Interesse den »writers in prison« gilt. Die Rede der Gudrun Ensslin ist nicht nur aus der Nähe des Mitleids mit einem zerbrochenen Menschen geschrieben, sie gestaltet, im Blick auf Bernward Vesper und sein Buch *Die Reise*, im Blick auf die Eltern Gudrun Ensslins, auf ihren Schwiegervater Will Vesper, auf ihre Freunde (Baader und Meinhof) und auf das »Felix«, also der »Glückliche« genannte Kind, Geschichte unserer Zeit. In dieser Geschichte ist vielleicht die Legendenbildung schon angelegt, die Isolationshaft wird gleichsam von innen gesehen, es wird Zerstörung und Selbstzerstörung einer Frau gestaltet, die wie vielleicht keine andere Gleichnis einer zerstörten und zerstörenden Zeit geworden ist: »Ich sehe jetzt alles, ganz nüchtern. Das Kind mußte Felix heißen, damit die vegetables merken sollten, was für ein glückliches Kind in eine Welt hineinwuchs, die seine Eltern verändert hatten von Grund auf, nicht Schrittchen für Schrittchen. Und dabei hat es noch mehr Pech gehabt mit seinen Eltern als seine Eltern mit ihren Eltern und deren Eltern.«

Es gehört wohl kein besonderer Mut dazu, Klytämnestra, die blutige Gattenmörderin der Antike (in der nicht überlieferten Rede an der Bahre des Königs von Mykene), zu rehabilitieren oder zumindest ihrem vom Mythos verdunkelten Bild Menschliches abzugewinnen, aber es gehört Mut dazu, eine gegenwartsnahe Terroristin von den Verzerrungen des Hasses und der Aggressions-Ängste, mit denen wir diese Frau umgeben haben, zu befreien; und dieser Mut ist es, den ich an Christine Brückners Buch bewundere.

Sie hat mit dem Doppelsinn des Wortes »ungehalten« gespielt, hat nie gehaltene, aber auch durchaus »ungehaltene«, also zornige Reden zorniger Frauen geschrieben, nicht in der Pose jenes zähneknirschenden Feminismus, der einfach an die Stelle von »Mann« jetzt »Frau« zu setzen versucht, aber doch im Bewußtsein des den Frauen allenthalben und durch die Jahrhunderte hindurch deshalb, weil sie Frauen sind, angetanen Unrechts. Diese Geschichten von ungeliebten und geliebten, von (übrigens auch von Frauen) mißachteten, unterdrückten, getöteten, aufbegehrenden Frauen sind nachdenklich stimmende Plädoyers für eine gerechtere

Welt, in der sich das Verhältnis der Geschlechter vielleicht so bestimmen läßt, wie es Katharina Luther, geborene von Bora, bestimmt hat, die das Tun den Frauen, die großen Worte den Männern zuweist: »Das Wort allein ist zu wenig, und die Tat allein ist zu wenig, darum leben Mann und Frau beieinander, damit eines den anderen ergänze!« Jede dieser Reden also hat eine eigene Stimme – und wir freuen uns, daß Christine Brückner, welche der Vielfalt dieser Stimmen erst Sprache gegeben hat, heute zu uns gekommen ist. Herzlich willkommen in Augsburg!

PAUL TH. HOFFMANN

»Bei jeder Krise gewinne ich«

»Ein Geduldiger ist besser denn ein Starker«: dies alttesta-
mentarische Wort, aus den Sprüchen Salomons, hat Christine Brückner als Motto für eins der Kapitel ihres letzten
Romans *Nirgendwo ist Poenichen* gewählt. Das kommt mir in
den Sinn, als in dem frohen, teils sprudelnd lebhaften, teils
besonnen verhaltenen Gespräch mit der Autorin von Geduld die Rede ist. Und im Gedächtnis haftet – die Leser der
beiden erfolgreichen *Poenichen*-Romane werden dies erinnern – die beeindruckende Szene, in der der siebenjährige
Joachim, gerufen Mosche, fragt: »Was ist wichtig, Mama?«
Die Mutter denkt einen Augenblick nach. »Mut ist wichtig.
Und Geduld.« Und sie fügt hinzu: »Das ist wichtig, Mosche,
daß man auch noch etwas sieht, wenn man die Augen
schließt.« Gemeint sind, hierauf verweist Frau Brückner, Er-
innerungs- und Vorstellungsvermögen. Daraus schöpft der
Mensch Geduld.

Ich bin zu Gast bei Frau Brückner in Kassel – im kleinen,
tief ins Grün gebetteten Reihenhaus. Es ist behaglich. Man
spürt eine Ruhe, leicht heiter gestimmt, die Frieden stiftet.
Der Tee ist bekömmlich an diesem von Regenschauern
durchpeitschten Tag. »Eigentlich habe ich heute ein Jubi-
läum«, sagt die freundliche Gastgeberin, während sie Tee
nachschenkt, so nebenher und mit ein wenig Ironie. »Heute
vor 25 Jahren wurde ich, nimmt man es kalendarisch, freie
Schriftstellerin. Ich begann meinen ersten Roman. Ein großer Verlag hatte einen Wettbewerb ausgeschrieben. Ich be-
teiligte mich, weil ich damals krank war und keinen ›richti-

gen Beruf‹ ausüben konnte.« Christine Brückner erhielt den ersten Preis.

Ehe die Spuren verwehen ist ein erfolgreiches Buch geblieben. Hans Weigel, der eigensinnige Wiener Kritiker, Autor und Autorenmacher, schreibt davon im Nachwort zu Christine Brückners Sammlung *Überlebensgeschichten*; er hatte als Jurymitglied den Romanerstling preiskrönen helfen: »Ich bin also mitschuldig daran, daß sie hauptberuflich Autorin wurde, und ich bin stolz darauf. Denn wenige gibt es heutzutage in unserem Manage-Age, die so selbstverständlich, gewissenhaft, unerschrocken, sauber, professionell und ohne Getue die vielfachen Obliegenheiten des Schriftstellers ausüben.«

»Über Nacht«, sagt Christine Brückner, »hatte ich meinen Beruf gefunden, aber im Grunde hatte er mich gefunden.«

In einer autobiographischen Skizze faßt Christine Brückner ihr »vorprofessionelles« Verhältnis zum Schreiben folgendermaßen zusammen: »Als Fünfzehnjährige verfaßte ich ein Theaterstück, das bei einer Schulentlassungsfeier aufgeführt wurde; später schrieb ich Gedichte und kleine Stücke für Betriebsfeiern, Kameradschaftsabende, Familienfeste. Nicht aus Bedürfnis, sondern weil es mir leichtfiel. Als Kunsthistorikerin schrieb ich Geschichten zu berühmten Kunstwerken; es brachte dem Forschungsinstitut, das nach der Währungsreform keine staatlichen Zuschüsse mehr bekam, Honorare ein. Als Redakteurin schrieb ich über Säuglingsernährung, Mode, Reisen, Frauenfragen, weil der Verlag kein Geld für Autorenhonorare besaß. ›Not lehrt schreiben‹, habe ich das einmal genannt, in Abwandlung des Satzes von Ernst Bloch: ›Not lehrt denken.‹«

So also ist Christine Brückner eine bedeutende Schriftstellerin geworden. Auf *Ehe die Spuren verwehen* (1954) folgten die Romane *Katharina und der Zaungast, Ein Frühling im Tessin, Die Zeit danach, Letztes Jahr auf Ischia, Der Kokon, Das glückliche Buch der a.p.* Es erschienen Erzählungen, Anthologien, Hörspiele, die Kinderbücher von Alexander und von Momoko. Seit 1975 machen, nacheinander, die beiden Romane *Jauche und Levkojen* und *Nirgendwo ist Poenichen* Furore: eine Familiensaga (hinterpommerscher Herkunft) von nachhaltiger erzählerischer Kraft und menschlicher Suggestivität. Diese *Poenichen*-Bücher, die Menschenschicksale und Zeitgeschichte der Spanne vom Ersten Weltkrieg bis zur Gegenwart eingefangen haben, halten schon lange ihren Platz auf den Bestseller-Listen. Sie krönen den Erfolg dieser Autorin und haben der Brückner-Leserschaft beträchtlichen Zuwachs gebracht.

Kann man von einer »Lesergemeinde« Christine Brückners sprechen?

»Warum nicht? Ich schreibe nicht um irgendeiner Form der Selbstbefriedigung willen. Ich schreibe für den Leser. Ich fühle mich, bei Autoren-Abenden zum Beispiel, wohl zwischen meinen Lesern. Es stärkt mich, wenn ich das Gefühl des Zutrauens spüre. Der Leser schenkt mir ja Zeit von seinem Leben, wenn er sich mit meinen Büchern beschäftigt.«

Machen die Begegnungen nicht auch ein bißchen stolz?

»Stolz? Ich möchte es so sagen, daß ich auf Erfolg, besser auf Zustimmung, angewiesen bin. Ich brauche mein Blättchen Lorbeer.« Sie lacht über ihre Schwächen.

Wie geht das Schreiben mit dem Leben zusammen?

»Die Übereinstimmung hat sich erst spät eingestellt. Zuerst die Lebenserfahrung, dann die Schreiberfahrung. Leben gleich Einatmen, Schreiben gleich Ausatmen.«

Hat das Leben Irrwege, hat es schmerzliche oder fröhliche Erfahrungen gebracht?

»Ich hätte mir diesen Lebenslauf nicht ausgesucht, aber heute akzeptiere ich ihn. Es gibt so etwas wie Urvertrauen, sagen wir ruhig: Gottvertrauen.«

Die Pfarrerstochter aus einem Dorf im Waldeckschen, die Schülerin am Oberlyzeum in Kassel, die bei Kriegsausbruch dienstverpflichtet wurde und mit siebzehn als »besonders beauftragte Person« in einer Geheimregistratur der Wehrmacht arbeitete, machte nebenher die Reifeprüfung, wurde in einer Hotelküche Zweitköchin, stand bald darauf in einem Flugzeugwerk in Halle, als Arbeiterin und als Lohnrechnerin. »Ich lernte zu wollen, was ich mußte.« Nach Kriegsschluß zuerst Näherin. Nach dem Examen als Bibliothekarin für zwei Semester Leiterin der Mensa an der Universität Marburg, dann wissenschaftliche Mitarbeiterin am Kunstinstitut Marburg und Redakteurin einer Frauenzeitschrift. »Was ich gelernt hatte, übte ich nie aus. Was ich ausübte, hatte ich nie gelernt. Dreizehn sehr verschiedenartige Tätigkeiten, Lebenserfahrung und Milieukenntnisse, die ich nach eigener Wahl wahrscheinlich so nicht erworben hätte.«

Ein vorhin schon genannter Band, vor kurzem als Taschenbuch herausgekommen, trägt den für Christine Brückners Haltung charakteristischen Titel *Überlebensgeschichten.* So wie in ihren Büchern die Menschen im Überleben sich ihres Lebens bewußter werden, so empfindet, denkt und handelt die Autorin selbst. Sie fragt: »Was ist das für eine Kraft, die den Menschen überleben läßt?« Und gibt darauf die Antwort: »Es muß die gleiche Kraft sein, die den Pflaumenbaum blühen läßt, woran niemand ihn hindern kann; es sei denn, er fällt ihn.«

Christine Brückner und ihr Mann, der Schriftsteller Otto Heinrich Kühner (*Nikolskoje, Lebenslauf eines Ungeborenen,* Sammlung Hörspiele und Funkerzählungen in *Mein Zimmer grenzt an Babylon, Pummerer-Verse*), erlitten auf einer Fahrt zu Lesungen in Süddeutschland einen Autounfall. Beide wurden schwer verletzt. Langwierige Genesung. »Ich zähle dieses zweite neu geschenkte Leben nach Wochen und Tagen«, notierte Frau Brückner. Beim Blättern in Hesses *Steppenwolf* las sie: »Bei jeder solchen Erschütterung meines Lebens hatte ich am Ende irgend etwas gewonnen ...« Sie faßte von neuem Zuversicht. Sie begann die *Poenichen*-Romane. Fünf Jahre Arbeit.

Herr Kühner tritt ins Zimmer und schenkt uns einen Cognac ein: »Quindt zahlt alles!« Frau Brückner sagt: »Heute ist Maximiliane Quindts 60. Geburtstag!«

Das Schriftsteller-Ehepaar Brückner-Kühner (»Wir ergänzen einander. Wir sind der einzige Autorenverband, der funktioniert – in guten und in schlechten Zeiten«) arbeitet jetzt an einem gemeinsamen Projekt: einem Buch mit dem beziehungsreichen Titel *Erfahren und erwandert.* Beide wandern gern. In die Ferien ziehen sie manchmal mit dem Rucksack auf dem Rücken. Sie freuen sich über jeden Augenblick des Erlebens. Auch dies paßt zu Christine Brückners Lebensdevise: »Bescheiden und frei. Das eine ist der Preis für das andere. Bescheidenheit als Tugend, nicht als Not.«

(Hamburger Abendblatt, 28. 12. 1978)

PAUL BARZ

»Erfolg macht zum öffentlichen Eigentum«
Tischgespräch mit Christine Brückner

Nie habe ich verstanden, warum sich Christine Brückner so ungern fotografieren läßt. Denn die Autorin der *Poenichen*-Erfolgstrilogie ist eine schöne Frau und mit den Jahren noch schöner geworden, eine Schönheit, die selbst dem harten Winterlicht standhält.

Ihr ist kalt: »Hoffentlich ist es drinnen wärmer.« Wir stehen vor dem Lokal, das nicht ihr Lieblingslokal ist. Aber das hat an diesem Tag geschlossen, und so groß ist die Auswahl hier in Kassel nicht, wohin die im hessischen Waldeck geborene Pastorentochter mit dreizehn Jahren ein erstes Mal gekommen war und dann noch einmal vor einem Vierteljahrhundert.

Hier hat sie sich ihre Welt gebaut. Das Häuschen in der Vorstadt, ein winziger Garten dabei, der Schreibplatz im Mittelpunkt. »Ich schreibe wie eine Süchtige. In den Pausen bekomme ich Entzugserscheinungen«, und dreizehn Jahre ist es her, da über diese kleine Welt der große Erfolg gekommen war.

Schon einmal, zu Beginn ihrer Laufbahn, war ein Roman von ihr, *Ehe die Spuren verwehen*, Bestseller geworden, und damals hatte sie verschreckt reagiert: »Warum gleich das erste Buch? Ich war doch dem Erfolg gar nicht gewachsen.«

Heute, da wieder Brückner-Bücher Dauerbrenner auf den Seller-Listen sind, nimmt sie es hin »wie Sonne und Regen«, freut sich daran, und nur der Stempel »Bestseller-Autorin« kann sie ärgern: »Das klingt, als hätte ich den Erfolg geplant. Erfolg kann man nicht planen. Ich schreibe, was mir wichtig scheint, und das deckt sich manchmal mit dem, was Lesern wichtig ist.«

Der Speisesaal ist hoch und leer. Christine Brückner verscheucht ein Unbehagen. Nie hat sie hohe Räume gemocht, nie darin leben wollen, und nur einmal, als mit dem Ruhm das Geld gekommen war, hatte sie von einem Schloß gesprochen. Aber das war nur ein Schlößchen gewesen, und sie hatte es dann doch nicht gekauft: »Schade um die Feste, die wir dort hätten feiern können.«

Sie feiert gern, Kind einer Generation, die im Tanz-Alter war, als nicht getanzt werden durfte, und diese Generation, zu jung, um schuldig zu sein, zu alt, um verschont zu bleiben, ist heimliche Hauptgestalt ihrer Bücher um die Gutsbesitzerstochter Maximiliane, die ihre Heimat verliert, mit ihren Kindern durch ein zerstörtes Deutschland flieht, die überlebt, trotz allem.

Es ist nicht Christine Brückners eigene Geschichte. Aber auch ihre erzählt uns die Überlebensgeschichte einer Generation. Dreizehn Berufe vor dem Absprung ins freie Schriftstellerwesen, Noteinsätze im Krieg, eine gescheiterte erste Ehe, eine andere mit dem Kollegen Otto Heinrich Kühner. Ihm ist ihr persönlichstes Buch gewidmet, *Das glückliche Buch der a.p.*: »Meist wird über gescheiterte Ehen geschrieben. Ich wollte zeigen, daß eine Ehe auch gut sein kann.«

Gemeinsam mit Kühner war sie in den frühen Siebzigern über ihren Kasseler »Meditierpfad« gegangen und hatte über ihr nächstes Buch gesprochen, *Jauche und Levkojen*, erstes ihrer Trilogie. Und das Gehen war ihr noch schwergefallen, keine hundert Meter hatte sie sich allein fortbewegen können, Folgen eines schweren Auto-Unfalls kurz zuvor.

In den Brückner-Texten dieser Zeit meint man einen Wandel zu erkennen, hin zu einer größeren Genauigkeit, vertieften Klarheit, tieferen Fröhlichkeit. Ein Buch um Krieg, Vertreibung, Not, und doch ein heiteres Buch, das war damals ihre Therapie gewesen: »Ich wollte leben, und leben heißt für mich schreiben.«

74

Christine Brückner zögert, versucht ein Lachen: »Ich wollte zeigen: Es hat sich gelohnt, daß ich davongekommen bin.« Aber auch das gefällt ihr noch nicht ganz, sie sucht nach anderen Worten: »Sagen wir: In mir war einfach ein ganz neues, starkes Lebensgefühl.« Und sie trinkt vom hellroten Trollinger, den sie sich zum Filetsteak bestellt hat, sieht mich über den Glasrand hin fast erschrocken an: »Oder klingt das zu pathetisch?«

Pathos liegt ihr nicht und auch nicht auftrumpfende Aggression. »Ich spotte gern«, hat sie einmal von sich geschrieben, doch bleibt es ein zärtlicher, streichelnder Spott, und das ist dann ihre Stärke, die manche ihre Schwäche nennen: daß sie nie unfreundlich, nie wirklich böse werden kann, nicht in ihren Büchern und selbst jetzt nicht, als sie von ihrer Jugend auf dem Lande zu Beginn der Nazi-Zeit spricht.

Ihr Vater, Mitglied der Bekennenden Kirche, war in Zwangspension geschickt worden, und seine Gemeinde hatte ihn ohne Protest ziehen lassen. Das hat die Tochter verzeihen, aber nicht vergessen können. Ein Ressentiment blieb, »und das ist wahrscheinlich ungerecht. Wie die Menschen in unserem Dorf haben sich schließlich Millionen andere auch verhalten.«

Sie kennt das Gefühl der Scham für ihr Volk, aber auch das Empfinden, »daß meine Generation, die wir damals Kinder waren, ein eigenes Recht auf Wiedergutmachung hat«. Und Ratlosigkeit befällt sie, als könne sie heute noch nicht verstehen, »wie eine ganze Generation zu Opfern erzogen werden konnte. Hoffen wir, daß wenigstens das heute nicht mehr möglich ist.«

Wieder fröstelt es ihr: »Gehen wir! Den Kaffee trinken wir zu Hause.« Dort verabschiedet sich ihr Mann, will in sein Atelier. Seit zwei Jahren, nach einer schweren Krankheit, malt er auch, und gerade ist ihr gemeinsames Buch erschienen, *Deine Bilder/Meine Worte*. Sie schickt ihm ein Lächeln nach: »Alle meine Bücher sind auch Ergebnis seiner Zustimmung.« Und wohl auch seines spezifischen Humors ironisch lächelnder Weltsicht, die gleichermaßen die Sicht Christine Brückners wurde. Darüber gerät dann selbst die Nachricht vom Washingtoner Abkommen zur maliziös verknappten Pointe: »Wie schön, daß nun die Menschheit nur achtzehnmal ausgerottet werden kann. Das dosiert dann etwas meine Angst.«

Der Fotograf stellt sich ein. Rasch fährt sich Christine Brückner mit dem Kamm durchs Haar und weiß selbst nicht so genau, warum sie sich eigentlich so ungern fotografieren läßt. Aber lästig ist es ihr immer noch: »Der Erfolg hat mich zum öffentlichen Eigentum gemacht. Jeder darf mich fotografieren, über mich schreiben, und ein Film wurde über mich gedreht, da bestimmten dann andere, was für mich wichtig oder typisch ist. Manchmal komme ich mir wie enteignet vor.«

Dennoch lächelt sie in die Kamera, vor der langen Reihe Brückner-Titel im Regal: »Natürlich, beim Schreiben gebe ich viel mehr von mir preis. Aber darüber bestimme dann wenigstens ich selbst.«

(Welt am Sonntag, 17. 1. 1988)

Nachwort zu den ›Überlebensgeschichten‹

Schon immer wollte ich ein Buch über Deutschland schreiben, ein freundliches, kein negatives, ein gelegentlich ironisches und tropfenweise bitteres, aber im Grundton herzliches, gelegentlich sogar zärtliches Buch. Längst weiß ich schon den Titel (»Das Land der Deutschen mit der Seele suchend«), und sehr oft war ich nah dran am Anfangen, in Berlin, in Hamburg, im Schwarzwald, in Hannover, im Sauerland, in Kassel, am Eibsee, in der Lüneburger Heide; aber ich komme auch immer wieder nach Frankfurt, und so schwanke ich zwischen Freundlichkeit und Negation. Da ich weiß, daß ich das Buch nie schreiben werde, werde ich bei meinen Deutschlandreisen jetzt immer wehmütig, wenn ich meine vielen herzlichen und zärtlichen Kapitel nur erlebe und in Gedanken formuliere.

So auch neulich in Kassel, wo ich mich an der großzügigen Pracht des Parks auf der Wilhelmshöhe erfreute, an der Repräsentation kurfürstlichen Selbstbewußtseins, an der geglückten Bewahrung und Erneuerung der Stadt, auch an Christine Brückner und ihrer Schwester Ursula Sch., der Pädagogin par excellence.

Ich schätze Christine Brückner, deren ersten Roman ich als Jurymitglied preiskrönen half. Ich bin also mitschuldig daran, daß sie hauptberuflich Autorin wurde, und ich bin stolz darauf. Denn wenige gibt es heutzutage in unserem Manage-Age, die so selbstverständlich, gewissenhaft, unerschrocken, sauber, professionell und ohne Getue die vielfachen Obliegenheiten des Schriftstellers ausüben. Sie ist ein liebenswerter Anachronismus, ein tapferer Soldat des geschriebenen Wortes.

Ich hatte an jenem Nachmittag mein Kassel-Kapitel wieder einmal in Gedanken zu schreiben begonnen. Aber als ich mit Christine Brückner und ihrem Mann plauderte, schrieb ich bald in Gedanken ein anderes Kapitel über die Deutschen. Da erzählte sie mir von ihrem nächsten Buch und fragte, ob ich ein Vorwort schreiben wollte. Nein, sagte ich, ein Nachwort.

Und so schreibe ich denn, stellvertretend für vieles ungesagte Gedachte, ein Fragment meines Kapitels über die Deutschen: Wir haben es nicht leicht mit ihnen. Aber sie haben es mit uns nicht minder schwer. Und das ist beides noch gar nichts dagegen, wie schwer sie es miteinander und vor allem mit sich haben. Was uns betrifft, haben wir es um so schwerer mit ihnen, wenn wir der Generation angehören, die sich noch mit der Republik namens Deutschland auseinanderzusetzen hatte, und wenn wir Deutschland geliebt haben und das Trauma enttäuschter Liebe durch die folgenden Jahrzehnte zu tragen hatten. Wir dachten damals, daß Hitler das, was er tat, uns angetan hat, und übersehen, daß er es vor allem den Deutschen angetan hat.

Jeder Deutsche ist bis heute belastet durch die Hypothek, ein Volk, eine Nation, ein ehemaliges Reich, eine historische Situation zu repräsentieren. Er ist nicht in erster Linie er, sondern vor allem ein Deutscher. Dieses schwere Schicksal teilen die Deutschen mit den Negern und den Juden, deren einzelne immer wieder, bewußt oder unbewußt, für das Ganze verantwortlich gemacht werden. Und die Zustimmung kann da ebenso weh tun wie die Ablehnung.

Wer Sympathien mit Negern empfindet und ihre Feinde haßt, nickt dem unbekannten Neger, dem er begegnet, freundlich, fast aufmunternd zu und meint es gut und beleidigt ihn zugleich, denn der Neger weiß: Er kennt mich ja nicht. Er ahnt nichts von mir. Er behandelt mich wie einen Patienten oder ein Kind. Ebenso sollte Herr Goldenstern oder Herr Pinkus beleidigt sein, wenn er seinen Namen nennt und das Gesicht des Gegenübers sich verklärt, als hätte er sich als Nobelpreisträger zu erkennen gegeben.

Und wird der Deutsche vom Nichtdeutschen angeschaut, meint dessen Blick: So, jetzt zeige mir, wie du bist und was du kannst und ob du deine Vergangenheit bewältigt hast, du Deutscher, du! – Er wird wider Willen zum Modellfall, zum Schulbeispiel, zum unfreiwilligen Botschafter.

Wenn die Pariser Studenten Hochschulen terrorisieren und Barrikaden bauen, sind sie Studenten. Wenn deutsche Studenten Hochschulen terrorisieren und Barrikaden bauen, sind sie die Deutschen. Wenn ein Wiener randaliert, ist er ein Flegel. Wenn ein Deutscher randaliert, ist er ein Deutscher. Wenn uns prekäre Mehrheitsverhältnisse im Parlament zu Rom irritieren, beklagen wir die Problematik der Demokratie. Begibt sich Gleiches zu Bonn, ist es die deutsche Misere.

Der unberechenbare und starrsinnige de Gaulle ist ein unbequemer Politiker, der unberechenbare und starrsinnige Adenauer ist ein unbequemer Deutscher. Warum werfen wir eigentlich keinem Italiener den Benito Mussolini, aber jedem zweiten Deutschen den Adolf Hitler vor?

Lernen wir einen Belgier kennen, denken wir nicht automatisch an Degrelle, lernen wir einen Schweizer kennen, denken wir nicht automatisch an Tobler, lernen wir einen Franzosen kennen, denken wir nicht automatisch an Poujade, lernen wir einen Österreicher kennen, denken wir nicht automatisch an Dollfuß, aber bei jedem neuen Deutschen denken wir an Hitler.

Und wenn man, wie ich, die deutsche Republik bis zum 29. Januar 1933 geliebt hat und noch im Jahre 1932 nahe dran war, von Wien nach Berlin zu übersiedeln, nimmt man dem Hotelportier in Braunschweig seine Ruppigkeit, dem Kölner Stubenmädchen ihre Schlampigkeit, dem Strandwärter in Travemünde seine Unverschämtheit so übel, wie man es dem oder der Geliebten übel nimmt, wenn sie uns, die wir doch so sehr an sie glauben, bitter enttäuschen.

Wir, die wir unsere Erfahrungen und Erlebnisse von Berufs wegen formulieren und verbreiten, die wir damit zur Gestaltung der öffentlichen Meinung beitragen, wir Autoren und Journalisten, Kommentatoren und Registratoren, wir haben außerdem auch das Handikap, daß wir vorwiegend mit Kollegen, mit Verlegern und Redakteuren, mit Funk- und Fernseh-Menschen, Film-Leuten, Theater- und Show-Volk und anderen Spezialisten in Kontakt geraten. Sie sind ebensowenig Deutschland, wie New York Amerika ist. Der besagte Sektor ist überdies, Gott sei's geklagt, in Verwirrung und Unordnung: materialistisch, unsachlich, veräußerlicht, amerikanistisch, unsicher, wertfremd und treulos, und dies nicht nur in Deutschland; das Berufsethos droht, sich dem Stand der Automechaniker anzugleichen. Und gerade dieser Sektor formt entscheidend unser Deutschlandbild und begünstigt unperspektivische Verallgemeinerungen.

Natürlich kennen wir auch gute Deutsche. Bekanntlich hat ja auch jeder Nationalsozialist einen anständigen Juden und jeder Jude einen anständigen Nationalsozialisten gekannt. Aber über den Abgrund zwischen dem Einzelfall und der anonymen Menge führt keine Brücke. Und die Diskrepanz wird tragisch gesteigert durch die Tatsache, daß auch die Deutschen, mit denen wir befreundet und im guten Gespräch sind, sich in diesem Gespräch gern negativ und bedrückt über »die Deutschen« äußern.

Wenn man die Deutschen als George-Grosz-Figuren abwertet, vergißt man, daß auch George Grosz, der einen Typus kritisch verewigte, ein Deutscher war. Wenn man den Deutschen die KZ-Aufseher vorhält, vergißt man, daß die Gefolterten in den Lagern auch Deutsche waren. (Und es ist während des Kriegs in französischen Lagern gleichfalls unmenschlich und selbst in britischen Lagern fürchterlich zugegangen.)

In Israel wurde das Ensemble des Berliner Schiller-Theaters angepöbelt, als es »Emilia Galotti« spielte, als ob heutige

Berliner Schauspieler für Himmler und Streicher verantwortlich seien und als ob der Autor nicht den »Nathan« geschrieben hätte.

Deutschland, das ist gewiß nicht nur Lessing, Claudius, Fontane, Kleist, Büchner, aber auch sie sind Deutschland. Und auch der demokratischste Demokrat des literarischen Mitteleuropa, Günter Grass, ist, auch Ricarda Huch war Deutschland.

Deutschland ist vor allem aber die Summe und das Produkt der Millionen von einzelnen, deren einzige charakteristische Exemplare hier in diesem Band zu Buche stehen.

Wir sollten weniger danach fragen, ob und wie sie die Vergangenheit bewältigen, sondern ihnen zusehen, wie sie die Gegenwart bewältigen, wie sie sich, sofern sie ihm überhaupt jemals nah waren, nicht nur in der Dimension der Zeit vom Nationalsozialismus fortbewegen, wie hinter und über dem vielstrapazierten Wirtschaftswunder das Wunder der sehr selbstverständlichen (und eigentlich gar nicht so selbstverständlichen) Rückkehr in das Zivile zu rühmen ist, das millionenfach je einzelne Fertigwerden mit fast übermenschlicher Belastung.

Wer uns das einmal gesagt hätte: daß Deutsche mehrheitlich temperamentvoll gegen die Uniformen sein werden!

Überhaupt muß ich oft an meine Zukunftsgedanken in der Endphase des Kriegs denken, an meine Zuversicht, die damals allgemein als irr belächelt wurde. Ich habe unerschütterlich an die Deutschen geglaubt und mir dadurch vor dem Sommer 45 viele Feinde unter den Emigranten und nach dem Sommer 45 viele Feinde unter den Österreichern gemacht. Aber hätte selbst ich im Winter 44/45 ein Bild der Welt nach fünfundzwanzig Jahren zu entwerfen gehabt, hätte nicht einmal ich es gewagt, die heutige Bundesrepublik Deutschland zu träumen. Und gerade all das, was mich heute an Deutschland ärgert, ist – bedenke ich's verallgemeinernd – ein Bestandteil des Wunders: daß mich an Deutschland nur dies und nicht mehr und nicht weniger ärgert.

In Norwegen, in Holland, und nicht nur dort, ist immer noch der Kollektivhaß gegen alles Deutsche anzutreffen, und ich schäme mich für die Norweger und Holländer und auch für jene Deutschen, die diesen Haß als berechtigt ansehen. Sofern es eine Kollektivschuld geben kann, haben nicht die Deutschen allein sie auf sich geladen, indem sie, wie man ihnen vorwirft, »nichts gegen Hitler getan« haben, sondern zum Beispiel auch jene Staaten, die ihre Mannschaften zu Hitlers Olympischen Spielen schickten und sein Regime dadurch aufwerteten, die mit Ribbentrop Verträge schlossen, die Hitlers Anhängern, aber nicht seinen Opfern Aufenthaltsbewilligungen gaben, mit einem Wort: die taten, was sie später den Deutschen verübelten: mit dem NS-Regime zusammenarbeiten.

Hitler ist nicht aus, sondern über Deutschland gekommen (er war übrigens, was spätestens in diesem Augenblick gesagt werden muß, nicht Christine Brückners, sondern mein Landsmann). Er hat schuldlose, kollektivschuldlose Einzelne heimgesucht, wie die hier aufgezeichneten, völlig authentischen Lebensläufe erweisen, und hat Kräfte freigemacht, die leider auch außerhalb Deutschlands als Möglichkeiten vorhanden sind.

Und wenn es in diesem Zusammenhang ein typisch Deutsches gibt, liegt es in der deutschen Bereitschaft, Folgen auf sich zu nehmen, deren Ursachen man nicht gesetzt hat.

Und da ich lebenslange Überlegungen hier derart kondensiere, möchte ich auf einmal der Christine Brückner das Nachwort kündigen und doch ein Deutschland-Buch schreiben, allerdings nicht über die Städte und Landschaften, sondern ein ganzes Buch über die Deutschen, mit vielen dem Leben nacherzählten Lebensläufen, die dartun sollen, daß von dem Unheil, das durch Deutsche in diesem Jahrhundert angerichtet wurde, eine sehr große Portion den Deutschen angetan wurde.

Aber dieses Buch schreibt ja schon die Kollegin Brückner. Nur hätte mein Buch eines vor dem ihren voraus: daß es auch ihren Lebenslauf enthielte, vielleicht auch den Lebenslauf ihrer Schwester, um ihn überall dort vorzuzeigen, wo es gegen »die Deutschen« geht.

Ich weiß, daß man sich nicht in die inneren Angelegenheiten anderer Staaten einmischen soll. Aber ich denke, daß man nicht nur die Welt, sondern ebenso die Deutschen mit den Deutschen aussöhnen sollte. Ich glaube, daß dieses Buch dem ersten wie dem zweiten Vorhaben bestens gerecht wird, und möchte gern namentlich zu dem zweiten Vorhaben hiermit ein wenig beigetragen haben.

Maria Enzersdorf am Gebirge
(Niederösterreich), 1973

»Ich will mich verständlich machen«
Ein Gespräch mit Christine Brückner

In den Poenichen-Romanen *heißt es einmal, daß man sich eine Weltanschauung auch müsse leisten können. Sie leisten sich eine Weltanschauung?*

Weltanschauung? Steht da Weltanschauung? Gesinnung – eine Gesinnung muß man sich leisten können. Ich kann sie mir leisten, die äußeren Umstände sind danach, ich lebe in einer Demokratie, kann meine Meinung sagen und schreiben, ohne Risiko. Ich kann sie mir leisten, weil ich finanziell unabhängig bin, auch das gehört dazu. Immer steht da ›kann‹, ein Hilfsverb also. Ob ich es auch tue? Das ist die Frage! Ich versuche es; damit nähern wir uns einer anderen Devise: Schreiben, was man zu leben bereit wäre. Auch das steht im Konjunktiv der vorsichtigen Aussage.

Es heißt ›Gesinnung‹, Entschuldigung. Erst Joachim Quint leistet sich dann eine Weltanschauung. – Bleiben wir beim Konjunktiv. Sie haben auch Ihre Biographie, in Kurzform, einmal im Konjunktiv beschrieben. Gleichzeitig erklären Sie sich mit Ihrem Lebenslauf einverstanden. Hätten Sie etwas ändern mögen? Ist Ihnen das Leben viel schuldig geblieben?

Ist das Leben überhaupt etwas schuldig? Es gibt dunklere Lebensabschnitte – wenn ich darüber sprechen wollte, hätte ich darüber geschrieben; nennen wir es Ballaststoffe.

Immerhin wollten Sie einmal Architektin werden!

Wie viele Möglichkeiten bleiben am Rand des Weges liegen, ich meine den Lebensweg. Ich denke, daß sich in meinem Fall die richtige ›Möglichkeit‹ hat verwirklichen lassen. Architektin? Hätte ich meinen eigenen Baustil gefunden? Ein nichtgeratenes Buch verschwindet rasch, aber ein Haus steht für lange Zeit. Ich hätte ja nicht Einfamilienhäuser bauen wollen; ganze Hügel hätte ich bebauen wollen. Und genau das tut jetzt eine junge Architektin in meinem neuen Roman. Sie hat mehr Phantasie, mehr Mut als ich, genug Geld gibt es auch, sie umbaut einen Hügel mit Häusern, die sich zur Landschaft hin öffnen. Was für ein Grundstück! Sie baut ein Gewächshaus, ein Badehaus. Sie wird damit sogar berühmt. Von Buch zu Buch kann ich mir im nachhinein den einen oder anderen Lebenswunsch schreibend erfüllen.

Und so haben Sie sich Ihren Mutterwunsch mit Maximiliane von Quindt auf gleiche Weise erschrieben? Ihr Bedürfnis nach Rebellion durch die ungehaltenen Reden?

Eine Mutter hatte ich. Der Wunsch nach eigenen Kindern war wohl nie stark ausgeprägt. Wenn ich sage ›aufs Blut kommt's an‹, ist das ironisch gemeint. Nie hatte ich die Vermutung, daß eigene, meine eigenen Kinder besonders gut geraten würden; ich erziehe nicht gern. Aber die erschriebenen Kinder zu entwickeln und aufzuziehen und auf den – rechten? – Weg zu bringen, das hat mir Sorge und Vergnügen bereitet. Eine Reihe Wahlkinder, das ja.

Ich bin keine Rebellin, selbst wenn ich schriftlich rebelliere, tue ich es auf behutsame Weise, damit man weiterliest. Ich möchte Verständnis erreichen, auch dann, wenn es um eine Gudrun Ensslin geht.

Sie haben vorhin gesagt, Ihre Devise sei, zu schreiben, was man zu leben bereit wäre, und Sie haben den vorsichtigen Konjunktiv betont. Die Klytämnestra würde ich Ihnen zutrauen. Aber eine Terroristin? – Auf die Kunstautonomie berufen Sie sich nie?

Ich muß doch nicht konsequent sein? Keine Ahnung, was man unter ›Kunstautonomie‹ versteht.

Frage ich anders: Wenn für Sie ›die Kunst nicht alles darf‹, so stellt sich doch die Frage, welche Gesetze Sie anerkennen, welchem Daimon Sie folgen. Sollte man Ihnen gelegentlich die Gretchenfrage stellen? Was würden Sie darauf entgegnen?

Hin und wieder, gar nicht sehr oft, halte ich einen Satz, den ich geschrieben habe, für einen ›Hilfs-Satz‹; aber auch alle anderen Sätze, die keine ›Hilfs-Sätze‹ sind, sollten keinen Schaden anrichten. Die Gretchenfrage muß man nicht stellen, sie ist oft beantwortet; ob es nun ein ›Hauch Frömmigkeit‹ ist, der über allem liegt, oder ob ich im Christentum wurzle –? Vielleicht beides, unten gehalten, von oben geführt? Dazwischen ist ausreichend Raum für Zweifel, aber ich lasse an den eigenen Zweifeln nicht immer die Leser teilnehmen, die sind klug genug, die Zweifel zu spüren. Ich vertraue auf das Einfühlungsvermögen des Lesers, er wird mir folgen: Kann sein, daß ich leichtsinnig bin. Leichtsinn oder Vertrauen, das ist die Frage.

Die Reaktionen Ihrer Leser zeigen, daß dieses Vertrauen wechselseitig ist; Ihre Leser ›nehmen Sie beim Wort‹, verlassen sich auf Ihre Bücher. Sicher ist das eine Bestätigung für die Autorin – aber empfinden Sie nicht auch eine Last der Verantwortung?

Vielleicht brauche ich beides? Die Bestätigung, weil mein Selbstvertrauen immer wieder zusammenschrumpft. Belastungen, Verantwortung, beides ist nötig. Es sind fast immer ›belastete‹ Leser, die mir schreiben und die dafür sorgen, daß ich untergründig bestrebt bin, nichts Unzumutbares zu schreiben. Ich hatte vermutlich Talent zu Boulevard-Stükken, aber dieses Talent blieb, wie andere auch, weitgehend ungenutzt. Manchmal denke ich: Werden meine Bücher denn nur in Krankenhäusern gelesen?

Wer sollte denn Ihrer Meinung nach Ihre Bücher lesen? Sie haben einmal geschrieben, daß Sie den Leser beim Schreiben nicht aus den Augen verlieren. Was – oder besser wen – sehen Sie, wenn Sie den Leser im Auge behalten?

Der Leser sucht sich sein Buch aus, das Buch kann sich seine Leser nicht aussuchen. Ein Buch in falschen Händen: das ist eine Vorstellung, die ich verdrängen muß, sonst könnte ich nicht schreiben. Also heißt die Antwort in keinem Falle: möglichst viele Leser, sondern: die richtigen Leser, für die das Buch in irgendeiner Form wichtig werden könnte. Immer der vorsichtige Konjunktiv! Keines meiner Bücher ist an ein Alter oder ein Geschlecht gebunden, und immer versuche ich so zu schreiben, daß ich mich nicht an ein elitäres Publikum wende. Ich will lesbar schreiben, will mich verständlich machen, will dem Leser einiges an Arbeit abnehmen.

Anfang der siebziger Jahre, als Lesbarkeit unter Ihren Kollegen fast schon für konterrevolutionär galt, haben Sie einen Zeitschriftenaufsatz über den Zustand der deutschen Gegenwartsliteratur mit dem Ausruf überschrieben: ›Erbarmen mit dem Leser!‹ In diesem Jahr (1989) stellt die Deutsche Akademie für Sprache und Dichtung ihre Jahrestagung unter genau dieses Motto. Fühlen Sie sich bestätigt? Hat die Literatur, haben die Autoren heute wieder Erbarmen oder wenigstens Verständnis für ihre Leser?

Die Autoren –? Die Christen, die Deutschen: das weiß ich nicht. Wir kaufen in Selbstbedienungsläden ein; statt zu helfen, fordern wir ›Hilfe zur Selbsthilfe‹. Wie viele Worte beginnen mit ›selbst‹. Selbstverwirklichung und Selbstfindung. Da ist Erbarmen mit einem anderen nicht gefragt. Ob es sich ändern wird? Nötig wäre es! Sonst vertreiben wir – nun sage ich doch ›wir Autoren‹ – unsere Leser, für die wir schreiben. Mein Ausruf ›Erbarmen mit dem Leser!‹ stammt aus jenen Jahren, als ich im ›Beirat zur Förderung zeitgenössischer deutschsprachiger Autoren‹ saß; ich habe den Titel eines Romans von Montherlant abgewandelt: ›Erbarmen mit den Frauen‹, das werden Sie bemerkt haben. Nun fragen Sie mich nicht, ob man mit Frauen Erbarmen haben müßte, heutzutage!

Sie schreiben jetzt seit über dreißig Jahren; dabei sind nicht nur viele, sondern auch sehr unterschiedliche Bücher entstanden, spröde wie Die Zeit danach *und so verbindliche wie* Nirgendwo ist Poenichen. *Dennoch sind alle diese Bücher ›richtige Brückner-Bücher‹, sind erkennbar aus derselben Werkstatt. Wie machen Sie das?*

Sie nennen den Grundton von *Nirgendwo ist Poenichen* ›verbindlich‹? Es sind Jahre, die Sie nicht kennen, der Krieg war vorbei, man wollte nun auch weiterleben und war hilfsbedürftig und hilfsbereit; wenn ich mich recht erinnere, sagt in diesem Roman einmal jemand – mit dem Blick auf 1945 – ›damals hatten die Herzen dünne Wände‹, das haben sie heute nicht mehr, solche Sätze sagt man nicht mehr. *Die Zeit danach* hat eine Ich-Erzählerin, dann muß der Ton spröder, distanzierter sein, sonst gerät es larmoyant. Ich meine, daß jedes Buch seine eigene Tonart hat, der gereizte Ton des *Ischia*-Buches zum Beispiel. Wenn man trotzdem meinen Stil erkennt: um so besser.

Die Leichtigkeit der Erzählerin, der Ernst der Moralistin: das ist Ihr – fruchtbarer – Widerspruch?

Die Leichtigkeit – ach: sie hat nichts mit ›leichtnehmen‹ zu tun. Müssen wir uns über das, was ich unter ›Moral‹ verstehe, erst noch verständigen? Ich benutze das Wort als Überbegriff, für Verantwortlichkeit zum Beispiel, ich bin verantwortlich für das, was ich schreibe, und für das, was ich damit anrichte. Und außerdem bin ich ja eine Utopistin, die der Ansicht ist, daß der Mensch besserungsbedürftig, aber auch besserungsfähig ist. Dieses Bedürfnis steckt in ihm, aber es wird selten geweckt und wenig gefördert. Der Roman *Die letzte Strophe,* der im Herbst 1989 erschienen ist, ist dafür ein Beispiel. Eine Gruppe von Frauen und Männern unterschiedlicher Herkunft versucht, ›das Menschenmögliche‹ zu leben, in liebevollem Miteinander. Das letzte und schwerste Stück des Lebensweges gehen sie gemeinsam. Eines jener Projekte, das ich gerne gelebt hätte. Aber von ›nur schreiben‹ will ich nichts hören!

Zustimmung
und Widerspruch

Ehe die Spuren verwehen

FRIEDRICH SIEBURG

Ausflug mit einer Toten

Es ist unmöglich, von Christine Brückners Roman *Ehe die Spuren verwehen*, der ersten Veröffentlichung einer jungen Autorin, nicht mit Achtung zu sprechen. Der Gegenstand ist ernst, und die Lebensstimmung, in die er eingehüllt ist, ist es nicht minder. Der Leser ertappt sich bisweilen dabei, daß er vorwärts blättert, ob nicht ein wenig Aufhellung und Schelmerei in Aussicht stehen. Die Geschichte ist von Anfang an unter die Wolke des Todes gestellt. Ein Mann, seines Zeichens Sparkassendirektor, verursacht mit seinem Auto schuldlos den Tod einer jungen Frau namens Gabriele. Dies Ereignis löst die Krise seines Lebens aus. In dem Maße, wie er der Toten und ihrer Vergangenheit nachforscht, entdeckt er die Lücken in seiner eigenen Existenz. Ihm wird bewußt, wieviel er versäumt hat. Seine Liebesfähigkeit hat brachgelegen, und bei jedem Schritt, mit dem er in das abgeschlossene Dasein der verunglückten jungen Frau eindringt, fühlt er seine Liebe zu diesem Schatten wachsen, eben weil sie unerfüllbar ist. Tief gerät er in das fremde Geheimnis, so tief, daß er einen Augenblick glaubt, sich ihm ganz opfern zu müssen. Ehe er zu Frau und Kindern zurückkehrt, muß sein Wahn zerstört werden, er allein hätte die Verunglückte so lieben können, daß auch ihr Leben glücklich und harmonisch geworden wäre. Diesem Ablauf einer männlichen Krise stehen die Entdeckungen gegenüber, die der »Zahlenmensch« in der Vergangenheit der jungen Frau macht und aus denen sich ein lückenloses Bild ihres Daseins zusammenfügt.

Zwei Lebenslinien gehen also durch das Buch, die des Mannes verliert sich mehr und mehr, dafür tritt die der jungen Frau immer stärker hervor und überwiegt schließlich. Das ist eine Schwäche in der Komposition, aber der Leser findet sich leicht mit ihr ab, weil der Sparkassenleiter eine sehr blasse Figur bleibt. Wieder einmal zeigt es sich, wie schwer es für einen Schriftsteller ist, einen Durchschnittsmenschen oder ein konventionelles Leben zu schildern. Die leise Ironie der Schildernden macht den Umriß nicht schärfer und gibt ihm gar eine Schablonenhaftigkeit, in deren Bereich allein schon die Vorstellung »Sparkasse« gänzlich grundlos zu einem herablassenden Lächeln reizt. Dagegen wird die junge Frau als ein Ausnahmewesen geschildert, wenngleich auch hier und da mit Mitteln, die das Süßliche nicht scheuen. (»Als Kind wünschte ich mir immer, ein Engel zu sein und auf einer rosaroten Wolke durch den Himmel segeln zu dürfen.«) Die Gediegenheit des Buches träte stärker hervor, wenn eine liebevoll kritische Hand ein wenig von der deutschen Innerlichkeit entfernt und für eine sparsamere Verwendung von Musik, Blumen und anderen Ingredienzien einer gehobenen Seelenlage gesorgt hätte. Auch ein unkonventionelles Leben, wie das der toten Gabriele, kann konventionell gemalt werden. Darin liegt zweifellos eine Gefahr für die Autorin, die es sich am gebotenen Ernst nicht immer genügen läßt, sondern bisweilen feierlicher wird, als die Kunstform des Romans mit ihrem kritischen, wenn nicht gar ironischen Einschlag verträgt.

Die Geschehnisse werden gegen Ende des Buches immer düsterer, aber der Tonfall des Berichtens ist dann schon so getragen, die Schicksalsfäden sind schon so hart verknotet, daß kein befreites Aufatmen mehr möglich ist. Die epische Darstellungsweise, besonders wenn sie auf Spannung aus ist, lebt von der Entspanntheit, die allein dem Leser erlaubt, sich vom Geist der Erzählung tragen zu lassen und dadurch den Überraschungen und Erschütterungen, die der Stoff bieten mag, stärker zu verfallen. Man kann also sagen, daß die Autorin eher zu viel als zu wenig gibt. Wenn Leichtigkeit, die stets ein Teil der Deutlichkeit ist, auch schwer zu erlernen ist, so ist Fülle, die in diesem Fall zur Schwere gehört, doch eine recht achtbare Schwäche.

(Gegenwart, 23. 10. 1954)

HANS REIMANN

Christine Brückner: Ehe die Spuren verwehen

Es wird Ihnen ebenso gehen wie mir: Man ist eingefangen von der ersten Seite an, und ernüchtert man sich irgendwo mittendrin, indem man (kein Wunder in so materiellen Zeitläuften!) der 15 000 Mark gedenkt, mit denen das bislang unbekannte Talent namens Christine Brückner belohnt wurde für ihren Erstling, dann findet man das durchaus in Ordnung. Denn hier haben wir alles vereint, woran es den meisten heutigen Skribenten gebricht: Natürlichkeit, Anmut, guten Stil, psychologische Einfühlsamkeit und handwerkliches Können. Ich beglückwünsche den Verlag zu der vielverheißenden Entdeckung und stelle den wundervollen, ohne den mindesten Krampf modernen Roman zu meinen Lieblingsbüchern.

(Die dritte Literazzia. Ein Streifzug durchs Dickicht der Bücher, München 1954, S. 255 f.)

Geist, Instinkt, Lauterkeit

»Da ist ein Land der Lebenden und ein Land der Toten, und die Brücke zwischen ihnen ist die Liebe – das einzige Bleibende, der einzige Sinn.« So heißt es in der *Brücke von San Luis Rey*, und Christine Brückner hat Wilders Worte ihrem Erstlingswerk *Ehe die Spuren verwehen* vorangestellt. Die treffen besser als dieser etwas nebelhafte Titel das Thema des bemerkenswerten Buches; sie drücken genau das aus, worum es darin geht. Über die Brücke der Liebe führen Spuren vom Land der Lebenden in das Land der Toten – einer Toten. Und ein Mann, ein unbescholtener, ehrbarer, selbstzufriedener Ehemann und Ratsherr, folgt ihnen – traumwandlerisch, nicht erkennend, daß er da über eine Brücke geht und daß sie ihn trägt, nicht ahnend, wohin die Spuren ihn führen.

Sie locken ihn von seinem Alltag und den Seinen hinweg, hinweg von der sorgsam umhegten Häuslichkeit, vom Schreibtisch, der ihm soviel Sicherheit gab, und von dem leuchtend grünen neuen Borgward, auf den er nicht wenig stolz war, in fremde Lebens- und Todesgeheimnisse hinein, in das Labyrinth eines zeitgerechten jungen Menschenlebens, dem er – schuldig oder unschuldig, das ändert nichts daran – ein Ende gemacht hat.

Die Reise ins Land der Toten erweist sich als ein Umweg zur eigenen Existenz; die Spuren führen den Mann am Ende zu sich selber zurück, »ehe sie verwehen«.

Dieser Herr Gravenstein, wie der Held des Buches sich nennt, ist ein recht satter und spießiger Zeitgenosse, der durch die Beflissenheit, mit der er es fortwährend in Abrede stellt, nur immer mehr durchblicken läßt, wie stolz er ist, es so weit gebracht zu haben. Er ist Sparkassendirektor eines Mittelstädtchens. Und wie sehr er sich selbst gefällt in seiner

Position, am Schreibtisch und am Stammtisch, unter den Honoratioren und in der Harmonie der häuslichen Verhältnisse, in seiner Besonnenheit, Zuverlässigkeit, Korrektheit.

Von all dem wird kein Ton gesagt. Der Mann wird nicht »beschrieben«, nicht charakterisiert. Er ist so. Er verhält sich so. Er verrät sich so, in seinem Tun und Unterlassen, in seinen Gedanken, Worten, Reaktionen. Alles ist episch entwickelt. Die Autorin, hinter der man am liebsten eine alte, erfahrene, lebenskluge Psychologin vermuten möchte, gibt diesem Direktor Gravenstein – wie allen ihren Personen – kein einziges erläuterndes Adjektiv bei; er enthüllt sich selber in seiner ganzen Zwiespältigkeit und inneren Unstimmigkeit.

Sie läßt ihn zum Beispiel ein Buch finden. »Es war Stifters Nachsommer. Ich trug ihn nach flüchtigem Blättern zurück. Ich weiß wirklich nicht, warum um dieses Buch ein solches Aufheben gemacht wird! Ich halte es für gefällig herausgeputzte Langeweile.« Das genügt.

Gravenstein erzählt den ganzen Roman selber als ein Erlebnis und seine Reise in eine andere Welt. Er erzählt auch (die kluge Autorin erspart ihm nichts), wie es geschehen ist. Wie er plötzlich den Schrei hörte. Wie er eine junge Frau überfahren, getötet hat – ja, getötet, nicht absichtlich, nicht fahrlässig, aber getötet hat; er macht sich nichts vor. Und wie er plötzlich aus seiner ganzen, unantastbar scheinenden, selbstgefälligen Sicherheit herausfiel, ins Bodenlose. Zunächst.

Sein kleines Töchterchen zu Hause schlingt die Arme um den Hals des Fassungslosen: »O Vati, bist du nun ein Mörder, Vati?« –

Solche Akzente setzt diese junge Schriftstellerin Christine Brückner.

Wenn es die wesentlichste Forderung an den Zeitroman ist, er solle zugleich Gegenwartsdokument und literarische Ge-

staltung eines individuellen Schicksals sein, ohne im Autobiographischen haften zu bleiben, so wird diese Forderung
in Frau Brückners Buch auf eine erfreulich vollendete Weise
erfüllt.

Ihr Roman, dem hohe menschliche und literarische Qualitäten innewohnen, die hier nur angedeutet werden können, ist in der Tat ein Gegenwartsdokument von unbestechlicher Wirklichkeitstreue. Er gibt einen von der Politik
unbeeinträchtigten, fesselnden, ungemein scharf beobachteten Lebensausschnitt aus der deutschen Zeitgeschichte der
letzten zwanzig Jahre.

Es geht darin nicht allein um ein einzelnes individuelles
Schicksal. Man denkt an Hofmannsthals Wort: »Viele Geschicke weben neben dem meinen; durcheinander spielt sie
alle das Schicksal.« Christine Brückner legt es, könnte man
sagen, auf ihre Weise aus. Es geht um Gravenstein, gewiß. Er
fiel, so sagten wir, zunächst ins Bodenlose. Aber da weben
die vielen Geschicke neben dem seinen –: der toten Gabriele Feldcamp, ihrer geisteskranken Mutter, ihres gedul-
dig-frommen Vaters, des gefallenen Musikstudenten Reinhold, seiner leidgeprüften Mutter, des bedächtigen Dorfbürgermeisters und seiner gütigen Frau, des amerikanischen
Journalisten, der ein Buch über das am Boden liegende
Nachkriegsdeutschland schreibt, des Seidenfabrikanten »Salomon«, der eigentlich Claasen heißt, des Gärtnersjungen
und des alten Gärtners, des jungen Herrn Sonnemann, der
so glimpflich aus der ganzen Affäre davonkommt, und der
großmütig-klugen Frau Hanna Gravenstein, die in diesem
Buche nicht die schlechteste Figur macht – worauf sie freilich auch in jeder Weise sehr bedacht ist.

Das Gewebe dieser vielen Geschicke neben dem seinen
fangen Gravensteins Sturz ins Bodenlose vorzeitig ab. Ja,
man darf das Wort gebrauchen: er ist darin aufgehoben, gut
aufgehoben sogar.

Nach dem tödlichen Unfall melden sich weder Verwandte

noch Bekannte des Mädchens; und Gravenstein übernimmt es, für das Begräbnis und das Ordnen der nachgelassenen Habe zu sorgen. So gelangt er in die Wohnung der Toten. Eigentümlich angerührt von der Atmosphäre, die der kleinen Welt dieser Gabriele Feldcamp anhaftet, versucht er, etwas von ihrem Wesen zu erfassen. Noch über das Grab hinaus zieht diese ungewöhnliche Frau ihn ganz in ihren Bann. Er merkt nicht, daß er sie zu lieben beginnt.

Mancherlei zurückgelassene Zeugnisse erzählen von ihrem Leben. Und den Stationen dieses Lebens folgt er nun Schritt für Schritt in die Vergangenheit zurück. Er lernt Gabriele kennen, dieses schöne, anmutige, lautere, verzweifelte Menschenkind ohne Gegenwart und Zukunft. Und er erkennt mit ihr zugleich sich selber. Als ein Verwandelter kehrt er schließlich zurück in seine gewohnte Welt. Die Tote hat ihn sein Leben etwas gelehrt, hat ihn herausgehoben aus Durchschnitt und Alltäglichkeit.

Man müßte nun berichten, wie die Verwandlung Gravensteins zustande kommt und wie überzeugend es die Autorin versteht, nicht nur diese glaubhaft und »selbstverständlich« zu machen, sondern auch aus den vielen bunten und farblosen, hellen und trüben, großen und kleinen Glasscherben ihres vergangenen Daseins ein großes, geschlossenes, leuchtendes, transparentes Bild des Lebens und der Persönlichkeit Gabriele Feldcamps entstehen zu lassen – förmlich unter seinen Händen entstehen zu lassen.

Das hieße also, etwas über die psychologische Darstellungskraft und die hohe Kunst der Komposition Christine Brückners zu sagen.

Wie es Gravenstein immerhin ein wenig erschüttert, als er feststellen muß, daß anderswo Menschen ihn als Mensch und nicht als den »Herrn Direktor« und Stadtrat behandeln. Wie er erlebt, wie Menschen lieben können und glauben können und erhaben sein können über so viele wichtige Nichtigkeiten seiner Daseinseinrichtung. Wie er gewahr wird, daß ein Kachelofen anders wärmt als eine Zentralheizung.

Man müßte von der unbestechlichen Genauigkeit und Schärfe und, um im Bilde zu bleiben, von dem ungewöhnlichen Weitwinkel der Optik Christine Brückners sprechen. Von der klugen, geistreichen Durchdringung ihres Stoffes. Von dem überraschenden Einfühlungsvermögen vor allem in die Seelenbereiche älterer Menschen. Von ihrem untrüglichen Instinkt für menschliche Verhaltensweisen in bestimmten Situationen.

Es müßte von der absoluten Sauberkeit, Lauterkeit, Gerechtigkeit, von der Objektivierung alles Persönlichen die Rede sein, die in jeder Zeile dieses Buches walten und die es so kostbar machen – allein schon wegen seiner diesbezüglichen Seltenheit.

So sah Deutschland aus, und so verhielten sich seine Menschen zur Zeit des Nationalsozialismus, im Kriege und in der Nachkriegszeit. Nichts wird beschönigt, nichts vertuscht, nichts entschuldigt – es war so.

Man höre sich an, was der alte Bürgermeister sagt, der auch unter den Nazis »mitmachte« (». . . Sie wissen ja, wie das war, ich wollte nicht gleich wieder abgesetzt werden, man war noch jünger, man wollte mitreden, und dann mußte man mitmachen«), oder was Frau Dr. Lenz erzählt, Reinholds Mutter, die dessen Umgang mit Gabriele »aus politischen Rücksichten« ungern sah.

Und die Briefe dieses jungen Reinhold aus dem Felde sind neben den authentischen Kriegsbriefen gefallener Studenten mit das Erschütterndste, Echteste, Schönste und Wahrhaftigste, was wir über das Kriegserlebnis junger Menschen in den letzten Jahren zu lesen bekamen.

Reinhold Lenz liebte Gabriele Feldcamp. Und sie beide liebten die Musik. 1940 schreibt er aus Frankreich: »Welch ein Gedanke kam mir heute: ich bin froh, daß Ravel vor dem Kriege starb. Denk nur, ich hätte vielleicht den Mann getötet, der unseren ›Bolero‹ komponiert hat –«

Darin ist auch alles über den Krieg gesagt.

Auch der amerikanische Kriegsberichter Dave liebt Gabriele. Darum ist sein Buch die gerechteste Darstellung Deutschlands nach dem Kriege geworden: eine Darstellung des deutschen Elends, des Leids und der Not, aber auch der letzten selbsterhaltenden Kraft und Würde, die uns damals geblieben waren. Geschrieben von einer jungen Autorin, die damals so alt war wie Gabriele Feldcamp, als sie zwischen den Trümmern Steine klopfte, vielleicht 23 oder 24 Jahre.

Heute lebt Frau Brückner in Düsseldorf. Mit ihrem Roman *Ehe die Spuren verwehen* hat sie im Roman-Preisausschreiben des Bertelsmann Verlages unter rund 800 Einsendungen den 1. Preis errungen. Sie erhielt ihn zuerkannt von einer Jury, in der so kritische und literaturkundige Köpfe wie Paul Fechter, Bernt von Heiseler, Reinhold Schneider, Hans Weigel (Wien) und Erwin Jaeckle (Zürich) saßen.

Es heißt, sie sei selber am meisten über ihren unverhofften Erfolg überrascht gewesen. Sie habe, ohne viel zu planen, zunächst einfach drauflosgeschrieben und dann weiter und weiter, gefangen und fasziniert vom Wesen und vom Schicksal der von ihr selbst erfundenen Gestalten.

Nun, so brauchen auch wir nicht zu verschweigen, daß es uns bei der Lektüre ihres Romans nicht anders erging. Gefangen und fasziniert von ihrer Erzählkunst und von der starken Unmittelbarkeit ihrer Gestalten, haben wir die noch ungebundenen Seiten des Buches (das demnächst bei C. Bertelsmann, Gütersloh, erscheinen wird), ohne auch nur aufzusehen, von der ersten bis zur letzten in einem Zuge ausgelesen.

(Trierische Landeszeitung, 1. 8. 1954)

HELENE RAHMS

Quittenschnitzel und Ravel

Viele zeitgenössische Romane benutzen die Rückblendetechnik, um den Leser auf jene etwas gewaltsame Weise, an
die er vom Film her gewohnt ist, in die Handlung zu zwingen, ihm Vergangenes unmittelbar vor Augen zu rücken
und das Nebeneinander gleichzeitiger Geschehnisse, sei es
in seiner fürchterlichen Beziehungslosigkeit, sei es in langsam sich enthüllenden Zusammenhängen, sichtbar zu machen. Diese Technik, von Großen erfunden, von Kleineren
nachgeahmt, kann überzeugend sein als einzig adäquate
Form des Stoffs – sie kann purer modischer Effekt sein, der
über die ungenügende geistige Durchdringung des Stoffs
hinwegtäuscht, über jenen Mangel, der sich in der chronologisch gebauten Erzählung sofort preisgibt.

Christine Brückners Roman ist so aufgezogen, daß man
zuweilen glaubt, ein Drehbuch vor sich zu haben. Er beginnt
mit dem Tod der zentralen Figur, einer Gärtnerin, deren Leben nun rückläufig erforscht wird. Dem Sparkassendirektor
einer ungenannten Provinzstadt geschieht es, daß sein Wagen die junge Frau streift. Sie ist auf der Stelle tot. Das Bewußtsein, schuldlos-schuldig ein fremdes Schicksal voll-
streckt zu haben, drängt ihn, langsam erst, dann immer
unerbittlicher von seinem Lebensplan ab, in dem bisher
alles, Beruf, Familie, geselliger Umgang, in oberflächlich-
friedvoller Ökonomie geordnet war. Das ist ein geschickter,
vielversprechender Anfang – und zugleich ein praktisches
Exposé. Es erweist sich unter der geläufigen Feder der jungen Autorin als allzu praktisch. Alles, was sie nun noch mitzuteilen hat über das Leben der Gabriele Feldcamp, wird
durch den Sparkassendirektor berichtet. Er erfährt es aus Gesprächen, Briefen und Tagebüchern. Aber die Monotonie,
die sich aus solch einheitlicher Sicht zwangsläufig ergeben
müßte und die, als Stilmittel konsequent angewandt, sehr

eindrucksvoll sein könnte, hält sie nicht durch. Im Anfang ist der Mann recht gut getroffen als Typ des selbstzufriedenen, noch einmal davongekommenen Neubürgers, der sich mit seinen beschränkten Maximen und Prinzipien im seelischen Gleichgewicht erhält. Aber dann, als er in den Bann der Verstorbenen gerät (deren Angelegenheiten er ordnet, da sich keine Angehörigen finden), als er sich vorübergehend in ihrer Wohnung einnistet und ihren Lebensstationen nachspürt, werden ihm nicht nur unglaubliche Metamorphosen zugemutet, sondern auch unwahrscheinliche Talente objektiver Wiedergabe. Er spricht – wenn man die Komposition des Buches ernst nehmen soll – mit der Zunge der gewesenen Geliebten der Toten, im Brief- und im Tagebuchstil ihrer Freunde, mit der Stimme einer Ärztin und im Tonfall eines alten Dorfbürgermeisters. All diese Leute, die im Leben der verunglückten schönen Gärtnerin eine Rolle gespielt haben, besucht, charakterisiert und erschließt der Sparkassendirektor auf seiner Reise durch das fremde Leben. Der geringste Einwand dagegen wäre, daß die Autorin ihr selbstgewähltes Schema recht fahrlässig behandelt, ja eigentlich die altbewährte Form der Rahmenerzählung mit der modernen Rückblendetechnik durcheinandergebracht hat.

Doch diese formale Ungenauigkeit kommt nicht von ungefähr. So, wie sie sich bei unkritischem Lesen im süffigen Stoff verschleift, vermischen und versöhnen sich im Bild der Gabriele Feldcamp die widersprechendsten, einander ausschließenden Züge zu einem synthetischen Idol. Sie ist Pastorentochter und dennoch sinnlich – dies freilich in musterhafter Abstufung: am Anfang eine keusche musikbeseelte Jugendliebe zu einem Studenten namens Reinhold, der fällt; danach, im Elend der Nachkriegszeit, eine von Nationalstolz gezügelte, also platonische Beziehung zu einem noblen amerikanischen Offizier, mit dem sie Nüsse knackt und Vergil liest; dann, da sie sich den Dreißigern nähert, eine inbrünstige Sommerliebe mit einem Seidenfabrikanten, dem sie den Garten anlegt. Als Seidenfabrikant und Gärtnerin nennen sie sich scherzend Salomon und Tulipan (Paul Gerhard: »Geh aus, mein Herz . . .«). Schließlich, nach dem geheimnisvollen Bruch dieser Idylle, eine neue mit einem Mann, der viel auf Reisen ist und ihr die Wohnung einrichtet: Zimmer in echtem Biedermeier, Alkoven modern.

Dieses Appartement spielt eine wichtige Rolle, da hier die »Verzauberung« des Sparkassendirektors beginnt. Seine Beschreibung klingt wie aus einem Ratgeber für moderne Wohnkultur, es fehlen nicht einmal die Chiantiflaschen über der »leuchtend gelb bespannten« Couch. Viele Requisiten arrangiert Christine Brückner so mit sanfter Feder zu Stilleben, Frucht- und Blumenstücken rund um die aparte Person ihrer erdfrommen Gärtnerin. Ihre Kleider sind sandblattzigarrenfarben, welk-klatschmohnrot, wasserlinsenfarben, honiggelb und apfelgrün, aus sprödem Stoff und ohne Muster, Leinensäckchen mit getrockneten Quittenschnitzeln hängen in ihrem Schrank, sie hat Langspielplatten vom Brandenburgischen Konzert und Ravels Bolero; Stifters Nachsommer und die Bibel sind ihre bevorzugte Lektüre, Bilder von Blechen und Utrillo hängen an der Wand – und so schwelgt das in detaillierter Beschreibung bis hin zu der Farbe ihrer Unterwäsche und zum Inhalt ihres Kühlschranks. Gerade an dieser aufdringlich stofflichen Beschreibung aber wird die Drapierungskunst der Autorin splissig. Wiewohl der arme Sparkassendirektor als Medium herhalten muß (denn er schildert das ja alles), sind es offensichtlich die eigenen Lieblingsvorstellungen von weiblicher Individualität, die die Verfasserin hier ausbreitet, samt einigen bündigen Ansichten über Film, Literatur und Architektur.

Dieses ganze Schaugepränge nun ginge uns weiter nichts an, wenn es nicht mit sehr schwerwiegenden weltanschaulichen und politischen Problemen befrachtet worden wäre. Das Geheimnis der ans Wunderbare grenzenden Harmonie, der magischen Ausstrahlung der Gabriele Feldcamp ist nämlich ihre Angst vor erblichem Wahnsinn, dem die Mutter, die Frau Pastor, verfallen ist. Aus dieser Angst heraus erhält sie sich im schwebenden Gleichmaß ihrer Kräfte, verzichtet auf Heirat und Kinder, kultiviert jeweils das Glück des Augenblicks. Herzig naiv abgeleitet aus dem Schulwissen vom apollinisch-dionysischen Gegensatz ist das – und offenbar die Legitimation dafür, alles mit allem versöhnen zu können und selbst blutig aktuelle Konflikte in sanfter christlich-humanistischer Frömmigkeit einzuebnen. Die warmherzige und lebensfrohe Gärtnerin kommt nicht darauf, der rätselhaften Krankheit ihrer Mutter (die sie in den schlimmen Jahren des Naziregimes vor der »Euthanasie« gerettet hat) nachzuforschen. Sie nimmt es als Schicksal hin, daß dieser, mit Mannstollheit gekoppelten Krankheit mehrere Frauen ihrer Sippe verfallen sind, und damit bleibt vor dem ahnungslosen Leser die wissenschaftlich unhaltbare Andeutung erblicher Nymphomanie bestehen und für die Autorin die Basis, die Gottergebenheit des Vaters, des Pastors Feldcamp darzutun. Auch der Krieg wird in den bildungsprallen Briefen des gefallenen Jugendfreundes Reinhold, die der Sparkassendirektor zu lesen bekommt, schließlich noch verklärt. Da steht es, ungeheuerlich, schwarz auf weiß: ». . . ich gehöre jetzt dazu. Auf Gedeih und Verderb. Ich will kein Ausnahmeschicksal mehr . . . Es sind viele Schlacken abgefallen. Der Kern ist gut. Bei allen hier vorn. Vielleicht ist der Krieg im letzten doch ein Sieg des ›Menschlichen‹, Sieg der Humanitas im unmenschlichsten Kriege? . . .«

Und so spannt sich denn der Bogen in schöner Harmonie von Hitlers Massenmord bis zum grünen Borgward, den der Sparkassendirektor nun gewiß wieder friedlich steuern kann, nachdem er sich in der Erforschung des fremden Schicksals geläutert und die Krise seiner Gattenliebe überwunden hat.

Was konnte ein Verlag mit Witterung für Zeitgeschmack Besseres tun, als solch ein Buch unter 800 Manuskripten für den ersten Preis seines Romanwettbewerbs (in Gestalt von

15 000 DM) auszuwählen und in einer Auflage von
400 000 Exemplaren drucken zu lassen?

(Frankfurter Allgemeine Zeitung, 16. 11. 1954)

PAUL BARZ

Die Spuren der Fünfziger

Man sollte sie wieder lesen, die Erfolgsbücher der fünfziger
Jahre, auch als Gradmesser für den Bewußtseinszustand
einer Ära, die als Teil deutscher Historie aufzuarbeiten und
zu begreifen noch aussteht – so auch Christine Brückners
1954 erschienenen, nun vom Ullstein Verlag als preiswertes
›Gelbes Buch‹ neu aufgelegten Erstlingsroman *Ehe die Spuren verwehen*, der ihr sogleich einen Preis eintrug, frühen
Bestsellerruhm sowie den in der Folge nicht unproblemati-
schen Stempel einer ›Erfolgsautorin‹. Was nun ließ gerade
dieses erste Buch so erfolgreich sein – und wie nimmt es
sich nach 25 Jahren aus?

Es blieb der handlungsstarke, wirkungssicher geschriebene Roman, der auch heute noch anzurühren vermag, ein
Stück ambitionierter Unterhaltungsliteratur, so sehr sich
auch die Autorin inzwischen weiterentwickelt hat und zuletzt mit ihren beiden *Poenichen*-Romanen, vor allem aber
mit ihren *Überlebensgeschichten*, eine literarische Dimension
erreicht hat, von denen die *Spuren* nur erste Ansätze, ein
Versprechen in die Zukunft hinein vermitteln: Eine junge
Frau stirbt bei einem Verkehrsunfall; ein Mann, schuldig-
unschuldige Ursache dieses frühen Todes, beginnt sich für
das Schicksal zu interessieren, das da seinen Abschluß fand;
er rekonstruiert ein Leben, eine gesamte Existenz, bis er die
Gestorbene zu kennen meint, sie sogar zu lieben glaubt; er
folgt einer Spur, die ihn dann letztlich zu sich selbst zurück-

führt – die Suche nach der anderen war auch eine Suche nach sich selbst, und am Ende des Romans sieht man den Ich-Erzähler dieser Geschichte vor seinem Haus stehen, das ihm schon fast fremd geworden war, denkt er an seine Frau, seine Familie, die er nun erst wieder bewußt wahrnimmt, sie als Teil seiner Existenz bejaht: »Wie vieler Liebe bedurfte das.«

Also auch ein Plädoyer ist dieses Buch, ein Appell: für die bewußte Hinwendung zum anderen, gegen Teilnahmslosigkeit – und anrührender denn je mag er ein Jahrzehnt nach dem Ende des furchtbarsten und gründlichsten aller bisherigen Kriege gewirkt haben, in einer von den Mühen des Wiederaufbaus durchschüttelten Zeit, deren damals gerade beginnende Wirtschaftswunderlichkeit nach der humanen Euphorie der ›Stunde Null‹ auch eine neue Entfremdung mit sich brachte, eine allein am Ökonomischen orientierte Saturiertheit des Denkens und Handelns. Eben hiergegen scheint sich dieses Buch zu wenden, eben hier setzt sein Appell ein – und provoziert gleich auch die Frage, wieweit seine Antwort eine allgemeine Antwort sein kann, ob sie nicht zu sehr dem Privaten verhaftet bleibt. Allerdings: in der Literatur späterer Jahre sucht man vergeblich Antworten, die überzeugender wirken als der hier postulierte Rückzug auf individuelle Humanität.

(Westermanns Monatshefte 4/1979, S. 100)

Die Zeit danach

GENO HARTLAUB

Von neuen Büchern

Christine Brückner schildert das Jahr, das eine junge Frau nach ihrer Scheidung erlebt. Nicht das Glück ist ihr Thema, sondern die Einsamkeit und Selbstbesinnung nach zehn Jahren erfüllten Lebens. Die soziale und individuelle Einsamkeit innerhalb einer Umwelt, der sich der Einzelne mehr und mehr entfremdet, bildet eine der Modellsituationen in der modernen Literatur. Christine Brückner handelt den Fall ihrer verlassenen Heldin mit beachtlicher Folgerichtigkeit und Klarheit ab, ohne billige Konzessionen an den Publikumsgeschmack, ohne Zuflucht zu sentimentalen Klagen und Anklagen. Die Sprache, in der ihr fingiertes Tagebuch abgefaßt ist, wirkt wohltuend knapp, kühl und genau, an manchen Stellen steigert sie sich zu einer Dichte und Eindringlichkeit, die nur durch die unbedingte Wahrhaftigkeit des Gefühls und der Erfahrung erzielt werden kann. Wenn es nicht um moderne Formexperimente, sondern um die Schilderung menschlicher Grunderfahrungen geht, ist nichts verräterischer als der Stil, der unechtes Pathos für jeden unbefangenen Leser erkennbar macht, weil er die dargestellte Wirklichkeit aus eigener Anschauung und Erfahrung nachprüfen kann.

In diesem Roman in Tagebuchform geschieht nicht halb so viel, wie uns der allzu sehr auf »spannende Unterhaltungslektüre« abgestimmte Klappentext des Verlags glauben machen möchte. Die Tagebuchschreiberin führt ein Selbstgespräch, dessen Intensität uns mehr ergreift als die Ereignisse erfreulicher und schmerzlicher Art, die sie in ihrer Alltagschronik berichtet. Die Originalität dieses Buches liegt in der fast monotonen Wiederholung seines Leitmotivs. Johanna Grönland, die geschiedene Frau, deren Gedanken noch immer um den geliebten Mann kreisen, sieht sich selbst ohne weibliche Eitelkeit. Trotz aller Bemühungen ihrer Umgebung, die sie dem Leben zurückgeben möchte, kommt sie nicht los von ihrem Fall, den sie mit fast wissenschaftlicher Kühle und Genauigkeit, aber nicht ohne verhaltene Leidenschaft analysiert. Erst als sie ihr Schicksal annimmt, wird sie innerlich frei; aus dem Abstand ihrer inneren Einsamkeit heraus erkennt sie ihre Umwelt und das wahre Wesen des Mannes, den sie geliebt hat. Ohne Eifer und Zorn sieht sie die Menschen mit ihren Vorzügen und Schwächen, nicht nur als Wunsch- oder Zerrbilder ihrer weiblichen Einbildungskraft. Die Liebe, die sie mit jedem lebenden und leidenden Wesen verbindet, ist nicht mehr fordernd und besitzergreifend.

Gegenüber der überzeugenden Gestalt des geschiedenen Ehemannes wirken die Nebenfiguren der Verehrer und Freunde blasser, noch zu sehr von idealtypischen Vorstellungen geprägt. Auch die Eltern, Freundinnen und Anverwandten spielen nur Statistenrollen in dieser inneren Biographie. Der Schluß mit der Reise nach Patmos ist von billigem Symbolismus nicht frei, schon sieht man die Autorin der Gefahr der Verliebtheit in ihre großzügige und edelmütige Heldin erliegen. Doch der Ausklang, offen, ohne Happy-End, entspricht wieder der unbedingten Wahrhaftigkeit, die diesen Roman so überzeugend und sympathisch macht.

(Norddeutscher Rundfunk, 14. 2. 1962)

GERHARD ZWERENZ

Von Büchern und Schriftstellern

Kein Mädchen, sondern eine sehr erwachsene Frau ist die Autorin des Romans *Letztes Jahr auf Ischia*, erschienen im Ullstein Verlag. Das Buch muß sich gegen zwei Vorurteile behaupten. Das erste Vorurteil bildet sich, wenn man die Seite Kauderwelsch liest, die die Presseabteilung des Verlags dem Buch beigefügt hat. Da heißt es: »Christine Brückner ist längst keine Unbekannte mehr. Seit ihr Erstling, der Roman *Ehe die Spuren verwehen*, in einem großen Wettbewerb ans Licht des literarischen Ruhms gehoben wurde, hat man sich ihren Namen gemerkt . . .«

Nun – Christine Brückners »Licht des literarischen Ruhms« wird hier zweifellos unter den Scheffel einer Presseabteilung gestellt, die recht sonderbare Vorstellungen von Stil hegt. Um es gleich zu sagen, der Roman ist besser, viel besser, als die Gegenreklame des Verlags vermuten läßt. Er ist so gut geschrieben, daß man unwillkürlich daran geht, seine Vorstellungen über »Unterhaltungsliteratur« zu revidieren. Dies nämlich ist das zweite Vorurteil, auf das der Roman trifft. Man nimmt ihn als Unterhaltungsroman, weil alles auf diese Kategorie hinzudeuten scheint: die Autorin, der Verlag, die Reklame, endlich der Romangrundriß: eine Frau und drei Männer, die nach Ischia fahren und dort irgendeinen Kulturfilm drehen sollen. Der Film wird nie fertig, was sich entwikkelt, sind die typischen Konflikte: Liebe im Dreieck, dazwischen viel Erinnerung, Sonne, Früchte, Langeweile, dann die Zuspitzung: Der erste Liebhaber verläßt kurz die Insel, der Stellvertreter erweist sich als großartiger Bursche, aber leider auch als impotent; indessen geht der dritte Mann des Filmteams auf die Pirsch, doch die Familie des Mädchens ist wachsam, man überrascht das Paar, sehr in flagranti, der Deutsche soll die Italienerin heiraten, deren Ehre hin ist – hat sich was, der Deutsche ist ja schon verheiratet, in Nippes, die Szene verfinstert sich, gibt es eine Schlägerei, Mord und Totschlag, blitzen Messer auf? Nein, der Kelch geht vorüber, scheint es, andern Tags jedoch verunglücken die Deutsche des Kulturfilmteams und der reiche, junge, impotente schwedische Musiker mit dem Auto – die rachsüchtige Familie des entehrten Mädchens hat, über Nacht, versteht sich, die Radmuttern gelockert. Der Mann stirbt an den Folgen des Unfalls, die Deutsche wird erheblich verletzt, aber Paul, ihr eigentlicher Liebhaber vom Team, inzwischen zurückgekehrt, pflegt sie nun, während Carlos, der Verursacher der Kalamität, der die Italienerin entehrte, mitsamt seiner programmgemäß aus Köln angereisten Ehefrau zu verschwinden hat und sich gar nicht vorzustellen vermag, daß er an den schlimmen Dingen schuld sein soll ...

Eine Romankonstruktion für spannende Unterhaltung also, und so liest es sich auch auf den ersten fünfzig Seiten. Das ist leicht und flott geschrieben, mit zutunlicher Ironie, keine Poesie, nein, doch viel Natur. Dann aber zieht das Buch an. Nicht daß es nun Dichtung würde, aber der flotte Ton ist nicht mehr nötig, die Autorin vertieft ihre Personen, ganz erstaunliche Charaktere entwickeln sich, Nebenfiguren treten in den Mittelpunkt, Deutsche, Italiener, die Insel ist kein bloßer Ferienaufenthalt mehr, kein Vorwand für Kulturfilm und Unterhaltungsstory, sondern Schauplatz uralter menschlicher Tragödie. Hier eben konfrontiert uns ein Unterhaltungsroman mit der Fragwürdigkeit seines Begriffs. Allenthalben rufen wir nach dem freien Erzähler, dem Fabulierer, Romancier. Weithin ist man der leeren Formuliererei, des ewigen Überexperiments müde. Seltsamerweise haben auch jene, die eine Rückkehr und Besinnung der Literatur auf sich selbst fordern, keinen Blick für das darin Mögliche. Sie verlangen von den Experimentierern, daß sie das Experimentieren aufgeben. Was Autoren wie Kirst, Habe, Heinrich schreiben, bleibt für diese Kritiker außer Betracht. Auch Christine Brückner existiert für sie nicht. Freilich, wer nur auf »die Rose ist eine Rose« aus ist, wird bei Christine Brückner nicht bedient, schon eher kommt auf seine Kosten, wer genaue Beschreibung verlangt. Ob die Beziehungen zwischen Menschen, ob das Leben auf der Insel, ob der Sternenhimmel oder das Meer, diese Autorin ist genau, der Hai ist kein Hai schlechthin, sondern eben ein Katzenhai oder ein Blauhai; wenn die Menschen den Mund auftun und lebensechte Klischees formulieren, so ist unsere Führerin durch Ischia weder um die Klischees noch um einen sanft ironisierenden Gestus verlegen. Mag sein, daß es in Anbetracht unserer modernen Literatur veraltet ist, auf realistische Weise zu erzählen, lebensechte Menschen zu zeichnen, die Psychologie walten zu lassen, mag sein – das letzte Urteil spricht der Leser, und wenn die Anzeichen nicht trügen, wird er langsam, aber sicher der Groteske und aufgemöbelten Artistik müde. Christine Brückner erzählt handfest und zugleich genau, verhaltend und zupackend, spannend und distanziert. Ihre Sprache kann sich hören lassen, ihre Kenntnisse des literarischen Handwerks sind erstaunlich, die Vertrautheit mit den beschriebenen Gegenständen echt. Die Gestalt des Avvocato Ernesto scheint geradewegs aus Heinrich Manns Roman *Die kleine Stadt* ausgewandert und nach Christine Brückners Ischia gekommen zu sein – das ist nicht nur ein Hinweis auf mögliche und durchaus ehrenwerte Adaption, sondern Ausdruck von Betroffenheit durch eine Erzählweise, die unterhält und dennoch zu höchsten Vergleichen herausfordert.

(RIAS Berlin, 31. 8. 1965)

Das glückliche Buch der a. p.

KARL KROLOW

Das Glück des Einzelnen

Glück ist – wie das Spiel – in der Literatur seit längerem ein tabuisiertes Wort. Die Kunst ist längst nicht mehr heiter, während manche Schriftsteller mit ihrer Misere, ihrer Kritikwilligkeit munter Karriere machen. Von dieser »schwarzen« Munterkeit, die aus der Wohlstands-Position heraus Gesellschaftskritik nicht lassen kann, hält ein neues Buch Christine Brückners gar nichts. Es provoziert (ohne das sicherlich zu beabsichtigen) vielmehr bis in den Titel hinein die andere Daseinslage, Gefühlslage, Sprechlage.

Das glückliche Buch der a. p. ist in der Tat eine aufreizende Titelfindung, und wenn man in diesem ebenso bekenntnis- haften wie objektiv gemeinten Roman, einem Briefroman, zu lesen beginnt, muß man zugeben, daß auch die von der Autorin gewählte Form – Korrespondenz zweier Liebender, die eine Ehe eingehen, zweite Ehe des Mannes – denkbar unüblich und »privat« zu verstehen oder, besser gesagt, miß- zuverstehen ist. Christine Brückner hat, möchte ich sagen, aber auch ein glückliches erzählerisches Talent. Ihren ver- schiedenen Büchern, Frauenbücher könnte man sie nennen, wenn dieser Kategorisierung nicht sogleich etwas Abwer- tendes beigegeben wäre, haben etwas in der Gegenwart sehr Seltenes. Sie haben Herzhaftigkeit als eine selbstverständli- che literarische Äußerungsmöglichkeit. Sie haben damit ebenso Direktheit wie eine Leichtigkeit des Tons, die ermuntert, sie »unterhalten«, ohne einen Augenblick lang literarische Qualität (wenn auch nicht gleich penetrant literarischen »Anspruch«) aufzugeben.

Am Ende dieser Geschichte der Schriftstellerin Agnes Piechotta und des Rundfunkredakteurs Johannes W. Hück, die auf einer Tagung in Bad S. im September 1954 begann, liest man ausgesprochen, was als großes (und riskantes) Thema über dem Ganzen, nach Ansatz und Durchführung, lag: *Das »allgemeine Glück«! Der Himmel bewahre uns vor denen, die verlangen, daß man das persönliche Glück hintenan stellt. Glück ist eine Sache des einzelnen. Eine Bewältigung des eigenen Schicksals. Glück ist die Urzelle. Eine Zelle, die sich teilt, Unglück wuchert leichter, genau wie die kranken Zellen.* Das ist, so betont am Schluß dieses Romans der Beziehung zweier »Einzelner« zueinander, nicht ohne Nachdrücklichkeit und mit einem leichten Pathos gesagt. Aber es faßt noch nur in einzelnen Sätzen zusammen, was hier vorliegt: glückliche, gewiß nicht »unproblematische« Liebesbeziehung zweier nicht mehr junger Menschen, Menschen, die gelernt und sich anerzogen haben, ihr Bewußtsein, die bewußte Lebensführung, ihre Intelligenz und ihre Sensibilität, ihr Bedürfnis nach so altmodischen Dingen wie Zuneigung und Zärtlichkeit miteinander zu verbinden. Daß das nicht als fade Harmonisierung gemeint ist, davon legen diese zuweilen allerdings etwas zu kultiviert »gefühlten« Briefe, die gewechselt werden über einen längeren Zeitraum, Zeugnis ab.

Der Brief, hier als Kunstmittel wieder mit großer Sicherheit eingeführt, ermöglicht eine sehr nuancenreiche Spontaneität der Mitteilung. Er vermeidet Umwege, und seine Intimität wird doch immer von Christine Brückner nicht lediglich in diesem Bereich belassen, sondern insgeheim (und gerade durch die Diskretion, mit der das geschieht, überzeugend) erweitert. Das Brief»modell«, das gewählt wurde, wird zum Ausdruck von Lebens»modell«, das hier beabsichtigt war. Die persönliche Ausdruckskraft, die vom Brief aus-

geht, wird gesteigert durch das in den einzelnen Briefen ab-
zulesende »Geschehen«: die Geschichte einer menschlichen
Beziehung in unseren Tagen, zwischen zwei gewiß modernen Partnern, ohne irgendeine Forcierung vollzogen, vielmehr durch das Hin und Her der Mitteilung, der Bekun-
dung, der Aussprache. Dokumentation von individuellem
Vermögen.

(Deutsches Allgemeines Sonntagsblatt, 6. 12. 1970)

Überlebensgeschichten

MARTIN GREGOR-DELLIN

Aus der Bahn geworfen

Was sich über die Konjunktur in Memoiren sagen läßt, gilt abgewandelt auch für die immer zahlreicher werdenden Bücher, die Lebensläufe protokollieren, Steckbriefe einer Existenz. Ihr schwer beschreibbarer Reiz besteht in beispielhafter Welt-Erfahrung, die sie im außerordentlichen, extremen Verlauf oder im jedermann Nachprüfbaren anbieten. Eine Friseuse mit unehelichem Kind, ein Theologe, den der Krieg in einer Gärtnerei absetzte – wie denken die wohl, was wählen sie, wie werden sie mit ihrem Leben fertig? Man liest das neuerdings wie Entwicklungsromane im Zeitrafferstil. Dem liegt natürlich Neugier zugrunde, ein Grundinteresse des Menschen an sich selber.

Fragt sich nur, wodurch und wie diese Neugier befriedigt wird. Wenn Max von der Grün solche Lebensläufe sammelt, so überwiegen erwartungsgemäß soziale und soziologische Gesichtspunkte. Daß dabei mehr herauskommen kann als eine Feldstudie, beweist sein Buch *Menschen in Deutschland (BRD)*.

Da die Erzählerin Christine Brückner fast zur gleichen Zeit mit einem ähnlichen Buch hervortritt, drängt sich unfairerweise ein Vergleich auf. Man sollte ihn gleich wieder fallenlassen, denn sie will etwas ganz anderes, und sie sagt es mit aller Deutlichkeit schon im Titel.

Es sind Geschichten Überlebender oder solcher, die überleben wollen, Lebensläufe von Emigranten, Spätheimkehrern, Witwen, Rentnern, Ausgebombten und Frühinvaliden, Gescheiterten und Verunglückten, Erfolgs- und Unglücksmenschen jeder Art und aller Berufe. Zeitgeschichte sei Lebensgeschichte im einzelnen, schreibt die Autorin in einer Vorbemerkung, und das ist bedingt richtig. Lebensgeschichte im Dritten Reich – und selten werden diese Lebensläufe nicht davon berührt –, »*das hieß: Überlebensgeschichte*«. Dies ist ihr Thema, und die Chronistin nimmt für sich in Anspruch, gerade aus diesem Grunde mildernde Umstände geltend machen zu dürfen. »*Es wäre unmenschlich, sachlich über Menschen zu schreiben.*« Dieser Satz ist nicht ganz in Ordnung, so human er klingt. Denn auch wenn man sich den Grundsatz wählt, zuerst nach dem zu suchen, was jeder Mensch an Wertvollem in sich trägt (Camus, Tagebücher), führt Milde gegenüber den Geschundenen in einer bestimmten Art von Literatur zu Sentimentalität, die die Wahrheit verzeichnet. Es ist ein Zufall, aber ich glaube zwei der Porträtierten zu kennen.

Das heißt, die Grenzen zur »Belletristik« werden in diesen Lebensläufen zuweilen überschritten. Auch formal geschieht das in mindestens zwei Fällen. Einmal am Beispiel eines mutigen, vorbildlichen Lehrers, mit dem man sich so gern identifizieren möchte und von dem es am Schluß heißt: »*Es hat ihn nie gegeben.*« Ein andermal beim Versuch, den Lebenslauf eines Grubenarbeiters zu einer Ballade zu verarbeiten und in Zeilen zu brechen. Zieht man diese beiden Beiträge ab, so bleiben neunzehn in der Tat bewegende, sorgfältig recherchierte und eindringlich geschilderte Schicksale, die nachzulesen sich lohnt.

Hier wird nicht angeklagt, keine logische Konsequenz gesucht, wo es keine gibt, nichts durch Schicksalsgläubigkeit beschönigt. Das Porträt eines Malers, dessen Worte »*hinter der ersten immer noch eine zweite Bedeutung*« haben, der bestimmte Hemden trägt, »*um schön zu sein vor der Natur*«, der unberühmt ist in seiner Berühmtheit, übriggeblieben, »aber bin ich denn so einer, der was aus seinem Leben gemacht hat und noch macht?« – dergleichen läßt sich ebensowenig erfinden wie der Traum eines Pfarrer-Heimkehrers, der nur Urlaub auf Ehrenwort hat aus seiner ewigen Gefangenschaft im Lager und der nachts immer wieder zurückkehrt, obwohl er weiß, daß er nie wieder herauskommen wird. Der Mann, unermüdlich Barrieren niederreißend, nur diese eine nicht, gehört dem Jahrgang 1921 an, wie Christine Brückner. Es ist kein Wunder, daß ihr die Lebensläufe aus ihrer eigenen Generation am besten gelingen, auch das Selbstporträt in »Totalschaden«, ein überzeugendes Stück Autobiographie.

Christine Brückner, auch sie durch den Zweiten Weltkrieg aus der Bahn geworfen, wenn auch in eine ihr gemäße, hat das Talent zur Selbstbeobachtung und Selbstdarstellung schon in einigen früheren, halb essayistischen, halb erzählerischen Prosastücken bewiesen. Was sie hier auf elf Seiten einem Autounfall abgewinnt, seinen Umständen, seinen Folgen, das sollte sie ermuntern, auf diesem Wege der Selbsterforschung fortzufahren. Man könnte nämlich vermuten, sie sei auch da anwesend, wo sie Frauenschicksale ihrer eigenen oder der etwas älteren Generation beschreibt. Immer handelt es sich da um Menschen, die aus einer trügerischen Sicherheit, einer scheinbaren Geborgenheit in bürgerlicher Umgebung herausfallen, auf eigenen Füßen stehen und sich durchsetzen müssen. Not lehrt schreiben, sagt Christine Brückner von sich selbst. Not lehrt aber auch leben und denken.

Einige dieser Lebensläufe enden mit einem offenen Schluß, das heißt, sie enden gar nicht. Man muß sie weiterdenken. Ein Gustav U. geht nach einer Katastrophe, einer Explosion in seinem Betrieb, verloren. Als er das Bewußtsein wiedererlangt hat, macht er sich still davon. Er steht nicht auf der Totenliste, es sucht ihn aber auch keiner. Eine Verwaltungsangestellte läßt aus Verlegenheit, weil Ungeklärtes sie ärgert, seine Karteikarte verschwinden. So gibt es ihn nicht mehr. Unter anderem Namen sucht er Arbeit, zieht weiter. Und dann packt ihn eines Tages die Sehnsucht nach dem alten Ich. Er kommt sich verloren vor wie ein Hund. Er kehrt zurück. Nun könnte er ja wohl in seinem alten Betrieb auf sein Recht pochen. Er ist noch am Leben. Aber niemand kann sich an seinen Namen, sein Gesicht, seine Nummer erinnern. Die Karteikarte ist verschwunden. Was wird aus ihm? Was macht die Gesellschaft mit einem, der aus ihr herausfällt? Was steckt hinter diesem Drang, herauszufallen und dann doch zurückzukehren? Diese Fragen gehen über die Lebensläufe hinaus, aber sie sind fast immer möglich.

Christine Brückner kann auf eine stattliche Reihe von Veröffentlichungen zurückblicken, und dies ist der Augenblick, sie so ernst zu nehmen, wie sie es verdient.

(Die Zeit Nr. 24, 8. 6. 1973)

HEINZ PIONTEK

Schwere Prüfung, seltsames Glück

Von den 21 Erzählungen, die Christine Brückner in ihrem neuen Buch zusammengefaßt hat, ist wahrscheinlich nicht eine einzige erfunden. Sie werden auch nicht als fiktive getarnt, im Gegenteil: Die Autorin gibt sich große Mühe, sie so schmucklos, so verhalten wie möglich zu erzählen. Es sind Geschichten, die sozusagen auf der Straße liegen. Bei vielen Lesern (und Kritikern) stehen sie heute höher im Kurs als die »aus der Luft gegriffenen«. Vorbei die Zeit, als das anspruchsvolle Publikum über »wahre Geschichten« die Nase rümpfte und solche Lektüre den damals noch recht zahlreichen Dienstboten überließ. Dieses gegenwärtig so weitverbreitete Mißtrauen gegenüber der Phantasie – hängt es nicht zum großen Teil damit zusammen, daß wir (fast) alle das empirisch Nachprüfbare überschätzen, weil wir des Glaubens sind, nur auf die »gesicherten« Ergebnisse der Wissenschaft sei noch Verlaß?

Doch bei Christine Brückner, die ja mit weitgehend fabulierten Romanen bekannt geworden ist, werden derartige Überlegungen sicher nicht ausschlaggebend gewesen sein. Was sie in ihrem »Überlebensgeschichten« getauften Band zur Sprache bringen möchte, hat sie in einer Art Präambel so ausgedrückt: »Zeitgeschichte wird Lebensgeschichte des Einzelnen. Lebensgeschichte im Dritten Reich, das hieß: Überlebensgeschichte. Hitler, der Weichensteller unzähliger Schicksale; seine Hinterlassenschaft: Emigranten, Vertriebene, Witwen, Heimkehrer, Waisen, Ausgebombte, alle mit dem besonderen Kennzeichen ›deutsch‹, alle aus ihrer Bahn geworfen.«

Solche Schicksale sind in Deutschland vor allem in den fünfziger und sechziger Jahren zur Genüge beschrieben worden. Nun, nach längerer Pause, beginnt man sich wieder auf sie zu besinnen. Als Beispiel führe ich Walter Kempowski an. Christine Brückner hat für ihre Erzählungen ein eigenes Muster gefunden. Sie verharrt nicht bei den Unheilsjahren, die für Erzähler also noch immer eine schaurige, komische, in jedem Fall faszinierende Fundgrube darstellen, sie notiert die Folgen jener Jahre bis zum heutigen Tag.

So entstehen Lebensläufe. Wie, fragt die Autorin, seid ihr »fertiggeworden« mit euren Wunden, Schocks, Verlusten, Irrgängen, Neuanfängen? Auf einen Nenner gebracht, lautet die Antwort: Überleben kann man wahrscheinlich nur durch Anpassung. Zum Glück versteht die Erzählerin diesen Begriff nicht ideologisch, liefert keine weiteren Materialien zum Bild des »häßlichen Deutschen«, an dem die jungen Satiriker der fünfziger und sechziger Jahre geradezu manisch gearbeitet haben. (Hans Weigel in seinem Nachwort rechnet ihr das hoch an.) Wohl sind es – biologisch gesehen – im allgemeinen die Stärkeren, die sich so verändern können, daß sie selbst unübersehbaren Situationen, ungewohnten Anforderungen gewachsen sind. Doch auch mit darwinistischer Verherrlichung der Vitalität verschont uns Christine Brückner, viel eher macht sie uns deutlich, daß größere Leidensfähigkeit oder der Mut der Verzweiflung dazu führen, daß Menschen überleben. Anpassung muß nicht ein Erschleichen von Erleichterungen sein, auch sie hat ihren Preis.

Da ist die Kriegerwitwe, die mit 33 Jahren ihr Abitur nachholt, sich ihr Studium erhungert, es endlich zu einer kleinen, strapaziösen Arztpraxis bringt; da ist die einfache Flüchtlingsfrau aus der Batschka, die, schon aufgegeben, eine todbringende Krankheit übersteht; da ein Pfarrer, der seinen Jugendtraum von einer glänzenden Offizierslaufbahn in einem sibirischen Bergwerk ausgeträumt hat; und die Gastarbeiter und Kinder aus zerstörten Ehen, Lehrer und Straßenbahnschaffner, ganz Alte und viele Fünfzigjährige – sie alle erkaufen sich das Überleben durch Geduld, Selbstüberwindung, Anständigkeit, Mitmenschlichkeit, Bescheidung, sie suchen – jenseits von Karrieren – ein Leben, das »zu etwas führt«, nämlich zu einem Sinn. Es wird aber auch nicht verschwiegen, daß den Menschen in schweren Prüfungen ein seltsames Glück zu Hilfe kommen kann, das die Theologen Gnade nennen.

Christine Brückner benutzt als Form für ihre Erzählungen meist den Rapport. So zeigt sie, daß sie auch das journalistische Handwerk beherrscht: das Fakten-Erfragen, Protokollieren und Recherchieren. Manchmal sind es nur Gerüste zu Erzählungen, die sie stichwortartig entwirft, Faustskizzen. Bewußt wird sprachlicher Aufwand vermieden. Vielleicht geht die Autorin hierin zu weit. Aus Scheu? Einem Prinzip zuliebe? Knappheit und Kargheit können, aber müssen nicht in jedem Fall erzählerische Tugenden sein. Ich für meinen Teil rechne zu den stärksten Erzählungen des Bandes jene, in denen Atmosphäre aufschimmert, Fakten sich in Szenen und Bilder verwandeln. Bezeichnen-

derweise sind es die autobiographischen: »Totalschaden«,
vor allem aber »Mein Vater, der Pfarrer«.

(Neue Zürcher Zeitung, 19. 7. 1973)

HEDWIG ROHDE

Zeitgeschichte als Lebensgeschichte

Zeitgeschichte als Lebensgeschichte des einzelnen: so versteht Christine Brückner ihre *Überlebensgeschichten*. Obwohl
sie hinzufügt: »Es wäre unmenschlich, sachlich über Menschen zu schreiben«, gibt sie sich in diesen zwanzig auf authentischen Quellen beruhenden Lebensläufen betont sachlich. Ihr Chronikstil ist oft telegrammartig verkürzt. Reflexionen, die vorkommen, wirken sich als kritische Ironie der
Autorin aus, verstecken jedoch auch konservative Ressenti-
ments. Eine Liebe zum Bodenständigen, Achtung vor Über-
lieferungen wird immer wieder deutlich. Und so macht die
Gesamtwirkung einer Welt, in der Gott dem Tüchtigen hilft
und das gutbürgerliche Patriarchat sich als fester Damm gegen jede Zeitkrankheit und jeden noch so bitteren Schick-
salsschlag erweist, mißtrauisch.

Hans Weigel, mit Frau Brückner befreundet, sagt in seinem Nachwort von der Autorin: »Sie ist ein liebenswerter
Anachronismus.« Das stimmt genau. Hat man die letzte, eigene Überlebensgeschichte »Mein Vater, der Pfarrer« gelesen, wird nachträglich vieles verständlich, was ohne diese
Herkunft und Erziehung vielleicht doch als Konformismus
ausgelegt werden könnte. Nein, die Grundhaltung christlicher Tapferkeit ist echt; sie kommt auch in der Zwischenge-
schichte des eigenen schweren Autounfalls heraus, der, wie
alle bösen Zufälle oder zeitbedingten Einbußen, positiv um-
funktioniert wird.

Christine Brückner ist 1921 geboren. Fast in jeder Geschichte ist es der Krieg, der Familien und Familienbesitz zerstört, Karrieren vernichtet, Lebensläufe auf den Nullpunkt zurückwirft und verlangt, unter Einsatz äußerster Reserven noch einmal ganz neu anzufangen. Die Beispiele, die hier gegeben werden, sind nachahmenswürdig, die Charaktere unzerstörbar, die Bezwingung der Not wird als menschliche Aufgabe durchweg gelöst. Das bedeutet, hier wird vorwiegend von deutscher Tüchtigkeit gehandelt, wird Leistung hoch gewertet, Erfolg durch Zähigkeit und Zielbewußtheit vorgeführt. Die leise Resignation, die besonders bei Frauenschicksalen durchklingt, aber auch im Bericht unüberhörbar ist, wie aus uralten Bauernhöfen heute ein landwirtschaftlicher Betrieb, eine »Fabrik« für Schweinefleisch, gemacht werden muß, gerade diese Resignation anstelle romantischer Wunschträume verweist auf die strenge puritanische Lebensauffassung.

Man darf den schönen Traditionen nicht nachtrauern, man wird »burschikos« oder ironisch, trägt seinen Verzicht mit Haltung. Einen »Verlust der Mitte« gibt es in diesem Buch nicht. Alle diese durch Krieg, Verarmung, Vertreibung aus der Bahn Geworfenen, die es dennoch wieder zu etwas gebracht haben, müssen nervenstark und bis zum gewissen Grade unsensibel sein. Sonst könnten sie sich, wenn Vater, Eltern, Kinder sterben, das Haus abbrennt, Städte, Heimaten vernichtet werden, nicht einfach durch steinernen Schlaf oder übermenschlich harte Arbeit selber aus dem Sumpf ziehen. Der Schwache – auch von ihm wird gesprochen – hat immer eine heimliche Stärke parat. Talente lassen sich immer als Liebhaber-Nebenstränge in den eisern durchgehaltenen Lebenslauf der Tüchtigen einbauen. Frauen, die den Mann verlieren, schaffen sich Ersatz in einem Beruf, der keine Zeit für Melancholien läßt. Sie fangen mit dreißig ein langwieriges Studium an, sie sind alle Vorbilder für das deutsche Gott- und Selbstvertrauen.

Drei oder vier nicht in dieses Gesamtbild passende Geschichten – sie zeigen die Qualitäten der Autorin: ihre Zucht und unbetonte Humanität sozusagen in Reinkultur – könnten vermuten lassen, daß unterirdisch doch ein Gefühl für das sonst Überspielte vorhanden ist. Es seien auch die mit gemeint, die nicht überlebten, sagte Christine Brückner im Vorwort.

(Bücherkommentare, 3/1973)

SIGRID BAUSCHINGER

Christine Brückner: Überlebensgeschichten

Das Interesse an zeitgenössischen Lebensgeschichten, ob wirklich oder erfunden, hat in den letzten Jahren deutlich zugenommen. Schriftsteller und Künstler machen sich sozusagen selbst zum Gegenstand ihrer Beobachtung, wie man an den endlosen Serien von Familienfotografien, Briefen und Tagebuchseiten sehen konnte, die auf der »documenta« 1972 ausgestellt waren. Der Lebenslauf ist nahezu eine eigene literarische Gattung geworden. Das begann mit Alexander Kluges *Lebensläufen*, setzte sich fort mit Erika Runges Tonbandaufnahmen ihrer *Bottropper Protokolle* und *Frauen* und erreichte einen Höhepunkt in Peter Handkes *Wunschloses Unglück*, der beispielhaften Biographie seiner Mutter.

Nun schließt sich Christine Brückner, seit ihrem preisgekrönten ersten Roman *Ehe die Spuren verwehen* (1954) eine vielgelesene Autorin, mit ihren *Überlebensgeschichten* diesen Biographen an. Als sei die Phantasie nicht stark genug, Leben zu erfinden, wird hier das Leben selbst als Modell für die Geschichten genommen, die alle von Überlebenden des Jahres 1933 handeln: Akademiker und Arbeiter, Lehrer und Bauern, Flüchtlinge und Industrielle, Emigranten und kleine Beamte, insgesamt ein Querschnitt durch die deutsche Nachkriegsgesellschaft. »Es wäre unmenschlich, sachlich über Menschen zu schreiben«, sagt die Autorin in ihrem kurzen Vorwort, und in der Tat, sie stellt sich auf die Seite ihrer Figuren. Sie beschreibt sie mit Humor und Mitgefühl in einer klaren, unsentimentalen Sprache, und ihre kurzen, manchmal elliptischen Sätze sind voller Witz, aber niemals scharf.

Als »Überlebensgeschichten« sind sie alle mit Optimismus getränkt. Der patriarchale Arbeitgeber in »Machen Sie doch Ihren eigenen Laden auf!«, ein ausgezeichnetes Beispiel des deutschen »self-made man« der Nachkriegszeit, findet in seinem Sohn, einem Akademiker mit demokratischen Prinzipien, einen Nachfolger, der Gewinnbeteiligung und Mitbestimmung für die Arbeiter seines Betriebs einführen will. Einige Menschen in dem Dorf, in dem der Vater der Autorin Pastor war – und von ihm erzählt eine der besten Geschichten –, haben verunstaltete Ohren, Zeugnisse eines leicht in Zorn geratenen Lehrers. Aber die ehemaligen Dorfschüler haben etwas gelernt und wissen Schillers »Glocke« noch immer auswendig. »Alles geht gut«, der Titel einer Geschichte über einen Gastarbeiter aus Jordanien, könnte als Motto für alle Texte dienen, ganz gewiß aber für den autobiographischen »Totalschaden«, die eindringliche Beschreibung eines Autounfalls, den die Autorin und ihr Mann, der Schriftsteller Otto Heinrich Kühner, überlebten.

Man mag sagen, daß dieser Optimismus Konflikte eher vermeidet, als daß er sich ihnen stellt. Es ist richtig, daß alle diese Menschen, die vom Krieg aus ihrer Heimat vertrieben wurden, die ihre Männer und Väter und ihre Hoffnung oder ihren Frieden mit sich selbst für immer verloren haben, dennoch versuchen, trotz ihrer Verluste weiterzuleben. Das jedoch ist auch ein realistisches Bild menschlicher Existenz und zeigt eine Möglichkeit, wie Hans Weigel in einem warmen Nachwort bedeutet, wie sich die Deutschen mit sich selbst und der Welt versöhnen könnten. Das Buch eignet sich daher ausgezeichnet – und sicherlich besser als viele Dokumentationen –, die Welt mit den Deutschen bekannt zu machen.

(Books Abroad, Januar 1975)

Jauche und Levkojen

WERNER ROSS

Preußen, Pommern, Poenichen

Man klappt das Buch nur ungern zu. Mit der Hauptfigur, Maximiliane von Quindt von Gut Poenichen in Hinterpommern, ist man inzwischen so vertraut, daß man sich einen Abbruch der Beziehungen, den Messerschnitt der letzten Seite, kaum noch vorstellen mag. Das Beste, was man von einem Roman sagen kann: er spinnt in eine andere Wirklichkeit ein, aus der man mißmutig zur eigenen erwacht.

Christine Brückner, Jahrgang 1921, hat schon eine Reihe von Romanen veröffentlicht, von der Sorte, die man gern in die Ferien mitnimmt, zum Beispiel *Letztes Jahr auf Ischia.* Dieser Roman ist ihr erster mit deutlichem literarischen Anspruch, und sie hat sich dazu einen guten Lehrer ausgesucht: Fontane. Von ihm stammt der etwas zu drastische Titel: in einem Brief hat Fontane berichtet, daß ein ständiger Mischgeruch von Jauche und Levkojen durchs offene Fenster in sein Zimmer dringe, »erstrer prävalirend«. Jauche, mehr symbolisch genommen, heißt, daß in diesem Buch von der deftigen Seite des Landlebens mehr die Rede ist als von ihrer lyrischen.

Aus Fontane in eine spätere Generation »übersetzt« ist der Gutsherr auf Poenichen, der alte Quindt, ein Stechlin, der noch den Zusammenbruch des Wilhelminischen Zeitalters und das Ende des Dritten Reiches erlebt. Im übrigen sind alle Personen des Romans Brücknersches Eigengewächs, die kulleräugige, apfelessende Maximiliane an der Spitze, haargenaue Kenntnis des Landlebens ist vorauszusetzen, nur die Erinnerung verschafft so saftige Details. Im Witz, in der Skepsis, im anekdotischen Erzählen, in der »preußischen« Haltung ist Christine Brückner Fontanes Enkelin.

Maximiliane heiratet einen Nazifunktionär, der streng nach dem Evangelium des Führers denkt und lebt, ist sonntags seine Frau und werktags weiter das barfüßige Landkind, singt Löns, liest Binding und Rilkes Cornet, bekommt und liebt viele Kinder und liebt ferner am Waldsee einen Manöver-Offizier. Christine Brückner hält, darin Kempowskis Rekonstruktionsversuchen vergleichbar, eine Menge Einzelheiten bereit, aus denen die Stimmung der Zeit aufsteigt. Sie zitiert aus Maximilianes Lieblingslektüre den Binding-Satz: »Wenn er in den unschuldigen, goldenen Grund ihrer Augen sah, so tauchte er in eine unauslotbare Seligkeit hinab und wußte, daß nichts auf der Welt dem gleich sei.« Zu Bindings Zeiten prävalierte offensichtlich Levkojenduft, in den Liebesszenen ist er etwas zu penetrant hängengeblieben.

Zum Schluß muß Maximiliane ihre Kinder zusammenpacken und fliehen, schlägt sich geduldig-mütterlich durch, eine stark verjüngte Mutter Courage. Jungen Leuten wird dieser Roman wie eine Ballade aus der Napoleonischen Zeit vorkommen, so fern von unserem Land Problemistan, und so voll von den drei P's: Preußen, Pommern, Poenichen. Hat es das alles einmal so gegeben? Wer sich erinnert, sagt: Ja, so war's.

(Süddeutsche Zeitung, 30./31. 8. 1975)

HARALD HARTUNG

Mischgeruch von Jauche und Levkojen

Im Seebad Rüdersdorf wurde Theodor Fontane im Juli
1887 irritiert durch den ständigen »Mischgeruch von Jauche
und Levkojen«, der durch das offenstehende Fenster
strömte. Und da der Schriftsteller gerade an seine Frau
schrieb, schloß er an die Mitteilung des Faktums noch die
Bemerkung: »Das Leben ist nicht blos ein Levkojengarten«
– ein Seufzer, womöglich vielsagend für die Adressatin,
kaum aber eine für die Nachwelt formulierte Reflexion.

Wenn also nicht bloß die Linien, sondern auch die Düfte
des Lebens verschieden sind, kommt es auf die Mischung
an. Das mag sich Christine Brückner gesagt haben, als sie aus
der Fontaneschen Nebenbei-Bemerkung Motto und Titel
für ihren neuen Roman gewann. »Jauche und Levkojen« –
das klingt fast ein wenig derb und unappetitlich, aber dann
doch anheimelnd, nostalgisch.

Wo gibt es solche Düfte noch als in der Vergangenheit, in
der Erinnerung. Tatsächlich ist Christine Brückners Roman
so etwas wie ein Zeitroman, der die deutsche Vergangenheit
zwischen 1918 und 1945 zum Hintergrund hat. Hat man
sich erst entschlossen, diese Vergangenheit unter dem Krite-
rium des Duftes zu betrachten, dann bestimmen die Mecha-
nismen unserer Erinnerung über seine Bewertung. Das Böse
und Häßliche, nicht wahr, wog schon vor, war, mit Fontanes
Ausdruck, »prävalirend«, aber vom Levkojenduft durfte und
sollte auch die Rede sein.

Gewiß kann dem, der Fontane zitiert und sich auf ihn beruft, Ironie nicht fremd sein, und es wäre töricht, Christine
Brückner auf die Duftfrage festzulegen: Ihr Roman ist von
Ironie durchsetzt, mal zarter, mal derber, ganz wie es sich
gehört. Aber es ist schon die Frage, was man mit der Ironie
anfängt. Man kann bestimmte Wertungen des Lebens ironi-
sieren und ihnen doch folgen. Genau das hat Christine

Brückner getan. Ironie als Alibi. Das Vergangene ist ja auch anspruchsvoller geworden.

Im übrigen sorgt die Autorin durch Wahl der Schauplätze und Personen dafür, daß allzu penetrante Gerüche nicht erst aufkommen. Erzählt wird die Geschichte der Halbwaisin Maximiliane Quindt, Enkelin des alten Quindt von Poenichen, eines hinterpommerschen Rittergutsbesitzers. Dieser alte Quindt ist schon eine prächtige Figur. Vor 1914 glänzt er im preußischen Landtag durch seine »Quindt-Essenzen«, etwa durch den Satz, daß auch das Kornfeld ein Feld der Ehre sei. Auch später ist er immer seiner Zeit voraus und bleibt doch der schlichte hinterpommersche Landedelmann. Seine Tischrede zu Maximilianens Taufe 1918 hat den Tenor: »Nietzsche und Krupp heißt das deutsche Verhängnis, einer von beiden wäre gegangen.« Als ebenjenes Verhängnis seinen Lauf nimmt, wird Quindt zum preußischen Pazifisten. Schließlich gibt es für Quindt keinen Platz mehr in dieser Welt. Als der letzte Treck Poenichen verläßt, bleiben die alten Quindts zurück: »Dann fallen drei Schüsse, der erste gilt der Hündin Texa.«

Soviel Weisheit und Würde will dosiert sein, und deshalb gehört zu allen hinterpommerschen »Quindt-Essenzen« die Vitalität, und die kommt woanders her. »Woher hat das Kind diese Augen«, wird bei der Taufe gerätselt, und der Leser weiß es längst: von jenem polnischen Leutnant, den die Großmutter einst beim Badeaufenthalt in Zoppot kennengelernt hatte. Bei solcher Temperamentsmitgift verschlägt es wenig, daß Maximiliane in Gestalt wechselnder Fräuleins mit den Verfehlungen zeitgenössischer Pädagogik konfrontiert wird. Im Gegenteil, ihre Vitalität scheint daran nur zu wachsen.

Nur einmal läßt ihr Instinkt sie im Stich. Sie heiratet einen Nazi aus dem Reichssippenamt, einen Quint aus der geringeren Linie – ohne »d« im Namen. Aber sie hat ein Erlebnis mit einem Manöver-Offizier und schenkt ihrem Mann Kinder, ein viertes empfängt sie noch auf der Flucht von einem Kirgisen und macht sich auf den Weg nach Westen, »eine Mutter Courage des Zweiten Weltkrieges«, wie die Autorin selbst kommentiert.

Das ist fast ein Fauxpas. Brecht paßt nicht in die Gefühlslandschaft des Romans, darin alles aus Literatur kommt und Literatur wird. Vitalität wird zwar behauptet, alle Emotion aber aus zweiter Hand bezogen. Fontane »prävalirt« auch hier, was noch einigermaßen schlüssig ist; der alte Quindt erkennt sich im »Stechlin« wieder, und der Leser soll das bestätigen. Die schlesische Linie der Quints hat ihr »d« augenscheinlich nur verloren, damit sie unter Hauptmanns Roman vom Narren in Christo leiden kann. Und eine Lady-Chatterley-Affäre kann deshalb nicht stattfinden, weil der alte Quindt auf die Enkelin aufpaßt und weil Lawrence sein Buch noch nicht geschrieben hat.

In einer Liebesszene am See kulminiert nicht Vitalität, sondern Literatur, und das gleich dreifach: Rilke, Binding und die Legende von Moses im Körbchen. »Man weiß wenig über die Wirkung von Büchern«, meint die Autorin zu Anfang ihres Romans. Eines weiß man: Bücher zeugen Bücher, Literatur Literatur – hier freilich eine immer dünnere, eine aus Bildungszitaten bestehende.

Die Autorin mag diese Literatursüchtigkeit ironisch gemeint haben, aber die Ironie bleibt äußerlich und unentschieden. Denn Christine Brückner kritisiert ihre Figuren nicht, weil sie ihre Gefühle aus der Literatur beziehen – sie macht sich manchmal ein bißchen lustig über sie, ist aber zu verliebt in ihre Geschöpfe, um den scheinhaften Charakter ihres geliehenen Lebens für ein Manko zu halten. Sie *glaubt* an das Leben, das sie ironisiert. Daß alles »Leben« im Roman aus Versatzstücken besteht, die der Leser irgendwoher schon kennt, läßt die bekannten angenehm wechselnden Gefühle entstehen, die einen Roman unterhaltsam machen, weil sie uns zu nichts verpflichten.

(Frankfurter Allgemeine Zeitung, 13. 9. 1975)

WALTHER KILLY

Zum Lesen empfohlen

Der Roman von Christine Brückner, der den Namen *Jauche und Levkojen* trägt und bei Ullstein erschienen ist, lag bei mir unter dem Weihnachtsbaum. Am ersten Feiertag rissen wir ihn uns aus den Händen, am zweiten war er ausgelesen und wir im Besitz einer Gabe, welche in der literarischen Landschaft, und schon gar der deutschen, sehr selten ist: Wir sahen uns bekannt gemacht mit Figuren und Orten, die man nicht vergißt, die in der Erinnerung Leben gewinnen, die man sogar zitieren kann. Jeder Leser hat solche Bekannte und kann sich mit andern Lesern verständigen, indem er auf den Herrn von Stechlin verweist oder auf den alten Briest. Von jetzt ab wird man auch auf Herrn von Quindt und seine als Quindt-Essenzen bekannten Aussprüche verweisen können. Das ist ein sehr hohes Lob für eine Erzählung, welche die Schicksale einer pommerschen Gutsfamilie vom Ende des Ersten bis zum Ende des Zweiten Weltkrieges schildert, mit aller Anschaulichkeit, ohne Sentimentalität, mit viel witziger Menschenkenntnis und einer Prise Gemüt. Der Historiker Friedrich Meinecke hat einmal gesagt, wer wissen wolle, wie es in vergangenen Zeiten zugegangen sei, müsse die großen zeitgenössischen Romane lesen; da erfahre er mehr als bei Geschichtsschreibern.

Wer wissen will, wie das Dritte Reich auch über Hinterpommern kam, wie ein Kind aufwuchs auf einem Gutshof; wie die Leute redeten; was Mode war; was man las; wie man miteinander umging; wie auch dieser Familie eine Nazilaus in den Pelz gesetzt wurde, von der der alte Quindt meinte, die Laus werde sich verflüchtigen, aber der Pelz bleiben; wie schließlich auch der schöne alte Pelz, das Gut Poenichen, verlorengeht: Wer sich solche Realität gern auf menschliche Weise zu eigenem Gewinn vergegenwärtigt, der soll nach diesem Buch greifen. Er wird sich vortrefflich unterhalten sehen, nachdenklich werden, mitfühlen, sein Bild der sogenannten Junker und der sogenannten kleinen Leute befestigen oder korrigieren, und staunen wird er heilsamerweise gelegentlich auch. Die Fülle von Wirklichkeit, die da auf dreihundert Seiten anschaulich wird, drängt die ungelöste Frage wieder auf, wie das alles möglich war. Wie war es möglich, daß eine ganze Nation (mit Ausnahme weniger, darunter der Herr von Quindt) sozusagen über Nacht den jahrhundertealten Gruß »Guten Tag« durch den Ausruf »Heil Hitler« ersetzte? Wie ist es möglich, daß diese weite, kornträchtige Landschaft (Poenichen, so weit das Auge blickt) mit ihren Menschen, ihrer Geschichte, ihrer Sprache ebenfalls über Nacht vergessen wurde? Wie ist es Christine Brückner möglich, sie uns wieder so vor Auge und inneres Ohr zu rufen?

Nun, der Lehrmeister ist erkennbar, der das Talent gefördert hat: er heißt Theodor Fontane und hat dem Roman den Namen geschenkt. »Jauche und Levkojen« ist ein Zitat aus einem Fontane-Brief, den der Dichter aus dem Seebad an seine Frau gerichtet hat. Es steht als Motto vor dem ganzen Roman und heißt: »Durch mein offenstehendes Fenster strömt der hier, und auch wo anders, ständige Mischgeruch von Jauche und Levkojen ein, erstrer prävalirend, und giebt ein Bild aller Dinge.« Das Motto ist nicht das einzig Fontanesche in dem Buch, obgleich es sich für den geschilderten Zeitraum vortrefflich eignet. Denn auch auf Poenichen waren die Verhältnisse sehr gemischt. Das »Kind« Maximiliane, die Enkelin des Briest und Stechlin nachgebildeten Gutsherrn, hatte glückliche und verirrte Stunden, erleuchtete und dumme Momente, bis es, eine merkwürdig sinnfällige Frauengestalt, mit den eigenen vielen Kindern Pommern auf der Flucht verläßt. Eine Flucht übrigens, die – und mit ihr das Buch – nicht minder merkwürdig im Leeren endet. Dem Leser bleibt nur der Trost, die Heldin werde es schon machen, und der Rückblick auf Äcker und Seen, jugendliche Aufschwünge und kindische Irrtümer. Gemischt die Existenz von Maximilianes Mutter, der verwitweten Quindt, die das Gut verlassen und einen Juden geheiratet hat; der alte Quindt hilft ihm heraus. Auf gekonnte Weise gemischt sind Dienergestalten, Erzieherinnen, verkrachte Existenzen, alberne Pädagogen und treffliche Lehrerinnen, Bauern, Kätner, Kinder und Parlamentarier. Gemischt ist sogar die Figur Viktors, Maximilianes strebsam führertreuen Gatten, der aus dem Kreise der Familie, in die er nicht paßt, schon lange verschwunden war, ehe er in der Schlacht um Berlin für immer verschwand. Niemand weint ihm eine Träne nach, während man von Freiherrn von Quindt und dem klassizistisch-simplen Schloß Poenichen ungern Abschied nimmt. Die ebenfalls an Fontane geschulten Dialoge, die Personen und Situationen präzise begreiflich machen, die Klugheit der ihnen und dem Fortgang der Handlung zugrunde liegenden Beobachtungen (vielleicht sollte man besser sagen: Erinnerungen) ergeben das ungeschönte, lebendige Bild einer nicht wiederkehrenden Welt, die, mitten im Dritten Reich, auch eine menschliche Welt war. Menschlich, allzu menschlich ihre vielfältigen Bewohner, wie die Reihe der »Erzieherinnen« zeigt, denen die wohlmeinenden Großeltern die bei ihnen aufwachsende Enkelin Maximiliane, vermeintliche Gutserbin, anvertrauen. Von ihnen erzählt der Abschnitt, den Sie jetzt hören. Er macht den Satz deutlich, der dem Fontaneschen Motto im Original nachfolgt und der auch über dem Buch stehen könnte: »Das Leben ist nicht blos ein Levkojengarten.« Aber das Leben läßt auch, so zeigt Christine Brückner, Levkojen wachsen an den unerwartetsten Stellen.

(Norddeutscher Rundfunk, 7. 3. 1976)

JOACHIM GÜNTHER

Christine Brückner: Jauche und Levkojen

Der Titel dieses zehnten Buchs von Christine Brückner ist
von Fontane entlehnt, aus einem Brief an seine Frau von
1887: »durch mein offenstehendes Fenster strömt der hier,
und auch wo anders, ständige Mischgeruch von Jauche und
Levkojen ein, erstrer prävalirend, und giebt ein Bild aller
Dinge. Das Leben ist nicht blos ein Levkojengarten«. Christine Brückner ist auch sonst mit ihrem neuen Buch auf eine
deutliche Fontanelinie eingeschwenkt, thematisch sowohl
wie erzählerisch-formal. Was daran von Kritikern, die sich
belesen dünken, leicht als »epigonal« indiziert werden
könnte, sagt aber viel weniger über die Sache selber aus, als
wenn man sich fragen wollte, wie so etwas überhaupt zu
machen ist. Was denn? Nun, einen großen runden Genera-
tions-Roman aus Hinterpommern, Gutsmilieu, durch die
Zeiten gezogen vom wilhelminischen über das weimarische
und das nazistische Deutschland bis zur Liquidation im Politischen und Privaten: die Geschichte derer von Quindt
über vier Generationen. Nichts Besonderes, wie der Leser
denken mag, abgestandenes Thema, tempi passati. Der Witz
der Sache ist aber derselbe wie bei Fontane: die Zeiten sind
passé, der menschliche Gehalt ist frisch wie aus der Tief-
kühltruhe. Von Fontane weiß man, daß er Dialoge und Re-
defetzen im Leben eingesammelt und aus ihnen Charaktere
gebildet hat. Die Methode seiner Nachfahrin ist schwieriger
zu enträtseln. Auch hier handfeste Szenen, in 33 Kapiteln,
die jeweils ein (aus der halben Weltliteratur ausgesuchtes)
Motto haben, gegliedert, kurze, keinerlei syntaktische oder
gedankliche Schwierigkeiten machende Sätze, gleichsam
geschnetzeltes Lesefutter, das aber so, wie es geboten wird,
eine verborgene Kunst der Diktion, der Zusammenstellung,
der Pointierung verrät, kurzum die »geborene« Erzählerin.
Natürlich muß Christine Brückner ungewöhnlich lebens-

aufmerksam gewesen sein, um die Daten, Fakten, Worte, Gedanken, Szenen dieses Romans zusammenzubringen. Hier ist Reife im Spiel. Andrerseits hat die bewußte oder unbewußte Immunisierung gegen alles »Moderne«, das Stehenbleiben am Muster Fontane dem Buch die Spannung, die Lebendigkeit, die Menschlichkeit, die »Süffigkeit« gerettet. Die sehr deutsche Frage: Literatur oder Unterhaltungsroman stellt sich zum mindesten im Lesen etwa so wenig wie beim angelsächsischen Frauenroman. Es gibt nicht viel deutsche Beispiele für diese gleichsam zeitlose Erzählkunst.

Nun handelt es sich aber inhaltlich um eine sehr zeitgezielte, zwar nicht im Heute, aber im Gestern, Vorgestern und Vorvorgestern spielende Geschichte. Und es handelt sich um eine, die mit einem sicheren Instinkt für das Wirkliche geschrieben ist. Keine Szene, kein Satz, kein Gedanke, keine Figur, die konstruiert, sentimental, kitschig, unglaubhaft sind. Was noch schwieriger ist: eine Abgewogenheit von Kritik und Bestätigung, von Rechtfertigung und Denunziation, die das Buch zu einem Spiegel, keinem Zerrspiegel der in ihm behandelten Epochen und Gesellschaftsschichten macht. Wie schwierig das gerade heute ist, wie wenig es der moderneren Literatur, geschweige denn der sozialkritischen gelingt, läßt sich von der landläufigen literarkritischen und literaturwissenschaftlichen Intelligenz kaum ermessen, weil bei ihr meistens viel zuviel Vorurteile im Spiel sind. Diese Literaturkritik wird an der Erzählerin Christine Brückner aus Kriterienmangel wahrscheinlich vorübergehen. Um so unwahrscheinlicher ist es aber, daß auch der Leser an diesem Roman vorübergehen wird, obwohl Christine Brückner mit einer weniger einseitigen und schematischen Methode als etwa die in gewissen Zügen verwandten Erzählungen von Walter Kempowski arbeitet. Sie baut ihre Hauptfigur, den Freiherrn von Quindt, ähnlich auf wie Fontanes Stechlin als einen Mann des Wilhelminismus, aber der Bismarckschen Couleur, einen Hinterpommer, der entsprechend wortkarger ist als der Brandenburger (oder Mecklenburger), doch mit ähnlichen Strukturen im Politischen wie im Religiösen, Sozialen und Moralischen. Man denkt gleichwohl erst an das Urbild, wenn man schon tief in den Roman hineingeraten ist. Daneben die Fülle der Seitenfiguren, wie sie aus dem Gang des Lebens über die Generationen hin hervorknospen: Schwiegertöchter, Enkelkinder, Urenkel, Schwiegerenkel, das Personenverzeichnis einer ausgebreiteten Familie mit einem kleinen Namen in der Geschichte. Dahinein dann die Einflüsse und Figuren der jeweiligen Epochen, das republikanische, das nazistische Deutschland. Es gibt kaum eine zweite Chronik, in der insbesondere die nazistische Zeit mit einem ähnlichen Wirklichkeitssinn gestaltet ist, das Bornierte, Inhumane oft in denselben Personen mit Anstand und Idealismus verquickt. Die Erzählerin hat selber etwas von der Struktur ihrer Hauptfigur, die je nach Standpunkt als konservativ, reaktionär (dies ironischerweise am ehesten von Nazis) oder radikal-liberal beurteilt wird. Dennoch kann man zweifeln, ob überhaupt ein Mann in dieser Geschichte die Hauptfigur ist, ob nicht vielmehr die Frauen die gelungensten Figuren der Erzählung sind und unter ihnen Maximiliane, die Enkelin des Barons, die als Kind, Mädchen, Fräulein, Frau, Mutter durch die aufeinander folgenden Stadien des Lebens geführt wird und einfach wegen der weiblichen Affinität der Erzählerin ihr als die komplexeste und zugleich am meisten mit irrationalem Verstehen aufgebaute Figur der Geschichte geraten ist. Ein Menschenkind, das am Ende sogar die Vergewaltigung auf der Flucht noch mit einem guten Instinkt dafür, daß der Mann nicht der wichtigste Teil in den Geschlechterbeziehungen, auch solchen mit Kinderfolge, sein muß, zu bestehen weiß. Hier und in vielen anderen Zusammenhängen zeigt Christine Brückner einen bewundernswert zwischen den vielen Klippen des Lebens hindurchsteuernden Sinn für Orientierung im Menschlichen und Sittlichen. Ein Buch, das eben aus diesem Sinn heraus kein düsteres Buch geworden ist, trotz so düsterer Inhalte, wie sie die Jahre, durch die es seinen Gang nimmt, enthalten haben, das vielmehr immer, wo es angeht, sogar in Heiterkeit aufschwingt und im Ganzen dem Motto des 32. Kapitels (von Maupassant) entspricht: »Das Leben ist nie so gut und so schlimm, wie man meint.«

(Neue Deutsche Hefte, Nr. 146, Jahrgang 22, Heft 2/1975, S. 399–402)

HEDWIG ROHDE

Christine Brückner: Jauche und Levkojen

Christine Brückner, populäre Autorin gut geschriebener konservativer Romane, die das hierzulande seltene Genre der gehobenen Unterhaltungsliteratur repräsentierte, wurde durch ihre *Überlebensgeschichten* auf einmal auch der offiziellen Literaturkritik interessant. Karl Krolow bescheinigte ihr Qualität, jetzt wurde sie ernst genommen. Diese Kurzbiographien von Menschen, die ein hartes Kriegs- und Nachkriegsgeschick meisterten und überlebten, waren so knapp umrissen, so streng gebaut, daß dahinter eine ganz neue Christine Brückner zu stehen schien.

Daß der konservative Grundton sich nicht geändert hatte, wurde kaum konstatiert. Es handelte sich um Geschichten vom Durchhalten, um das Lob der Leistung, zumeist einer fast übermenschlichen. Die 1921 geborene Pfarrerstochter Christine Brückner glaubte an eine wiederherzustellende Ordnung durch Pflichterfüllung bis zum Äußersten.

Nun legt sie einen Familienroman vor, der gleichsam eine dieser Überlebensgeschichten auf breiterer Ebene ausführt. Der Titel *Jauche und Levkojen* bezieht sich auf einen Fontanebrief, der Anfang ist tatsächlich ganz und gar fontanisch. Maximiliane von Quindt wird 1918 in Hinterpommern auf dem Erbgut Poenichen geboren, gleichzeitig stirbt ihr Vater den Heldentod. Die aus Berlin stammende Mutter setzt sich wieder in die Großstadt ab; ein Großelternkind wächst in der ostpommerschen Landeinsamkeit auf. Kein ganz intaktes Familienleben also, über die dezente Effi-Briest-Affäre der Großmutter hinaus dennoch eine typische Landadelsjugend unter vielen »Fräuleins« und treuen alten Dienstboten; bezeichnendes Zitat: »Man teilte Freud und Leid miteinander, im Herrenhaus bekam man allerdings von allem den größeren Teil ab, auch vom Leid ...« Der Großvater ist des Kindes Halt und Stütze, ein knorriger Stechlin mit toleranten politischen Ansichten, aber doch der Patriarch aus dem Bilderbuch.

Wenn man böswillig wäre, könnte man für die Kinder- und Jugendzeit der Maximiliane Quindt nicht nur Fontane, sondern auch Trotzköpfchen-Reminiszenzen assoziieren. Die Autorin läßt selbst gern Zitate einfließen; ein romantisches Liebesabenteuer mit einem unbekannten Reiter wird mit dem Finger auf den Zeilen von Bindings »Keuschheitslegende« nachvollzogen. Aber derartige Entgleisungen gibt Frau Brückner mit einer leisen Ironie zu Buche, die alles in etwas anderes Licht rückt, und darum sollte man sie auch nicht ganz ernst nehmen.

Die deutsche Geschichte schreibt mit, und allmählich entwickelt sich die Romanheldin zu dem, was sie in schnell aufeinanderfolgenden Schicksalsschlägen werden soll: ein durch Krieg und Heimatverlust geprägter Frauentyp, naturhaft mütterlich und zugleich selbständig genug, ohne allen männlichen Halt eine Landstörzer-Existenz ungebrochen durchzustehen. Hätte Christine Brückner diese Maximiliane des zweiten Buchteils nicht selber »eine Mutter Courage« genannt – das gehört zu ihrem stets wachen literarischen Traditionsbewußtsein und stört natürlich die Originalität des Erzählflusses –, man würde drauf kommen müssen. Maximiliane ist von einem entfernten Vetter geheiratet worden, der ein so zweihundertprozentiger Nazi ist, daß man zeitweise an ihren betont gesunden weiblichen Instinkten zweifelt, ein forscher Beamter in Hitlers Reichssippenamt, dem Stechlin-Großvater von Anfang an unsympathisch. Es geht denn auch nicht gut mit dieser Ehe, an der das beste ist, daß Maximiliane ihre drei Kinder auf dem heimischen Gut zur Welt bringen kann und ihren fremd gebliebenen, überdies untreuen Mann nur sporadisch zu sehen bekommt. Die Überzeugung, daß den Männern bei der Kindererzeugung nur geringe Bedeutung zukommt, bildet sich in Maximiliane schon zu dieser Zeit aus; sie hilft ihr später, aus dem Vergewaltigungserlebnis mit einem kirgisischen Sowjetmenschen eine wenn auch kurze, so doch humane Beziehung zu gestalten.

Es sind vier Kinder, mit denen sie nach der Vertreibung aus Poenichen und der Auflösung des Flüchtlingstrecks unterwegs ist: zu den eignen Dreien hat Maximiliane auch noch ein uneheliches Kind ihres Mannes aufgenommen, das sie sofort »Mutter« nennt und fortan, auch gegen den Willen des Vaters, zur Quindt-Familie gehört. Er kommt übrigens fern von ihr in den Bombennächten um und gilt als verschollen, während die alten Quindts den Verlust von Gut Poenichen nicht überleben wollen und die Freitod-Schüsse beim Abzug des Trecks kaum wahrgenommen werden. Maximilianes Welt sind ihre Kinder, sie nimmt ihr eigenes Leben auf sich, wie es die Zeit verlangt. Und wie sie unterwegs mit ihrem Karren, die Graupensuppe unter dem Federbett, unterstützt in Pfarrhäusern, orientiert durch versprengte Soldaten, ihre Flüchtlingsexistenz unverdrossen zu einer märchenhaften, von Liedern und Unterrichtung der fragenden Kinder durchsonnten bestandenen Lebensprobe macht, das nähert sich nun eher einer anderen modernen Madonnenlegende als Brechts Mutter Courage. Hat Maximiliane nicht viele Züge von Heinrich Bölls Leni? Es ist, als wollte hier eine schreibende Frau bestätigen, was heute plötzlich wieder – auch in Härtlings *Eine Frau* – literarisch beschworen wird: die heilende Funktion der durch nichts zu entstellenden, in sich selbst ruhenden Weiblichkeit. Ein Idol, das sich der emanzipatorischen Realität entgegenstellt, vielleicht ein Archetypus, der aus dem Unbewußten heraufdrängt und von Schriftstellern neu erfunden werden muß, da die lebendigen Vorbilder fehlen.

Man weiß nicht, wohin Christine Brückners mütterliche Idealfigur zuletzt verschlagen wird. »Alle Menschen sind gleich arm, weil es gleich reich nicht gibt«, ist eine von den »Quindt-Essenzen«, die sich erfüllen, mit dem bäuerlich-pommerschen Rest von Aberglauben, der Maximilianes Jugendzeit durchzog. Diese Frau wird durchkommen, da gibt es keinen Zweifel. Bis zum Wiederaufbau von Besitz und zur neuen Verbürgerlichung reicht der Roman nicht. Der offene Schluß stimmt zur Anlage des Buches als Familienroman nicht, die Wandlung der Hauptfigur könnte auch eine weitere Wandlung der Autorin Christine Brückner anzeigen.

(Sender Freies Berlin, 18. 12. 1975)

Nirgendwo ist Poenichen

JOACHIM GÜNTHER

Ein Übermaß an Schicksal

Christine Brückner hat ihrem erfolgreichen Familienroman *Jauche und Levkojen*, der 1975 erschienen war, jetzt die erwartete Fortsetzung folgen lassen. Der Sondertitel des zweiten Teils heißt *Nirgendwo ist Poenichen*. Man kann annehmen, daß beide Veröffentlichungen früher oder später zusammengebunden und einen (noch ausstehenden) gemeinsamen Namen bekommen werden.

Läßt sich ein Literaturwerk ohne Qualitätsverlust fortsetzen, ein »Wurf«, weil die Leser es erwarten und der Autor sich nicht ausgeschrieben fühlt, wiederholen? Die alte Frage hat in der Literaturgeschichte ebensoviel bejahende wie verneinende Antworten gezeitigt, von der *Familie Buchholz* bis zur *Forsyte-Saga.* Wer den ersten Teil dieser nunmehr von den wilhelminischen Zeiten bis an die Schwelle der Gegenwart reichenden Familienchronik – einer hinterpommerschen Familie derer von Quindt, in bürgerlichen schlesischen Abzweigungen auch einfach Quint – mit Spannung, ja fasziniert durch ein elementares und intelligentes Erzähltalent gelesen hat, wird zuerst einmal einfach weiterlesen wollen. Nach zwanzig, dreißig Seiten des neuen Teils wird das eine für ihn sicher sein, daß es vor Ende des Buchs auch kein Ende seines Lesens geben wird.

Damit ist vorweggenommen, was die besondere Urteils-

lage schon des ersten Teils kennzeichnete: ein »Leserbuch«
mehr als ein »Kritikerbuch«, ein Buch, das die gern be-
schworene »Krise des Erzählens« durch Gestalt erledigt und
als Frage an die Literaturkritik zurückgibt. Diese strenge
Dame mag unsereinem, der das Buch im ganzen und nunmehr auch seine beiden, nach gleichen Mustern gearbeiteten
Teile ebenso fesselnd wie grundgescheit, so wirklichkeits-
nah wie weltklug, so virtuos gemacht wie natürlich gewachsen empfindet, alle solche Positivitäten auf bessere Weise
erklären.

Es ist durchaus denkbar, daß das ganze Buch vorwärts wie
rückwärts gelesen wird, also der zweite Teil vor dem ersten.
Nirgendwo ist Poenichen wird dann ein erst langsam, im Vor-
anschreiten der Erzählung sich klärender Titel. Poenichen
gibt es in keinem Atlas; der Name hat dennoch deutlich
pommersches, hinterpommersches Timbre. War der erste
Teil der Chronik mit dem einem Fontanewort entlehnten
Titel am »Großvater« und Rittergutsbesitzer Baron von
Quindt zentriert, um mit seinem Selbstmord beim Einbruch
der Russen 1945 zu enden, so ist die Hauptfigur von Teil
zwei die Enkelin Maximiliane.

Diese Maximiliane landet, nachdem sie noch vor der
Flucht in der pommerschen Heimat von einem kirgisischen
Soldaten vergewaltigt worden war (ohne daraus »die Tragödie der deutschen Frau« zu machen), im schwangeren Zustand mit nichts als fünf Kindern in Westdeutschland.

Christine Brückner hat die Methoden ihres Erzählens
nicht gewandelt. Wenn sich der erste Teil in 33 ungefähr
gleich große epische Zellen gliederte, in denen jedesmal
eine besondere Szene durchgespielt wurde, sind es diesmal
26, wobei das Kettenmuster der in sich geschlossenen, aber
untereinander verbundenen Einzelszenen das gleiche geblieben ist. Gleich blieb auch der Dekor, gewissermaßen die
Brosche auf dem jeweiligen Szenenkörper in Gestalt eines
Mottoworts. Dafür hat sich Christine Brückner wieder in
der älteren und neueren weltläufigen Literatur umgesehen.

Die Geschichte zentriert sich um eine Burgruine der Familie im Hessischen, greift aber zwischendurch nach Holstein, ins Rheinische, Französische, Amerikanische über, auch nach Berlin, und kehrt am Ende mit wachsender Erfahrung, daß »Poenichen nirgendwo ist« als in der »Speisekammer« der Erinnerungen, aus denen die Hauptfigur Maximiliane ihre Kraft und Weisheit der Existenz bezieht, besuchsweise zum Ausgangsort zurück: »Im dämmerigen Dickicht, auf einem der Säulenstümpfe sitzend, vollzieht Maximiliane nachträglich und ihrerseits die Unterzeichnung der Polenverträge.«

So flüchtlingsverräterisch und quietistisch dergleichen klingen könnte, die Erzählung ist weder über einen politischen noch ideologischen, noch religiös-moralischen Leisten zu schlagen. Sie geht quer durch alle Fronten, und auch das nicht mit verborgenen Absichten, sondern nach dem Beispiel der Hauptfigur aus Instinkt und Natur. Die Fülle der Ereignisse, Ideen, Szenen, Charaktere, der unterwegs ausgestreuten Wahrheiten und Weisheiten, der am Wege aufgelesenen Beobachtungen von Zeit, Welt, Leben und wechselnder Umwelt ist Legion. Wenn dem Buch etwas vorgeworfen werden könnte, sind es eher als Begrenztheit, Borniertheit, Enge, Teiloptik sein Übermaß an Schicksalen, die Hereinnahme auch noch der kleinsten, irgendwo die Zeit und ihre Geister aussprechenden Details und Aberrationen. Da gibt es so gut wie alle Variationen des Miteinanderlebens um die Stunde Null nach 1945, Betrug, Hochstapelei, Schwarzmarkt, Anbiederung bei den Siegern, falsche und echte Entnazifizierung, pittoresken Konservatismus und Adelsstolz. Es gibt die ganze Palette der Wiederaufbauformen, für die der Zustrom von 15 Millionen Ostflüchtlingen nicht die unwichtigste seiner Bedingungen gewesen ist. Durch ihre erzählerische Methode, sich zuerst und zuletzt an sprechende Ereignisse zu halten, ehe Gedanken und Essenzen hinzutreten, ist Christine Brückner vor falschen Phantasien gesichert.

Es wird schwer sein, nach einem solchen Romankoloß

(das zehnte und elfte Buch der Autorin, wenn von uns richtig gezählt wurde), der die Verfasserin auf die Höhe ihrer Produktivität gebracht und ihr die Verwirklichung in einem objektiv zeitwichtigen Thema gesichert hat, noch einfach so »weiterzuschreiben«. Aphorismen, Lebensweisheiten, am ehesten, von denen schon diese Erzählung absichtslos voll ist. Die Hauptperson Maximiliane hat für die Mehrzahl solcher leichtgeflügelten Worte im Buch Urheberrechte. Dennoch ist sie kein Held dieses Buches, sondern eine Frau mit ihrem Widerspruch, »aus Keuschheit und Sinnlichkeit« gemischt, und wie ihr jüdisch-amerikanischer Stiefvater vorschlägt: eine Simplizia Simplizissima, für die die Erzählerin Christine Brückner das Wort genommen und die ebenso fingierte wie wirklichkeitsfeste Biographie geschrieben hat.

(Die Welt, 12. 10. 1977)

WERNER ROSS

Eine charmante Mutter Courage

Der ominöse Titel *Jauche und Levkojen* konnte, vor zwei Jahren, nicht verhindern, daß Christine Brückners auf Fontanes Spur geschriebener pommerscher Adelsroman ein Erfolg wurde. Die Kritiker waren freundlich, die Leser begeistert. Das von ihr erfundene Gut Poenichen fing an, ein Eigenleben zu führen. Ihre Maximiliane von Quindt, Tochter des Herrn von Quindt sowohl wie des märkischen Junkers Dubslav von Stechlin, wollte weiterleben, und so kam die Fortsetzung *Nirgendwo ist Poenichen* zustande, gleich mit hoher Startauflage für alle Poenichen-Liebhaber.

Christine Brückner, charmant und resolut, das Weibliche nie mit dem Weichlichen verwechselnd, hat auch diesen

Roman glücklich durch den eisernen Vorhang gebracht, der in der Bundesrepublik (schärfer als in der DDR) die Unterhaltungs- von der Kunst-Literatur trennt. Sie läßt ihre erzählerischen Talente nicht laufen, sondern hält sie fest am Zügel, arbeitet mit Präzision und Staccato-Stil gegen die Versuchungen an, die sich aus Fortsetzungsromanen und aus in lauter Episoden aufgelösten Lebensgeschichten ergeben. Die preußische Wesensart, die den Figuren auf den Leib geschrieben ist, setzt sich sympathischerweise auch in das Lakonisch-Aphoristische des Berichts um.

Die Erzählung selbst ist bunt. Die Flüchtlingsfrau Maximiliane schlägt sich mit ihren fünf Kindern durch die Wirrnisse der Nachkriegszeit, mit Bratheringsbude zuerst und Lastenausgleich danach, ungeschickt und tapfer, tüchtiger in der Anwendung weiblicher als in der Herstellung bürokratischer Listen auf der Schreibmaschine. Sie schleppt alle Lasten einer kinderreichen und ehemannslosen Mutter wie eine neue Mutter Courage, aber sie hat auch das Gottvertrauen, das bei soviel Kinderverlust-Risiken unentbehrlich ist, und nimmt außer dem lieben Gott auch ihre die Männer schwachmachenden Kulleraugen zu Hilfe. Auch als Mutter erlaubt sie sich ein paar tiefergehende Bindungen und die eine oder andere Affäre.

Nirgendwo ist Poenichen heißt dieser Roman, weil er die latent vorhandene Neigung der Maximiliane (und der Christine), irgendwie und irgendwo doch wieder ein Reich der Seele, eine Heimat mit Wurzelboden, eine heile Welt zu finden, energisch durchstreicht. Die Pommernreise wird als Polenreise absolviert, kaum noch ein Wiedererkennen; dem vertriebenen Landsmann, der ihr alter Lehrer war, antwortet Maximiliane lapidar auf seine Entwurzelungsklage: »Wir sind keine Bäume, Herr Kreßmann. Wenn wir am selben Platz bleiben sollten, hätten wir Wurzeln und keine Beine.« Dann fällt ihr Blick allerdings auf die Beinprothese und den Stock des Lehrers Kreßmann, und die Kulleraugen müssen um Entschuldigung lächeln.

Die Technik und Taktik der Christine Brückner erinnert mich in diesem Roman nicht nur an den alten Fontane, sondern auch an gewisse angelsächsische Muster: an deren in langer Tradition eingeübte Kunst, rundum prächtige Menschen doch mit soviel Schwächen auszustatten, daß sie gleichzeitig liebenswert und glaubwürdig erscheinen. Auch Handlungen müssen nach solchen Prinzipien ausgewogen werden, und so schließt denn Maximilianes Laufbahn, ohne weitere Fortsetzungen zu erheischen, und nach Versorgung aller Kinder, mit der Rolle als Empfangsdame in dem Schloßhotel, das im alten fränkischen Familienbesitz der Quindts eingerichtet worden ist. Dort wird sie, so hoffen wir, noch viele von den kernigen Sprüchen von sich geben, die ihr Christine Brückner in den Mund gelegt hat, vielleicht auch noch einmal mit ihren Kulleraugen einen älteren Gast beglücken.

Für die Leser des Jahres 1977 ist Maximiliane insofern ein erfreuliches Unikum, als sie zwar mit der Last ihrer Kinder und ihres Haushaltsrestes ihres Weges zieht, aber ganz ohne das Problemgepäck, das heutige Autoren ihren Helden gleichmütig und gleichmäßig aufzubürden pflegen.

(Süddeutsche Zeitung, 22./23. Oktober 1977)

CLARA MENCK

Hommage à Theodor Fontane

»Das Leben ist nicht blos ein Levkojengarten«, schrieb Theodor Fontane an seine Frau. In der guten Landluft aus Jauche und Levkojen sei »erstre prävalirend, und giebt ein Bild aller Dinge«. Aus dieser Briefstelle hat Christine Brückner den Titel *Jauche und Levkojen* genommen, als ersten Teil einer Chronik, die am Ende des Ersten Weltkriegs einsetzt und als *Nirgendwo ist Poenichen* bis nahe an die Gegenwart führt. Fontane ist bei ihr auch sonst gegenwärtig und wird nicht nur ausdrücklich zitiert. Der erste Roman ist sogar eine liebevolle Hommage an ihn durch die Gestalt eines alten pommerschen Freiherrn von Quindt, der als direkter Nachfahre des märkischen Stechlin konzipiert ist, durch und durch freundlich, sarkastisch bis zum Zynismus und sehr einsam. Die »Quindt-Essenz«, mit der er seine Umwelt schockiert, macht um 1933 zum noch größeren Entsetzen dieser Umwelt auch nicht vor dem Führer und seiner Bewegung halt: Christine Brückner schwimmt mit ihrem Buch bewußt gegen den Strom und erinnert an eine der gar nicht so seltenen, aber gern vergessenen Fälle eines adligen Konservativen, Bismarck- und Hindenburg-Verehrers, der völlig immun gegen den Nationalsozialismus war. Immun auf andere, rein gefühlsmäßige Art ist auch die Enkelin Maximiliane, die allmählich zur Hauptfigur wird und 1945 mit viereinhalb Kindern auf dem Treck nach Westen zieht. Der Großvater zählt sie zum Typus der Nestflüchter, aber sie verkörpert ihn in so robuster Gesundheit, daß bei ihr weder die Ehe mit einem Bilderbuchnazi (übrigens der einzig wirklich schwachen Figur des Romans) noch die Schwärmerei für Gedichte von Löns bis Münchhausen Spuren hinterlassen.

Für die Verfilmung der Serie, die seit längerer Zeit versteckt zwischen den Zutaten der Regionalprogramme in der Vorabendzeit läuft, war es ein Glücksfall, daß für die Rolle des alten Quindt noch, kurz vor seinem Tode, Arno Assmann gewonnen wurde, der einmal den alten Stechlin gespielt hatte. Er gibt dem Quindt eine ähnliche Authentizität und dominiert im ganzen ersten Teil, in dem Maximiliane von Ulrike Bliefert zuerst vor allem durch den Mut zur Unhübschheit auffällt. Später zeigt es sich, daß sie die völlig richtige Besetzung ist; eine neue Mutter Courage, der man glaubt, daß sie ihrer Brut alle Bedenken opfert, und die auch jetzt nie Schaden an ihrer Seele leidet, treu der »Quindt-Essenz«: »Überzeugungen muß man sich leisten können«.

(Frankfurter Allgemeine Zeitung, 7. 3. 1980)

Mein schwarzes Sofa

JOACHIM GÜNTHER

Das alte Sofa aus dem Pfarrhaus

Daß Christine Brückner, die am 10. Dezember sechzig Jahre geworden ist und mit ihrem Alter kein Versteckspiel betreibt, eine »Erfolgsschriftstellerin« ist, kann auch von ihren gelbsten Feinden, worunter besonders viel Geschlechtsgenossinnen sind, nicht mehr in Zweifel gezogen werden. So weicht die Kritik aus: »Erfolg« heißt »mittelmäßig«, heißt »Unterhaltung«. Wer die Konsequenz zöge und auch Grass, Böll, Lenz als Unterhaltungsschriftsteller klassifizierte, könnte mit solchem Urteil ernster genommen werden als etwa Peter Wapnewski, der bei seiner gnadenlosen Scooter-Jagd auf Christine Brückner seinerzeit im SFB immerhin so ehrlich war, zu gestehen, daß er nichts von ihr gelesen habe. Mit dem neuen, vielleicht zu rasch neuen Buch c.b.'s – der Produktionszwang des Erfolgsschriftstellers kann auf Autor und Leser drücken – ist aber eine bessere Möglichkeit für chymische Analyse dieser Autorin eröffnet als mit ihren dafür einfach zu lebendigen Romanen. Hier legt die Verfasserin alle Mäntel ab, sitzt auf dem (vom Pfarrhaus geretteten) »schwarzen Sofa«, redet bzw. schreibt in die Luft, was ihr einfällt, hat anscheinend keine als Netz vorausgeworfene Konzeption, sondern gibt sich mit Leib, Seele, Geist, mit Vorurteilen und Lebenserfahrungen, mit Talent und Fantasie Stück um Stück preis, nur achthabend, daß flottes Reden nicht Geschwätz wird, daß der vitale Schub ebenso wie die rationale Kontrolle nicht aussetzen.

Ein Tagebuch im genaueren Sinn ist das Ganze nicht, auch wenn es öfter Ähnlichkeit mit dieser inzwischen große Vorbilder (Ernst Jünger, Guggenheim, Th. Mann) aufweisenden Literaturkategorie hat. Es fehlt dafür ein festes chronologisches Gerüst. Autobiographie wäre aber auch nicht der rechte Begriff, obschon viel Stoff, der farblich hineinpaßt, aus dem persönlichen Lebenshintergrund (Pfarrhaustochter, Abitur, Kriegseinsatz, Studentin, Bibliothekarin, Redakteurin, freie Schriftstellerin) genommen ist. Die Konstruktion hat also keine deutlicheren Vorbilder, c. b. verläßt sich in leiser Somnambulanz auf ihr Schreibtalent, das auch ein natürliches Denktalent ist. Dabei handelt es sich nicht um eine Lichtenberg-Variation von Sudelbuch oder um Tagebuchaufzeichnungen »ohne literarischen Wert«. Die längeren wie die kurzen Passagen sind deutlich durchgeformt, nach der einen Richtung oft bis zur gerafften Erzählung, nach der anderen zu Aperçus oder Aphorismen. Zwischendurch gibt es kettenartig geflochtene Essays, die ein Thema in Fortsetzungen verfolgen wie die poetische Studie über Klytämnestra, der sich c. b. als später Advokat nähert; ein Glanzstück des ganzen Buches dabei die große Rede Klytämnestras an den toten Agamemnon.

Das alles führt aber nicht dazu, daß Wissenschaft, überhaupt deutlicher intellektueller Oberbau ins Gebäude kommt. Reden und Denken bleiben elementar, deutlich im Rahmen eines persönlichen Stils, gut gedacht, ohne je überdacht zu werden. Bildungshorizonte werden immer wieder von den Unmittelbarkeiten des heutigen Lebens eingeholt und begrenzt. Der Zeithintergrund unseres Jahrhunderts schimmert mit vielen Einzelheiten durch die Erzählung wie durch die Reflexionen. Die wilhelminisch geprägte Vatergeneration wird ebenso gespiegelt, verteidigt, kritisiert wie die Enkelgeneration mit ihrem Emanzipationsdenken und ihrer Wohlstandslibertinage.

Der persönliche Status der Autorin (zweimal verheiratet, kinderlos, beruflich selbständig) eignet sich dabei gut für eine vermittelnde Rolle, die kritisch sowohl nach hinten wie nach vorn agiert, beides aber nicht ätzend, sondern liebend tut. Liebe ist überhaupt der dominierende Affekt dieser Aufzeichnungen, Weltliebe, Menschenliebe, Tierliebe, Gottesliebe. Daß Christine Brückner aus einem ländlich waldeckschen Pfarrhaus kommt, hat ihr eine klare christliche Religiosität erhalten, die inzwischen durch Reife und Lebenserfahrungen abgesichert wurde. Darin liegt ein natürlicher weiblicher Konservatismus, wie ihn Männer aus solcher Herkunft und Umwelt viel seltener bewahren. In ihm dürfte auch die Hauptursache für die Wärme zu suchen sein, die die Aufzeichnungen sogar noch in den heikelsten thematischen Zusammenhängen (Ehe, Emanzipation, Sozialismus, Vaterlandsgefühle, Krieg–Frieden usw.) ausstrahlen. Dennoch ist keine Spur Pietismus oder Quäkertum eingemischt, überhaupt keine Vordergrundsreligiosität, die nur das Bewußtsein mit Weltverbesserungstendenzen auflädt. Es ist ein grundmenschliches, manchmal auch in Allzumenschliches abtreibendes Stück Gegenwartsliteratur. Solch Allzumenschliches macht sich zuweilen in Eitelkeiten wie in Unsicherheiten, nie aber in Bösartigkeiten geltend. Auf die Poenichen-Romane und ihre Verfilmung wird etwas zuviel zurückgeblendet. Die eigenen Vorlesungsreisen spielen mitunter eine zu breite Rolle. Daß man Pen-Vizepräsidentin geworden ist, interessiert inzwischen nicht mehr so sehr. Aber das alles und besonders die vielen sinnfällig festgehaltenen Ferienerlebnisse (Ischia, Bornholm, Ägina, Hvar, Juist, Patmos – es sind besonders gern Inseln) machen das Buch bunt, geben ihm Stoff, kleinen und großen, geographischen und geschichtlichen, rücken es, was die Seite des Gefesseltwerdens betrifft, an die Erzählungen der Autorin heran.

Christine Brückner, die mit ihrem ersten Roman, den manche immer noch für ihren »besten« halten, Bertelsmann-Preisträgerin war, hat trotz aller Erfolgsschriftstellerei immer wieder auch Kummer mit ihren Verlegern gehabt. Inzwischen sind vierzehn Bücher von ihr auf dem Markt, und dieses hier ist das fünfzehnte. Ein Rhythmus von Erfolgswerken und Nebenwerken ist bemerkbar, das Buch dieser Aufzeichnungen dürfte eher im Wellental als auf der Kimme schwimmen. Aber für ein Weiterleben der Autorin, falls die Erfolge einmal dahinsein sollten, hat es vielleicht die besseren Chancen. Ein Buch wird wichtig, wenn man immer wieder zu ihm zurückkehrt, nicht wenn man es frißt.

»Es soll ein Merkmal der im Zeichen des Schützen geborenen Menschen, vor allem der Frauen sein, daß sie im Mittelpunkt stehen wollen ... ich muß mich bemerkbar machen, um nicht unterzugehen«, gesteht die Verfasserin und fügt an anderer Stelle solchem tapferen Bekenntnis ein »Charakterbild« hinzu, das sich nun nicht mehr auf astrologische, sondern psychoanalytische Indizien bezieht: »Von einer Verdrängung der eigenen Weiblichkeit wird man nicht sprechen können, eher von einer bewußten Zurückhaltung. Die Verarbeitungsoriginale deuten auf literarische Begabung. Zusammenhang der schöpferischen Kräfte mit religiösem Erleben. Das Streben hin zur Welt überwiegt die Weltflucht. Die Konventionalität scheint immer wieder die Produktivität einzuschränken. Eine gewisse Aggression gegen die eigene Person. Geniertheit und Überhöflichkeit, gepaart mit Minderwertigkeitsgefühlen und Mißtrauen gegen sich selbst. Übergründlichkeit und pessimistische Zweifelsucht.« – Thomas Mann hat von Brecht gesagt: Das Scheusal ist begabt. Der Satz läßt sich für c. b. umdrehen: Diese Begabung ist bestimmt kein Scheusal.

(Die Welt, 12. 12. 1981)

Christine Brückner: Mein schwarzes Sofa

Durch ihre *Poenichen*-Romane ist Christine Brückner popu-
lär geworden. Aber schon ihr allererster Roman bekam
einen Preis. Sie gehört zu den Autorinnen, denen es gegeben
ist, stellvertretend für die vielen zu sprechen, die wie sie die
schweren Nachkriegsjahre durchlebt und bewältigt haben,
ohne das, was daraus zu lernen war, ausdrücken zu können.
Hier ist jemand, dem es mit dem Leben ernster ist als mit
der Literatur; eine Frau, wie es sie in früheren Generationen,
unbedankt und unbekannt, gegeben hat, die aber heute Sel-
tenheitswert besitzt.

Wenn Christine Brückner, die eine stolze Reihe vielgele-
sener, immer wieder neu aufgelegter Bücher publiziert hat,
unter denen es manche gibt, in die ihr persönliches Schicksal
in durchsichtiger Verschlüsselung verarbeitet wurde, zwischendurch einmal nicht schriftstellert, sondern nur Aufzeichnungen macht, dann wollen auch diese nicht privat
bleiben. Ihre Leser und vor allem Leserinnen sind ohnehin
überzeugt, diese lebenserfahrene, in einem keineswegs
mehr selbstverständlichen Sinn verantwortungsbewußte
Autorin recht gut zu kennen. Denn diese Brückner-Leser
fühlten sich immer direkt angesprochen und suchten oft genug den schriftlichen Dialog mit ihr. Eine dieser Korrespon-
denzen wird jetzt mit den Aufzeichnungen *Mein schwarzes
Sofa* der Öffentlichkeit preisgegeben – das heißt: eine Reihe
von Briefen dieser Paula L. wird zitiert, nicht die Antworten
der Verfasserin; es geht in diesem Fall auch nicht um noch
so besondere Verehrerpost – es geht um Paula L.s eigenstes
Lebensproblem: eine schlimme Mutter-Tochter-Verklam-
merung.

Christine Brückner ist für solche familiären Schicksale offen. Sie erweist sich überhaupt – das bezeugen diese auf dem
unbequemen schwarzen Ledersofa gedachten und dann auf-

notierten Texte – als vorurteilslose Beobachterin und Menschenfreundin auch da, wo ihre eigenen festumrissenen Grundsätze es ihr erschweren. Ihr Zeitbewußtsein ist wach. Sie hat keine aufklärerische oder abschirmende Ideologie parat – es sei denn ihr Christentum –, sondern sie stellt sich dem, was unabweislich auf sie zukommt, mit ihrem »gesunden Menschenverstand«, der oft verblüffend funktioniert. Sie hat in Darmstadt die Ausstellung »Liebe 80« gesehen und äußert sich unsentimental dazu; hier wie bei den unbekleideten Demonstranten in Zürich fällt ihr auf, daß heutzutage die Nackten ihre Gesichter zu verbergen suchen, nicht ihre Schamteile. Zur Wohnraumbeschaffung hat sie praktische Ideen; der Plan, daß auch Altgewordene in einer Wohngemeinschaft vielleicht glücklicher existieren könnten, ist ihr lieb.

Das dicke, genau 365 Seiten starke Buch ist wohl nach Verlegerwünschen zustande gekommen. In ziemlich willkürlichem Gemisch finden sich darin die Notizen aus dem Alltag, eine Menge werkinterpretatorisches Material, bis zu mißlungenen oder doch zunächst abgelehnten Romanen, einem nicht aufgeführten Theaterstück. Ausformulierte Aperçus neben Tagebuchsplittern. Reise-Feuilletons. Ab und zu ein Gedicht, darunter das lange zusammenfassende mit dem Titel »Meine Biographie«, Zeilen, die aus dem Kern einer sich selber in Frage stellenden, sich immer wieder selber erziehenden Natur kommen: »Nicht zu früh seßhaft! Nicht zu früh/ Besitz! Die Anschrift häufig wechselnd,/ der Sicherheit nicht trauend, immer/ auf der Suche nach –« Dieser Gedankenstrich im unvollendeten Satz besagt viel. Es scheint, wir tun jemand, der sich auch banal konservativ geben kann, allzu leicht ab. Es steckt Originalität in dieser Frau. Möglicherweise ist sie durch ihre Breitenerfolge um andere literarische Bereiche gebracht worden. Einige Male erwähnt sie ihre Enttäuschungen über veränderte Figuren, abgelehnte Themen, andere Buchtitel. Sie gibt in solchen Fällen allzu leicht nach und grämt sich hinterher. Sie gesteht viele

Schwächen, während die Leute sie aufgrund ihrer Bücher für so stark halten.

Sie kann unerwartet sachlich sein in wesentlichen Erkenntnissen: »Schreiben ist ein Vorgang des Vergessens; ich entleere mein Gedächtnis.« Sie kann in der Kladde mit Understatement sagen: »Ich schreibe mich so durch.« Noch vor dem eigentlichen Alter faßt sie Altersweisheiten ins Auge: »Man will nicht mehr die Welt ändern; man weiß, nur sich selbst kann man ändern. Man hat gelernt, zu leben und zu überleben ... Jetzt müßte man lernen, das Leben allmählich aufzugeben ...«

Es treten immer neue Zweifelnde, Ratsuchende an sie heran. Sie sammelt Konflikte und staunt heimlich über die eigene glückliche Ehe. Tatsächlich ist diese Harmonie zweier schreibender Kollegen, die mit den Jahren offenbar immer inniger, auch selbstverständlicher wird, nahezu märchenhaft – besonders weil ja die Frau es ist, die jeder kennt, die immer Erfolg hat nach außen. Dieser humorvolle, beruflich zurücktretende Otto Heinrich Kühner kommt sehr oft vor, er wird bedichtet und gehört unzertrennlich dazu – trotzdem behält seine Frau ihre eigenen Schriftstellernöte, ihre Frauensorgen und -ängste, er läßt ihr genug Raum. Wie sie es darstellt, ist sie allein die Schwierige, er ihr Halt und ihre Erholung. Dabei käme sie nie darauf, daß dies eigentlich der Norm widerspricht, sie selber fast den männlichen Part in der Ehe hat. Jedenfalls in der üblichen Intellektuellen-Ehe. Das Spielerische, das nicht in ihrem Naturell liegt, bringt der Mann ihr zu, sie hat ihren richtigen Partner gefunden und altert mit ihm; fast romanhaft, doch gerade das wirkt vollkommen wahr.

Die Verteidigungsrede der Klytämnestra an den ermordeten Agamemnon steht mitten in all dem Tages- oder Stellungnahme-Bündel als Fremdkörper aus nichtgelebter Verbitterung – oder aus nie weitergetriebener literarischer Experimentierfreude. Wenn es sonst um große Dichtung geht oder sie auf den Spuren von Thomas Mann in Davos ist, scheint das Angelesene die persönliche Ausdruckskraft eher zu behindern. Oft blättert man ungeduldig weiter, weil das Ganze unergiebig wird; für eine Sammlung wie diese ist es einfach zu viel. Für jeden etwas? Da liegt wohl eben die Gefahr für eine Begabung, die ihrer selbst nie sicher ist. Dies einzugestehen, in beinah rührenden Erlebnismomenten festzuhalten, ist eine der leisen Überraschungen, um deretwillen sich die Lektüre dann wieder lohnt. Daß sie eine Schlafgestörte ist und bleibt, empfindet Christine Brückner, die bibelfest Erzogene, »als Strafe«.

Man sollte wahrscheinlich nicht wie die vielen ratsuchend zu ihr kommen, sondern besser tröstend. – Oder soll man sie fordern? Ihr mehr abverlangen, als sie anerkannt leistet? Es gibt genug Stellen in diesem Sofabuch, die dazu reizen.

Ein Versäumnis des Ullstein Verlags darf nicht ungerügt bleiben: die 365 Seiten unterschiedlichster Textfragmente bedürfen dringend eines Registers! Wie heute – lieblos gegenüber dem Leser, der mit einem Buch zu leben gedenkt – üblich, fehlt das völlig. Etwas wiederzufinden ist seltene Glückssache.

(Sender Freies Berlin, 28. 7. 1982)

Der Kokon
oder Die Verpuppung der Wiepe Bertram

HARRY BUCKWITZ

Meilen am Zürichsee, am 27. 6. 1983

Liebe, verehrte Christine Brückner –
Endlich kam ich dazu, Ihre Wiepe Bertram zu lesen. Ich bin von der Komödie ganz ungewöhnlich angetan. Wäre ich noch Leiter eines Theaters, würde ich meine unvergeßliche Stefani Hunzinger sogleich um die Uraufführungsrechte bitten. Oder sind diese erfreulicherweise schon vergeben? (...)

Und nun erlauben Sie mir, daß ich Ihnen einige Einzelheiten, d. h. Eindrücklichkeiten meiner Lektüre darlege, wobei ich hoffe, daß Sie auch einige kritische Vorbehalte gutmeinend einschätzen werden.

Zunächst: es ist Ihnen das Schwerste, nämlich eine richtige Komödie geglückt: Das Hintersinnige verbindet sich mit dem Humorvollen, eine Balance ist gefunden, die das Interesse wach hält, obwohl Sie auf alle kalkulierten, dramatischen »Verknotungen« verzichten.

Es ist eigentlich eine eher epische Komödie mit äußerst eingängigen, amüsant-intelligenten Sentenzen und einigen Altklugheiten, die man noch eliminieren könnte.

Ich finde auch die von Ihnen vorausgesetzten Akt-Titel so wirksam, daß ich sie unbedingt erscheinen lassen würde. Eventuell als Projektionen auf dem Zwischenvorhang.

Mit Ihrer Liebe zum ›Seidenen Schuh‹ haben Sie einen besonderen Nerv bei mir getroffen. Wenn Sie ihn »den letzten großen Mystiker der Entsagung nennen«, so ist das eine wahrlich treffsichere Apostrophierung. Die beste Inszenierung, die ich von dem Stück sah, war die Arbeit von Lietzau am Residenztheater München. Ich hoffe noch immer, daß mir das Werk von einer kompetenten Bühne angeboten wird.

Besonders gut haben mir einige lustige Einfälle von Ihnen gefallen: Vater Wiepe im Stresemann begraben, *mit* Taschenuhr!, Boskop-Äpfel im Sarg, oder, wenn Barbara sagt, »er war doch kein Pharao«.

Der Regisseur Markus scheint mir manchmal etwas zu »hehr«, zu gestelzt zu sprechen. Auch der 3. Akt könnte etwas gestrafft werden. Und gibt es für den Schluß nicht noch eine überzeugendere »Kokonisierung« (wenn es dieses Wort überhaupt gibt) als diese doch nur akustische Untermalung mit dem Käfer- und Larven-Gebrummel? Wäre nicht diese Kokonisierung deutlicher, wenn sich Wiepe ganz still, fast manisch in ihr Bett verkriechen und sich mit immer mehr Tüchern und Hüllen »mumifizieren« würde. Ihr letzter Satz »mich friert« würde seine Doppeldeutigkeit behalten.

Aber, liebe Christine Brückner, das sind Einwände ganz sekundärer Art. Jeder Regisseur wird seine Siebengescheitheiten auch an Ihrem Stück erproben. Sie müssen sich mit ihm noch *vor* Beginn der Proben unterhalten, seiner Konzeption mit gutem Gewissen zustimmen!

Nun bitte ich Sie noch, mir unbedingt Ihr nächstes Projekt über die ungehaltenen Reden ungehaltener Frauen (welch ingeniöser Einfall!) zuschicken zu lassen. Ich will an Ihrem Schaffen von nun an etwas beteiligt bleiben! (...)

Ihr Harry Buckwitz

Einer Witwe zweites Leben

Sie darf in einer englischen Kriminalstory die skurrile, in Lehárs Operette gar die lustige Hauptrolle spielen, aber in Wirklichkeit muß sie sich mit einer wenig beachteten Randexistenz begnügen: die Witwe. Als grüne bespöttelt und als schwarze gefürchtet, spürt sie, wenn sie es wagen sollte, vom sozialen Stereotyp der Ewig-Trauernden abzuweichen, auf die männliche Phantasie sie festlegt, die Sanktionen der Gesellschaft in Form der üblen Nachrede und des bösen Witzes. Bertolt Brecht hat in einer seiner schönsten Kalendergeschichten, der *Unwürdigen Greisin*, mit viel Sympathie vom Schicksal seiner Großmutter väterlicherseits erzählt, die sich nach dem Tode ihres Mannes von der Familie ab- und sich selbst zuwandte. Am Ende heißt es: »Sie hatte die langen Jahre der Knechtschaft und die kurzen Jahre der Freiheit gekostet, und das Brot des Lebens aufgezehrt bis auf den letzten Brosamen.«

Christine Brückner, die seit ihrem Roman-Debüt 1954 *Ehe die Spuren verwehen* in großer Regelmäßigkeit ihre Bücher veröffentlicht, die ihr begeistertere Leser als Kritiker eingebracht haben, hat spätestens mit ihrem letzten Werk *Wenn du geredet hättest, Desdemona. Ungehaltene Reden ungehaltener Frauen* ihr literarisches Interesse für die Probleme ihres Geschlechts unter Beweis gestellt. Es hat sie wohl nun auch zu ihrem ersten Bühnenstück geführt. *Der Kokon oder Die Verpuppung der Wiepe Bertram* – nach ihrem Roman *Der Kokon (Die Zeit der Leoniden)* aus dem Jahre 1966 – ist am 2. Juni 1983 in Aachen uraufgeführt worden. Die Baumgarten-Direktion des Zoo-Theaters, immer auf Ausschau nach Geeignetem für ihr Programm, hat hier sogleich zu- und, wie gern bekannt sei, nicht daneben gegriffen.

Der Vorhang hebt sich vor einer vertrauten Szene: Eine Frau feiert ihren fünfzigsten Geburtstag, doch wird ihr wie einer bereits Toten gratuliert. Denn die Glückwünsche gelten nicht ihr, sondern der Witwe des renommierten Jura-Professors, der reichen Schwägerin, von der man finanzielle Unterstützung erpressen will, der Großmutter, die die Tochter, unter dem Vorwand der Enkel, für eigene Zwecke einzuspannen sucht. Es folgt Wiepes schwieriges Unternehmen, sich ihr Umfeld nach eigenen Vorstellungen einzurichten: Sie räumt ab, um aufzuräumen. Sie will unter allen Umständen den gegenständlichen wie verbalen Umstellungen ihres toten Mannes entkommen und schießt dabei – vielleicht – über das Ziel hinaus.

So nebenbei stößt sie dabei durch einen Brief auf eine ihr noch unbekannte Liaison des Spezialisten für Familien- und Scheidungsrecht mit der Sekretärin seines Instituts, was sie zwar verletzt, aber von ihr souverän behandelt wird. Dann, in der Pause sind plötzlich zwei Jahre vergangen, werden erste Erfolge sichtbar: Spiegel ohne Glas, Vogelkäfige ohne Türen, Fenster ohne Vorhänge haben die Wohnung gründlich verändert. Sie hat ihre Lieben zu Gast, zu denen seit einiger Zeit auch ein neuer Freund gehört, der freilich Dramen nicht nur auf der Bühne zu inszenieren weiß.

Im letzten Akt, Wiepe befindet sich im gleichen Alter wie Bertram, als er starb, merkt sie, wie allein sie ist: Zum ersten Mal stellen sich freundliche Gedanken an ihren Gatten ein. In einem höchst suggestiven Schlußbild, dem besten, was an dieser Stelle seit Jahren zu sehen war, nimmt sie ihren Abschied von der Welt. Man erinnert sich des Titels, über den das Lexikon folgende Auskunft gibt: »Kokon (frz. von coque – Eierschale) Gespinsthülle, mit der sich viele Insektenlarven beim Verpuppen umgeben; oft sind Fremdkörper wie Erde, Holzspäne u. a. mit versponnen« (Brockhaus).

An dieser »Komödie in vier Akten« besticht die Sicherheit des Zugriffs, die Originalität der Gestaltung, obwohl man der Autorin ungeübten Umgang mit der neuen Gattung spürt: So leidet der dritte Akt an Bewegungsanämie und hätte fast ganz fortfallen können. Das Wort dominiert die Tat, was legitim ist, doch lösen sich, was nicht erlaubt ist, hie und da die Dialoge von den Personen, schweben frei im Raum und gefallen sich in sententiöser (Schein-)Klugheit.

Egon Baumgarten hat in bewährt-solider Weise Regie geführt; ihm kann man nur die fehlende, aber notwendige Kürzung des dritten Aktes ankreiden. Lothar Baumgarten hat ein hübsch passendes Bühnenbild geschaffen, dessen auffällige Veränderung die seelischen Prozesse der Heldin spiegeln. Die Schwäche dieser Aufführung liegt darin, daß Hannelore Zeppenfelds Darstellungsmöglichkeiten beschränkt sind: Sie kommt einfach über einen bestimmten Sprech- und Ausdruckston nicht hinaus; alles andere kann man bestenfalls ahnen, ohne daß es Gestalt gewänne. So bleiben viele Effekte dieses Librettos für schauspielerische Virtuosität unausgeschöpft. Das Ensemble schlägt sich wakker bis gut: Lieselotte Quilling ist eine quengelig-neidische Schwägerin, Christa-Maria Wetsch eine nette Schweizerin mit Vaterkomplex und Natascha Retschy die familienbesessen-egoistische Tochter Jenny. So bietet Christine Brückner, die am Premierenabend anwesend war, mit *Kokon* den Zuschauerinnen die Vorstellung eines zweiten Lebens, den Zuschauern aber rät sie, in ihrer Ehe noch zu ändern, was zu ändern ist. Ermunterung für die einen, Belehrung für die anderen: Herzlichen Beifall gab es von beiden.

(Frankfurter Allgemeine Zeitung, 30. 4. 1984)

Wenn du geredet hättest, Desdemona

WALTER JENS

Freudenhaus statt Totenhaus

»Was ich tue, ist wie beten. Wenn ich grabe, wenn ich säe,
wenn ich ernte. Und wenn ich ein Zicklein schlachte, dann
ist das auch beten . . . Wenn man auf das Wort des Herrn hören will, muß man nicht auf der Kirchenbank sitzen, zu mir
spricht er auch in der Küche«: Katharina, die geborene von
Bora, liest ihrem Ehegemahl, dem berühmten Doktor Luther zu Wittenberg, die Leviten. Er: ein Mann, dessen
Stimme bis nach Rom und Madrid dringt. Sie: eine Frau, deren Worte über die eigenen vier Wände nicht hinauskom-
men – und wenn, dann nur, weil der Herr und Meister es
will: *Da, schaut sie an, meine Käte, wie tüchtig und züchtig sie ist.*
   In ihren »ungehaltenen Reden ungehaltener Frauen« setzt
Christine Brückner das jahrhundertelang übliche Bezugs-
Verhältnis zwischen Männern und Frauen voraus, um es danach in seiner Absurdität sichtbar zu machen. Sie stellt die
Dinge also nicht auf den Kopf, sie rückt sie zurecht, beginnt
nicht mit einem salto mortale, *aufgepaßt, Feministinnen*, sondern setzt mit einer nüchternen Bestandsaufnahme ein: Erst
kommen die Gebote, dann die Verstöße dagegen.
   Duck dich, Weib, vertraue dem Vater im Himmel und
dessen Stellvertretern hienieden, den Königen, Ministern,
Beamten, Generälen, Priestern und gekrönten Dichtern,
verehre im Staatsoberhaupt zugleich denjenigen, der Herr

im Hause ist, und vertraue einer Wertordnung, in der dem »nachgeordneten Geschlecht« die Würde von Dienerinnen zugewiesen wird – das sind die Gebote, denen sich Christine Brückners elf Frauen versagen.

Elf Frauen. Elf couragierte, witzige, traurige, sanfte, haßerfüllte, niedrig geborene und hoch angesehene Damen. Keine Heroinen, sondern Menschen in ihrem Widerspruch. Auch eine Säuferin, eine Hure, eine vermeintliche Terroristin, eine Ehebrecherin und eine Mörderin sind mit von der Partie. Dazu und darunter eine ganze Reihe Frauen, denen es eher auf verschwiegene Komplizenschaft mit den Männern als auf offene Konfrontation und Gründung einer Weibergemeinschaft als des Guts aller Güter ankommt: »Ich liebe den jungen Phaon, Ihn zu erlangen, hätte ich euch alle hingegeben, euch, meine Mädchen!« – mit diesen Worten schließt ausgerechnet eine Sappho auf Lesbos die Abschiedsrede an ihre Mädchen.

Ein sprachgewaltiger Chor von Frauen – jede eine Solistin! – stellt sich in diesem Buch vor. Legendäre Figuren (Maria und Klytämnestra), Gestalten der Literatur, wie sie Aristophanes und Petrarca, Shakespeare und Fontane erfanden (oder erfunden haben können), schließlich Personen aus Fleisch und Blut, Sappho und Goethes Christine, Katharina Luther, Gudrun Ensslin und, nicht zuletzt, Christine Brückner selbst, die dem pharisäischen Fräulein von Meysenbug eine Standpauke hält.

Sie alle parlieren nicht aus heiterem Himmel drauflos, sondern bringen, was sie denken, fühlen und leiden, in einer bestimmten Situation, dem Moment endgültiger Erkenntnis, auf den Begriff. Immer geht es um Situationen, die Gelegenheit geben, das Plädoyer eines ganzen Lebens zu halten: *Einspruch, Euer Ehren*, ein einziges Mal! Jetzt bin ich an der Reihe!

Und wie das geschieht – mit wieviel Schalksinn, Einfallsreichtum und amüsantem Umkehren aller Verhältnisse! Und immer gegen den Strich gebürstet: Wo's hochpathetisch enden müßte, nach der Abschiedsrede der Desdemona, da lacht man über eine dicke nackte braune Männerbrust, und wo's vulgär und grob zugehen sollte, da liefert die Rednerin, in diesem Fall die athenische Hetäre Megara, ein rhetorisches Kunstwerk ab, das in seiner Kniffligkeit, Grazie und Logik selbst dem großen Aristophanes zur Ehre gereichte: Frauen, so die Argumentation der liebeserfahrenen Frau, dürften, wollten sie den Krieg verhindern, ihren Männern den Geschlechtsverkehr nicht verweigern, sondern müßten sie, im Gegenteil, lüstern machen, verführen und zwingen, die Kräfte im Haus statt auf dem Schlachtfeld zu verausgaben: »Das eine sage ich euch: Nie hat ein Mann, der mit einer Hetäre schlief, von Tyrannei gesprochen. Die Wörter Schlacht und Krieg dürfen bei uns nicht ungestraft erwähnt werden. Statt dessen wird gescherzt und gezecht bis zum Hahnenschrei, dann schlafen sie friedlich, mit ermatteten Leibern, in den Tag hinein.«

Das Freudenhaus als Widerpart des Totenhauses; Schminke und Lippenstift als Elemente, dienlich, die Vergabe von Orden zu verhindern; Liebe als Inbegriff des Lebens: »Macht den Männern klar, daß ihr nicht überleben wollt. Ihr wollt in Frieden leben oder gar nicht.«

Wer immer hier redet: Jeder hat etwas zu notieren, das Mädchen so gut wie die erfahrene Frau, was von den Männern offenbar vergessen worden ist: daß Sex, auch im Alter, ehrenwerter als Spintisieren im Wolkenkuckucksheim und daß Besorgen von Kamille, Wolle und Äpfeln frommer sein kann als das längste Gebet. *Jetzt kommen wir*, heißt die Devise, und bringen dorthin Licht, wo bisher Finsternis war, das gilt für das Größte so gut wie das Kleinste.

Wenn Doktor Martinus, erklärt die geborene Bora, von *unserem* als *seinem* Haus spricht, dann ist das nicht minder bezeichnend als die Tatsache, daß der Reformator, wenn er denn noch einmal wir oder uns sagt, dort, wo es um Müh' und Arbeit geht, mit diesen wir immer seine Frau meint: »Käthe, wir müssen mal wieder Bier brauen! Käthe, wir

müssen das Dach ausbessern!« Wir müssen, das soll heißen:
Tu du's, Katharina, brau das Bier, laß das Dach flicken!

In der Tat, man sieht sie vor sich, leibhaftig und in voller
Präsenz, die ungehaltenen Frauen Christine Brückners: elf
Damen, die deshalb so glaubhaft reden, weil ihre Eigenart
nur angedeutet, aber nie historisch und philologisch genau
imitiert wird: Dafür, gottlob, redet die Autorin, während
ihre Damen sprechen, zu viel dazwischen und ist, in Masken
schlüpfend, immer dabei!

Das alles heißt nun freilich nicht, daß der Leser in jedem
Detail eines Sinns mit den Ungehaltenen ist – im Gegenteil!
Ich, zum Beispiel, möchte den schlafenden Luther gegen
seine Eheliebste verteidigen, möchte ihr, in seinem Namen,
entschieden die küchenlateinische Anrede »Doctorus« un-
tersagen und möchte, im Zwiegespräch mit Käthe, der »Sau-
märkterin«, mit Nachdruck betonen, wie freimütig sich gerade Luther über irdische, der Ehefrau am Herzen liegende
Fragen ausließ, die Sexualität allen voran: »Ich spüre nicht
viel von Liebe, ich bin mit Predigen überladen.« Kurzum,
der Leser ist gehalten, Widerspruch anzumelden, so oft's
ihm gefällt – im Fall der Oberstallmeisterin Stein etwa, die
am Ende denn doch gedemütigter als die Vulpius war: Ihr,
Charlotte, hatte Goethe sich feierlich anverlobt, ihr und
ihrem Sohn gegenüber gedächte er, ließ er wissen, zeitle-
bens seine Pflicht zu erfüllen: »Laß uns keinen anderen Gedanken haben als unser Leben gemeinsam zu enden.«

So betrachtet liegt hier ein Buch vor, dessen Reiz nicht
zuletzt darin besteht, daß sich der Leser gezwungen sieht,
Stellung zu nehmen: Einspruch, Frau Brückner! Einspruch
im Namen Charlottens, die sehr wohl ein Recht dazu hatte,
den feist und schreibfaul gewordenen Goethe aufzufordern,
er möge sich gefälligst entscheiden: freie und unbürgerliche
Liebe irgendwo in der Welt oder geheimrätliches Gehabe
im Spießernest Weimar – aber bitte nicht beides zugleich!

Einspruch im Namen Luthers, der seine Käthe nicht nur
des Witzes, sondern auch des Respektes wegen gern als

»Gnädige Frau« und »Eure Gnaden« titulierte! Einspruch auch im Namen der Angehörigen Gudrun Ensslins gegen die imaginäre Stammheimer Schmährede, die, anders als die übrigen Monologe, nicht *eine Frau* spricht, die das Fazit ihrer Existenz zieht, sondern *der Rest einer Frau*.

Dürfen die anderen zufrieden sein mit der Gedankenfülle, dem Witz des Parlando, der zermalmenden Rhetorik, über die Christine Brückner sie verfügen läßt, so kommt die eine Gudrun Ensslin zu kurz, weil sie, in der Art ihres Redens, mehr Typ ist als Charakter, mehr abgestempeltes Wesen als Individualität: Darum ist es wichtig, daran zu erinnern, daß die zarten, sanften, behutsamen, modernen und altmeisterlichen Frauenbilder Horst Janssens auch Gudrun Ensslin mitgelten – Bilder, die, im Wechselspiel von verläßlicher Anmut der Frauen und männlicher Schein-Stärke, ein Buch bereichern, von dem sich das Auszeichnendste sagen läßt, was überhaupt, Werke der Poesie betreffend, formuliert werden kann: daß sich der Leser nicht nur zur Zustimmung, sondern auch zum Veto herausgefordert sieht.

Einspruch, Euer Ehren: Die ungehaltenen Reden, das spricht am meisten für sie, lassen das Entzücken groß sein – und die Ungehaltenheit gleichfalls.

(Stern, Nr. 48/1983 vom 24. 11. 1983)

»Quid dolet haec?« – Zur Sappho-Gestalt in Ovids *Heroiden*
und in Christine Brückners *Ungehaltenen Reden ungehaltener
Frauen* *

»Quid dolet haec? – Worüber ist sie betrübt?« In dieser un-
sensiblen Frage zeigt Sapphos Bruder Charaxus in Ovids
fünfzehnter Heroide deutlich, daß er dem Leid seiner
Schwester ohne Verständnis gegenübersteht (Ov. her. 15,
120). – In ihrem jüngst erschienenen Buch *Wenn du geredet
hättest, Desdemona. Ungehaltene Reden ungehaltener Frauen*[1]
läßt Christine Brückner weibliche Gestalten der Weltgeschichte, der Weltliteratur und der Literaturwelt zu Worte
kommen; dieses Werk erinnert nicht nur deshalb, weil es
unter anderen vier fingierte Reden von Frauen des Alter-
tums enthält, den mit der antiken Literatur Vertrauten an
Ovids *Heroiden,* sondern weil auch hier der Tenor der Reden
mehr oder weniger deutlich gegen mangelnde Sensibilität
im umfassenden Sinne, des Mannes, der Frau, der Gesellschaft, gerichtet ist.
Ovid hat mit seinen *Heroiden* eine Sammlung poetischer
Briefe verfaßt, die er einsamen und verlassenen Frauen[2] des
griechischen und römischen Mythos (z. B. Penelope, Dido,
Medea) und einer historischen Gestalt, der Dichterin
Sappho, in die Feder legt. Die Tatsache, daß Christine
Brückner auch eine Rede der Sappho an die Abschied nehmenden Mädchen auf Lesbos verfaßt hat, läßt vermuten, daß
ihr Ovids *Heroiden* nicht unbekannt waren[3]; doch das ist im
Grunde unwichtig. Ein Vergleich zwischen den zeitlich so
weit auseinanderliegenden Sammlungen poetisch-rhetori-
scher Frauen»monologe« erscheint in jedem Falle reizvoll.
Da eine Betrachtung der vollständigen Sammlungen den

* Zuerst veröffentlicht in: *Antike und Abendland* 31, 1985, S. 76–96;
hier um die Übersetzung der lateinischen Zitate ergänzt.

Rahmen dieser kleinen Untersuchung sprengen würde, seien als partes pro toto die beiden »Monologe« herausgegriffen, deren fiktive Urheberin bei Ovid und Christine Brückner dieselbe ist: Ovids Brief Sapphos an Phaon und Brückners Sappho-Rede[4], wobei diese durchaus im Vordergrund der Betrachtung steht, Ovids Werk dagegen heuristische Dienste leisten soll.

Das Corpus von Ovids *Heroiden* setzt sich zusammen aus 15 Einzelbriefen, deren letzter, *Sappho Phaoni*, trotz H. Dörries ausführlicher Studie[5] von einzelnen Gelehrten immer noch für nicht-ovidisch angesehen wird[6], und drei Briefpaaren, die Ovid wohl bei einer zweiten Auflage der *Heroiden* anfügte[7]. Die »Schreibsituation« ist jeweils die nämliche: Eine Frau ist von ihrem Geliebten getrennt und versucht, ihn zur Rechenschaft zu ziehen und gegebenenfalls zur Rückkehr zu bewegen. Manchmal läßt der Dichter seine Frauengestalten das Schreiben eines Briefes rechtfertigen (Penelope), oft aber verzichtet er darauf, wenn die Logik dabei Purzelbäume schießen müßte (Ariadne). Liebe, Schmerz und Eifersucht sind die Themen, die die Frauen zum Abfassen eines Briefes bewegen; damit gehören die Episteln der erotischen Dichtung an[8]. Die vorgegebene »Grundbefindlichkeit« der Frauen ist ihrer Geschichte, ihrer Biographie zu verdanken, die wir aus dem griechischen und römischen Sagenschatz kennen. Ovid läßt diese Frauen auch jeweils ihre Geschichte erzählen, d. h. er stellt – z. T. altbekannte – Sagen und Mythen (*Ilias, Odyssee*) aus dem Blickwinkel der verlassenen Heroine dar und erweist sich dadurch als ein ebenso versierter Mythologe wie Psychologe. Viele Einzelzüge des Mythos erhalten damit eine überraschende Nuance; was durch literarische Kanonisierung selbstverständlich erschien, wird in der Neubetrachtung von – freilich fiktiver – weiblicher Sicht her in einem dialektischen Prozeß als fragwürdig dargestellt oder durch Relativierung seiner Relevanz beraubt. Weibliche Logik versucht, männliche Logik auszustechen.

Faszinierend ist dabei oft die Spannung zwischen der Naivi-
tät und situativen Befangenheit der Schreibenden und dem
Wissensvorsprung des Lesers, der allerdings gerade durch
seine »Allwissenheit« immer wieder auf das Fiktive dieser
Briefe verwiesen wird.

Sapphos Brief fällt – als Schreiben einer historischen Gestalt – nur scheinbar aus der Sammlung heraus. In Wirklichkeit handelt es sich bei der dem Brief zugrunde liegenden
Geschichte von Sappho und Phaon nicht um eine historische
Begebenheit, sondern um eine vor allem in der griechischen
Komödie entfaltete Legende. Es gab ursprünglich einen eigenen Phaon-(Phaeton-?)Mythos[9] in der lesbischen Lokalsage, der dann mit Sappho in Verbindung gebracht wurde[10].
Ovid war auch hier hellsichtiger als seine Kritiker und nahm
das, was an biographischen Zeugnissen über Sappho ver-
streut überliefert war[11], wie jeden anderen Mythos als poetische, nicht als historische Wirklichkeit. – Die *Heroiden* sind,
wie außer den *Metamorphosen* alle Dichtungen Ovids, in
elegischen Distichen verfaßt.

Christine Brückners Frauen schreiben nicht, sie reden – bzw.
hätten reden sollen. Das im Vergleich zum Schreiben akti-
vere Reden wird explizit durch den Untertitel des Buches
zurückgenommen. Grundtenor ist nicht Liebe, wenn sie
auch eine wichtige Rolle spielt, sondern, wie schon im Titel
deutlich wird, Ungehaltenheit: ein bewußter und nirgends
kaschierter Anachronismus bei manchen ihrer Frauengestalten. Als setzte Chr. Brückner die ovidische Frauenreihe aus
dem Fundus des Abendlandes fort – ihre Sammlung ist
übrigens nicht chronologisch geordnet –, kommen bei ihr
Frauen des antiken Mythos, des Evangeliums, der »modernen« Dichtung und der Historie (zwischen den letzten beiden steht Petrarcas Laura) zu Wort. Es handelt sich dabei um
eine faszinierende Synthese von innerem Monolog und direkter, suasorischer Anrede, wobei die Adressaten eine noch
buntere Reihe bilden, als sie die Sprecherinnen darstellen:

Desdemona spricht zu Othello, Katharina von Bora bei Tisch zu Martin Luther, Sappho zu ihren Mädchen, die Hetäre Megara zu Lysistrate und den Athenerinnen, die alle als anwesend und zuhörend gedacht sind; ob Charlotte von Stein hört, was Christiane von Goethe vorbringt, ob Gott das Gebet der Maria in der judäischen Wüste hört, bleibt offen; an Tote sind die Rede der ungehaltenen Christine Brückner an die Kollegin Meysenbug und die Rede der Klytämnestra an die Bahre des Königs von Mykene gerichtet. Keinen Zuhörer als solchen erreichen Effi Briests Rede an den tauben Hund Rollo und Gudrun Ensslins Rede gegen die Wände der Stammheimer Zelle.

Daß in beide Werke Zeittypisches hineinspielt und von vornherein spezifische Unterschiede zwischen beiden Schriftstellern zeitigt, bedarf keiner besonderen Erwähnung. Weniger auffällig äußert sich die Tatsache, daß das antike Werk von einem Mann, das moderne von einer Frau verfaßt ist. Beides könnte vermutlich auch umgekehrt sein: Ovid ist ein glänzender Seelenkenner, und Chr. Brückner trägt keine feministischen Scheuklappen[12]. Auch bei Christine Brückner ist der Blickwinkel entscheidend, unter dem die einzelnen Frauen ihr Leben, ihre Geschichte, ihre Männer betrachten. Anders als bei Ovid sehen hier nicht alle Frauen »durch das Augenglas der Liebe«; gleichwohl ist das Emotionale – die Ungehaltenheit – mehr als nur ein die Rede auslösender Faktor. Weder Ovid noch Christine Brückner lassen ihre Frauen sine ira et studio sprechen. Nach wie vor, von Klytämnestra bis Gudrun Ensslin, wird die Spannung zwischen Mann und Frau, aber auch zwischen Frau und Frau, Individuum und Gesellschaft in ihren verschiedenen Bedingungen und Wirkungen facettenreich dargestellt.

Bevor wir nun die Sappho-Epistel und die Sappho-Rede etwas näher betrachten, seien ein paar Worte zur historischen Gestalt der Sappho gesagt.

Die um 617 v. Chr. geborene Dichterin Sappho, Zeitgenossin des Alkaios, genoß bereits in der Antike uneinge-
schränkte Bewunderung[13]. Von ihren Gedichten sind nur
wenige ganz erhalten; zahlreiche Papyrusfunde haben in
diesem Jahrhundert das Bild von Leben und Werk der
Dichterin bereichert und erhellt. Bekannt ist, daß sie auf
Lesbos wirkte[14]. Dort scheinen »zwischen Kindheit und
Hochzeit (. . .) die Mädchen der Obhut einzelner hervorra-
gender Frauen anvertraut und im Zusammenleben mit ihnen auf ihre häuslichen und gesellschaftlichen Aufgaben
vorbereitet«[15] worden zu sein. Ein Fehlschluß ist es wohl –
er ist für Brückners Sappho-Bild konstitutiv –, wenn man
annimmt, die Erziehung der Mädchen sei ausschließlich
musisch gewesen; einzig dem literarischen Genos ist es zu
verdanken, daß diese so häufig in der sapphischen Lyrik auf-
scheint, in der zwar Platz für Rosen und Tänze, allenfalls für
die Weberei, nicht aber für die sonstigen Pflichten ist, die
der künftigen Vorsteherin des Hauswesens zukommen. Die
Bindung zwischen Sappho und ihren Mädchen war, analog
zu den weit besser dokumentierten Freundschaften zwischen Männern und Knaben, auch erotisch geprägt[16]; doch
läßt sich aus Sapphos Gedichten nicht immer erkennen, ob
sie an eine Frau oder an einen Mann gerichtet sind. Das Liebesverlangen scheint oft freischwebend zu sein, wie in dem
berühmten Gedicht:

> Δέδυκε μὲν ἀ σελάννα
> καὶ Πληίαδες· μέσαι δὲ
> νύκτες, πάρα δ' ἔρχετ' ὤρα·
> ἔγω δὲ μόνα κατεύδω.

> Versunken ist der Mond
> und die Pleiaden. Mitte
> der Nacht. Vorüber geht die Stunde.[17]
> Ich aber ruhe allein.[18]

Über Sapphos Ruf und Ruhm bei der Nachwelt braucht hier nichts gesagt zu werden; Horst Rüdiger hat diesem Themenkreis eine ausführliche, immer noch gültige Studie gewidmet[19]. Dagegen bedarf die Verbindung zwischen Sappho und Phaon noch einiger klärender Worte, da Sappho als Gestalt in der Dichtung überwiegend in Verbindung mit Phaon auftaucht. In der lesbischen Mythologie ist Phaon ein alter Fährmann zwischen Lesbos und dem Festland. Da er einmal ein altes Mütterchen, in Wirklichkeit Aphrodite[20], kostenlos übersetzt, erhält er von ihr als Lohn eine Büchse mit Salböl, die ihn verjüngt und zum schönsten Mann macht. Wenn Sappho nun, die in der antiken Überlieferung als klein, dunkelhaarig und unansehnlich galt, mit dem Adonis der lesbischen Lokalsage in Verbindung gebracht wird, so tritt hier wohl ein mythologischer »Mechanismus« in Gang, den wir ähnlich in der Verbindung zwischen Aphrodite und Hephaistos beobachten können. Den (häßlichen) Schöpfern des Schönen (Hephaistos und Sappho) fällt der schönste Partner zu. Daß die Liebe zwischen Sappho und Phaon unglücklich bleibt, wird immer wieder neu gedeutet[21]. Sappho springt aus enttäuschter Liebe vom Leukadischen Felsen und erleidet den Tod. Wie bei Orpheus, wird auch in der Sappho-Sage eine Entrückung durch Apollon angedeutet[22]. Ursprünglich sollte ein Sprung vom Leukadischen Felsen unglücklich Liebende heilen, ihre hitzige Leidenschaft buchstäblich abkühlen; sie wurden, wenn sie durch Gunst des Windes nicht an dem Felsen zerschmettert wurden, sondern ins Meer stürzten, von bereitliegenden Booten aufgefischt und wieder an Land gebracht[23].

So unbestritten Sapphos Ruhm als Dichterin war, so spekulativ waren die Kolportagen über ihr Leben. Ihre Liebe zu Phaon wurde schon in der Alten Komödie verspottet; daher stammen die Beschreibung ihres Äußeren und der ihr nachgesagte Hang zur Nymphomanie[24]; aus der hellenistischen Philologie ist der Vorwurf der Homosexualität hervorgegangen[25]. Dadurch, daß Sappho mit der Phaon-Sage verbunden wurde, war ihr Bios interessant genug geworden, um auch später zum dichterischen Vorwurf zu werden. Für die neuzeitliche Literatur war Ovids Sappho-Brief, der erst im 15. Jahrhundert entdeckt wurde, Ausgangspunkt dichterischer Beschäftigung mit Sappho, wobei natürlich ihre Beziehung zu Phaon zentrales Thema war[26]. Daß Sapphos Name einer umfangreichen erotischen Literatur dienen mußte, soll hier nur erwähnt werden[27], ebenfalls die schon in der alexandrinischen Philologie versuchten, gutgemeinten »Rettungen der Sappho« – man nahm u. a. zwei verschiedene Sappho-Gestalten an[28] –, die man bis ins 20. Jahrhundert hinein zu erneuern für nötig erachtete.

Ovids Sappho-Brief hat wegen seines Reichtums an biographischer Information einen hohen Stellenwert in der Rezeption und Gestaltung des Sapphostoffes[29]. Tatsächlich spiegelt der Sappho-Brief – ungeachtet seiner künstlerischen Gestaltung – wider, was man in der Antike von Sappho zu wissen glaubte; selbstverständlich stützt sich Ovid auch auf autobiographische Einzelheiten Sapphos – sie hatte eine Tochter namens Kleis[30] und einen Bruder, dem sie moralische Ratschläge gab[31]. In Ovids Sappho-Brief haben wir eine Sappho vor uns, die zwar früher Mädchen geliebt hat[32], nun aber Phaon in brennender Liebe zugetan ist. Mit dem immer anerkannten hohen dichterischen Rang der sapphischen Lyrik spielt Ovid höchst geistreich in der Einleitung der Epistel, wo es um die Rechtfertigung der elegischen anstelle der sonst von Sappho zu erwartenden – auch in einem Brief zu erwartenden? – lyrischen Form geht[33]. Der Inhalt des Briefes sei kurz skizziert[34]: Sappho schreibt an Phaon, der nach Sizilien gereist ist, sie verzehre sich in Liebe zu ihm so sehr, daß sie nicht mehr dichten könne und ihr auch die Zuneigung ihrer Lieblingsmädchen nicht mehr helfe. Ihre ganze Liebe besitze Phaon (*improbe, multarum quod fuit, unus habes* her. 15, 20: Treuloser, was einst vielen Mädchen gehörte, besitzt du allein). Sie sieht in ihm einen Gott und betrachtet sich durch ihr dichterisches Ingenium trotz ihrer körperlichen Mängel als seiner würdig und erinnert ihn an die Zeiten gemeinsamer Liebesfreuden. Voll Eifersucht gedenkt sie seiner sizilianischen Mädchen und bittet Venus Erycina, Phaon zurückzuschicken. Freilich sei ihr Schicksal schon immer hart gewesen: die Eltern früh gestorben, ihr Bruder ein Tunichtgut, die kleine Tochter bereite ihr ständig Sorgen, und dazu komme noch der Liebeskummer wegen Phaon. Ihr Leid hinterlasse sichtbare Spuren, ihr sanftes Herz sei verletzlich – der Preis und die Bedingung ihres Dichtertums. Er solle kommen, wenn schon nicht, um zu lieben, dann wenigstens, um geliebt zu werden (*non ut ames, oro, verum ut amare sinas* her. 15,96: Ich bitte nicht darum, daß du liebst, sondern daß du mich lieben läßt).

Sappho erinnert daran, daß Phaon sie ohne Abschied verlassen habe und ihr Schmerz zum Gespött der Leute geworden sei. Einzig die Flucht in den Traum sei ihr geblieben, um ihr Liebesverlangen zu stillen (*ulteriora pudet narrare, sed omnia fiunt* her. 15,133: Ich schäme mich, mehr zu erzählen; aber alles geschieht). Sie habe die Grotte aufgesucht, in der sie sich oft geliebt hatten. Nach einer langen Ekphrasis berichtet Sappho von der Erscheinung einer Najade, die ihr empfohlen habe, zur Heilung ihrer Liebessehnsucht vom Leukadischen Felsen zu springen. Sie werde dem Rat der Nymphe folgen; allerdings sei es besser, wenn Phaon zurückkomme (*tu mihi Leucadia potes esse salubrior unda* her. 15, 187: Du kannst mir heilsamer sein als das Leukadische Meer). Die Tatsache, daß sie Phaon nicht zu überreden vermag, läßt sie an ihrem doch auch von Phaon geschätzten Ingenium verzweifeln. Er solle die Anker lichten; Venus und Cupido würden ihn geleiten. Wenn er aber tatsächlich – von ihrer Warte aus grundlos – vor Sappho geflohen sei, solle er ihr in einem Brief bedeuten, daß sie vom Leukadischen Felsen springen soll.

Mit außerordentlichem Geschick hat Ovid es in diesem Brief verstanden, eine Prosopopoeie der Dichterin zu entwerfen, in der die biographischen Einzelheiten, die auch anderweitig überliefert sind, nicht um- oder zurechtgebogen werden müssen, sondern sich in die kluge Disposition des Briefes ohne Schwierigkeit einfügen. Verständnisprobleme bietet der Brief auch für einen modernen Leser nicht, da keine dunklen Mythen bemüht werden, die ein gelehrt-papiernes Produkt ergeben würden[35]; Ovid zeichnet das plastische Bild einer liebenden Frau, die er wie seine mythischen Liebenden mühelos dem Leser vergegenwärtigt. Ausgespart bleiben dabei sämtliche mythologischen Züge in Hinsicht auf Phaon. Ovid verzichtet also bewußt, durch solche Komponenten Sappho den mythischen Heroinen anzugleichen. Die Erscheinung der Najade hat ihre Parallelen auch sonst in der erotischen Dichtung[36], und im übrigen bleibt der Sprung vom Leukadischen Felsen hier unausgeführt.

Wie erscheint Sappho in ihrer Eigenschaft als Dichterin in diesem Brief?

Ovid hatte hier die Aufgabe, als Dichter eine Dichterin zu imitieren. Die lückenhafte Sappho-Überlieferung läßt nicht zu, in Ovids Sappho-Brief Zitate und Reminiszenzen aus Sappho-Gedichten zu erkennen[37]; nur soviel scheint klar: es handelt sich nicht um einen Cento von loci classici der Dichterin. Zur elegischen Form, deren sich Ovids Sappho hier bedient, ist zu sagen, daß Sappho tatsächlich auch Elegien gedichtet hat[38]. Die Handhabung der elegischen Technik ist hier streng und virtuos zugleich. Es gibt viele motivische und stilistische Umschwünge, andererseits sind diese oft durch Doppelungen, die Symmetrien erzeugen, aneinander gebunden. Offensichtlich war Ovid darum bemüht, eine poetria docta darzustellen, die ihr hohes Können ihrer Liebesfähigkeit, die einer Resonanz bedarf, zuschreibt. Sie ist sehr selbstbewußt, anspruchsvoll, ja, egoistisch. Da sie Phaon liebt, kann sie auf die Erfüllung dieser Liebe um ihrer inneren Ruhe willen, die Bedingung ihres Schaffens ist, nicht verzichten. Dies läßt sich ihren Worten v. 13 f. – vor

allem in Verbindung mit den folgenden Versen – entnehmen:

> Nec mihi dispositis quae iungam carmina nervis
>   proveniunt; vacuae carmina mentis opus.
> Nec me Pyrrhiades Methymniadesve puellae,
>   nec me Lesbiadum cetera turba iuvant.
> Vilis Anactorie, vilis mihi candida Cydro;
>   non oculis grata est Atthis, ut ante, meis,
> atque aliae centum quas non sine crimine amavi.   (13–19)

> Keine Lieder gelingen mir, die ich mit dem Klang der Saiten verbin-
> den könnte; Lieder sind das Werk eines unbelasteten Herzens. Mich
> erfreuen nicht die Mädchen von Pyrrha oder Methymna oder die
> übrige Schar der Mädchen von Lesbos. Anactorie bedeutet mir
> nichts, nichts die strahlende Cydro, meinen Augen ist nicht, wie
> früher, Atthis angenehm und die hundert anderen, die ich – nicht
> ohne Vorwürfe zu ernten – geliebt habe.

Das bedeutet nicht, sie könne nur dann dichten, wenn sie
liebte, sondern doch wohl, ihre Schaffenskraft hänge davon
ab, ob ihr Liebesverlangen gestillt und ihr Sinn nicht durch
Liebeskummer belastet werde. Wie sehr sie die Liebe
braucht, zeigen die Verse 15–19 – fast eine antike Lepo-
rello-Arie! Hier wie auch an anderen Stellen des Sappho-
Briefes läßt Ovid Töne anklingen, die bei allem Ernst der
Lage Sapphos eher an die Gestalt der Dichterin in der Komödie als in ihrer eigenen Lyrik erinnern.

Jacobson[39] weist mit Recht darauf hin, daß Sappho ihr
Leben im allgemeinen, ihre Liebe zu Phaon im besonderen
literarisiert. So ist Sappho die einzige »Heroine« bei Ovid,
die ihren Brief als *carmen* bezeichnet[40]; aus dem Vorwurf,
Phaon habe sich ohne Abschied aus dem Staube gemacht,
wird eine kunstvolle *praeteritio*[41] (99–106). Dennoch bricht
immer wieder elementares Verlangen durch. Phaon ist für
Sappho göttergleich, ist wie Apollon oder Dionysos:

> Sume fidem et pharetram, fies manifestus Apollo;
> accedant capiti cornua, Bacchus eris.   (23 f.)

Nimm Saitenspiel und Köcher, und du wirst der leibhaftige Apoll
sein; wenn Hörner das Haupt schmücken, wirst du Bacchus sein.

Daß dies nicht nur exaltierte Schwärmerei ist, verrät das
Wort *manifestus*; Phaon soll nicht als Unerreichbarer »ange-
himmelt« werden, sondern »zur Hand« sein. Sapphos Bildung, ihr Dichtertum und Dichterruhm sollen Phaons
Sprödheit besiegen. Nonchalant nimmt sie für sich Verhaltensweisen als legitim in Anspruch, die sie bei Phaon verurteilt: Sie zählt einerseits die Mädchen auf, die sie vor Phaon
geliebt hat und die ihr nun alle gleichgültig sind, andererseits sind ihr die sizilischen Mädchen, die für Phaon eine
neue Beute sein werden, ein Dorn im Auge. Immerhin
»warnt« sie diese Mädchen vor den Schmeichelworten
Phaons und zeigt darin Solidarität mit ihren Geschlechtsgenossinnen.

Sapphos egoistische Haltung zeigt sich auch an anderen
Stellen des Briefes; fast scheint es, als sei ihre Tochter ihr ein
wenig lästig:

> et tamquam desint quae me sine fine fatigent,
> accumulat curas filia parva meas.   (69 f.)

Und als ob es an Dingen fehlte, die mich ohne Unterlaß quälen,
vermehrt meine Sorgen die kleine Tochter.

Am stärksten äußert sich dieser Egoismus aber im Anspruch
auf die Jugend des Phaon, wobei sie den Jüngling fast zu
einer Sache degradiert:

> O nec adhuc iuvenis, nec iam puer, utilis aetas,
> o decus atque aevi gloria magna tui,
> huc ades inque sinus, formose, relabere nostros;
> non ut ames, oro, verum ut amare sinas.   (93–96)

179

> O noch nicht Mann und nicht mehr Knabe, brauchbares Alter, o
> Zierde und großer Ruhm deiner Lebensjahre, komm hierher und
> sink an meine Brust. Ich bitte nicht darum, daß du liebst, sondern
> daß du mich lieben läßt.

Man fühlt sich hier fast ein wenig an Felix Krulls Begegnung mit Madame Houpflé alias Diane Philibert erinnert,
die übrigens ebenfalls Dichterin ist[42].

Viele Einzelheiten wären noch zu erwähnen, etwa die Erscheinung der Najade, bei deren Schilderung Sappho wieder
ganz als hehre Dichterin erscheint (146–173), wobei man
jedoch nicht vergessen darf, welch ganz andere Schilderung
einer schlafenden und träumenden Sappho vorausging. Der
Rat der Nymphe, sie solle sich vom Leukadischen Felsen
stürzen, läßt sie ihren Grabspruch formulieren, in dem sie
sich als Dichterin fast auf eine Stufe mit Apollon stellt:

> Grata lyram posui tibi, Phoebe, poetria Sappho;
> convenit illa mihi, convenit illa tibi.   (183 f.)

> Dankbar weihte ich dir die Leier, Phoebus, ich, die Dichterin
> Sappho; sie paßt zu mir, sie paßt zu dir.

Aber schon wenige Verse weiter zeigt sie wieder, daß ihr ein
fleischgewordener Apollon mindestens genauso lieb ist wie
einer, den sie nur im Tode erreichen kann:

> Tu mihi Leucadia potes esse salubrior unda,
> et forma et meritis tu mihi Phoebus eris.   (187 f.)

> Du kannst mir heilsamer sein als das Leukadische Meer; sowohl dei-
> ner Schönheit als auch deiner Verdienste wegen wirst du für mich
> Apoll sein.

Es besteht für Sappho eine starke Spannung, aber auch
Wechselwirkung zwischen ihren Gefühlen und ihrem dichterischen Ingenium. Beide sind so sehr miteinander verbunden, daß sie keinem von beiden entsagen kann. Somit hat
H. Dörrie wohl recht, wenn er in Ovids Sappho eine reife

Frau sieht, »die an dem Konflikt zwischen ihrer Triebhaftig-
keit und ihrer Intellektualität zerbricht«[43].

Emotionalität als Schaffensprinzip – Welten liegen zwischen Ovids Sappho und der Sappho Franz Grillparzers, für
die die Liebe zu Phaon der Grund ist, der Dichtung zu entsagen:

> Er (sc. Phaon) war bestimmt in seiner Gaben Fülle,
> Mich von der Dichtkunst wolkennahen Gipfeln
> In dieses Lebens heitre Blütentäler
> Mit sanft bezwingender Gewalt herabzuziehen.
> An seiner Seite werd' ich unter euch
> Ein einfach stilles Hirtenleben führen,
> Den Lorbeer mit der Myrte gern vertauschend,
> Zum Preise nur von häuslich stillen Freuden
> Die Töne wecken dieses Saitenspiels,
> Die ihr bisher bewundert und verehrt.   (Sappho 89–98)

Grillparzers Sappho scheitert jedoch daran, daß sie das Rad
ihrer eigenen Geschichte, die ihr nicht mehr gehört, nicht
zurückdrehen kann.

Brückners Sappho befindet sich nicht in einer psychischen
Grenzsituation, aber nur deshalb nicht, weil der Abschied
von den Mädchen, die eine Zeitlang unter ihrer Obhut
ihrem Dasein als Frau entgegenwuchsen, nicht zum erstenen-
mal von ihr durchlebt werden muß. Die bevorstehende
Trennung ist notwendig, entspricht göttlicher Ordnung.
Diese Ordnung ist von der Beständigkeit durch Wiederkehr
geprägt; sie wird von Sappho der Frau zugeordnet:

> »Frauen lieben, was beständig ist, was bleibt. Männer lieben, was sie
> fortführt, sie lieben Pferde, und sie lieben Schiffe.«   (S. 59 f.)

Sappho vermag sogar im trennenden Abschied das Bleibende zu finden:

»... dann werde ich mich der Ordnung der Götter fügen. Liebte ich gestern noch Atthis, werde ich morgen schon Anaktoria lieben. Fühlte ich gestern noch Sehnsucht, leide ich heute die Schmerzen der Trennung. Immer die gleichen wilden Gefühle. Ein Gefäß der Liebe, das überquillt und das, wenn es geleert ist, sich aufs neue füllen muß wie eine Zisterne im Winterregen.« (S. 58)

Der Beginn ihrer Rede enthält bereits den Kern ihres Lebensprinzips, das anderen zu vermitteln ihre Aufgabe ist: dem Schönen zu dienen, mag dieses Schöne nun natürlich oder künstlich sein:

»Wie schön ihr seid, meine Mädchen! Ich lehrte euch die Kränze flechten, die heute euer Haar schmücken. Leichtfüßig tanzt ihr zu Ehren der Göttin. Eure Stimmen klingen hell wie das Morgenlied der Lerchen. Blickt nicht zurück! Ich lehrte euch, glücklich zu sein und andere zu beglücken. Ich stehe im Schatten, alles Licht liegt auf euch. Ihr seid mein Werk, ich opfere euch der Göttin Aphrodite, ich gebe euch her.« (S. 51)

Die Schönheit der Frauen von Lesbos wird schon von Homer gerühmt (Il. 9,129 f.). Alkaios berichtet von einem alljährlichen Wettkampf um die Schönheit unter den Mädchen, den καλλιστεῖα, die unter dem Schutz der Hera standen[44].

Sappho selbst betrachtet sich als eine Entsagende – und Versagende, da die Weckung des ästhetischen Bewußtseins die Mädchen auf den ersten Blick nicht auf ihre Frauenrolle vorbereitet. Die mit Ehe und Mutterschaft verbundenen Pflichten verlangen von der Frau eine Hintanstellung ästhetischen zugunsten praktischen Sinnes. Vordergründig wird diese Notwendigkeit dem Manne zur Last gelegt, der durch fehlende Sensibilität das Schöne zerstört. Brückner faßt diese Defloration im eigentlichen Sinne des Wortes zunächst in das altbekannte Bild vom Lösen des bräutlichen Kopfschmuckes:

»Noch heute abend greift die Hand eines Mannes in Dikas Haar. Heute noch lösen eure Männer die Bänder, die ich euch kunstvoll zu binden lehrte, und ihr erfüllt ihre ungezügelten Wünsche, gehorcht ihrer befehlenden Stimme.« (S. 51)

Eine weitere Ursache ihrer Selbstanklage ist die als sinnlos erkannte Flucht vor der Vergänglichkeit, welche das als unvergänglich ersehnte Schöne »mit der Zeit« zerstört. Sie weiß zwar, daß auch das Schöne sterben muß, nimmt jedoch ihre Zuflucht zu dem individuell unbefriedigenden Prozeß des natürlichen Kreislaufes von Werden und Vergehen. Sie weiß es zwar besser, aber sie glaubt, daß das Alter durch Jugend Schönheit zurückgewinne. Dies wird zunächst angedeutet in einer Art magischer Selbstverjüngung, die als Verbergen des Häßlichen vor Aphrodite, der Göttin der Schönheit, gerechtfertigt wird:

> »Gesellt euch noch einmal zu mir, nehmt mich in eure Mitte, verbergt meinen alternden Körper vor den Augen der Göttin.« (S. 51)

Die Gesetzmäßigkeit von Werden und Vergehen wird später noch einmal allgemein gefaßt:

> »Während ihr dem Leben entgegenschlieft, wachte ich dem Tod entgegen« (S. 57)[45];

dann heißt es:

> »Jugend und Alter gehören zusammen, müssen sich trennen und finden sich wieder, wechseln die Rollen. Später werdet ihr selber eine Sappho sein und junge Mädchen unterrichten, und alles wird weitergehen im Fluß der Zeit.« (S. 59)

Sapphos Liebe zu den Mädchen scheint ein Surrogat für die entschwundene Jugend zu sein. Sie selbst kennt den Ehestand und weiß deshalb, daß sie den Mädchen, die sie zu einer ästhetisch orientierten Weltsicht, zur Ehrfurcht vor allem Schönen und zur Ehrfurcht vor dem Leben erzogen hat, vieles, das zur Bewältigung der alltäglichen Lebensanforderungen nötig ist, vorenthalten hat. In diesem Vorenthalten perpetuiert sie die Restauration ihrer eigenen Jugend. Die Aufklärung über die notwendige Hinfälligkeit des Schönen, die durch die Hinfälligkeit des Lebenden bedingt ist, wird von Sappho auf den letztmöglichen Zeitpunkt zwar verschoben, aber nicht vergessen. Der Aufschub dieser Aufklärung auf eine markante Zäsur im Leben ihrer Freundinnen sichert auch das, worauf es ihr vor allem ankommt: das bisherige, scheinbar auf keinen praktischen Zweck gerichtete Leben, komme, was wolle, in Erinnerung zu behalten. Um diese Erinnerung zu sichern, nennt sie zahlreiche Einzelheiten aus dem bisherigen Lebensbereich der Mädchen, deren Komplemente sie nun durch ihre neuen Verpflichtungen kennenlernen werden. Die Bedeutsamkeit der Lebenszäsur, die die Mädchen nur als den Tag kennen, an dem ihr Verlangen nach dem Mann gestillt wird, erhält dadurch zusätzliches Gewicht.

Die kommenden Sorgen und Pflichten kollidieren mit der bisherigen Sensibilität und Ehrfurcht der Natur gegenüber:

»Ich habe euch nicht die Kunst des Ertragens und Erleidens gelehrt. Sorgen warten auf euch. Pflichten! Ihr werdet nicht mehr bei Nacht den Ruf des Kukuweia[46] vernehmen, weil ein Mann neben euch auf dem Lager liegt, der schnarcht, nachdem er zu viel Wein getrunken hat. Morgens weckt euch nicht mehr der Finkenschlag, sondern euer weinendes Kind, das seinen ersten Zahn bekommt.« (S. 52)

Sappho illustriert die für die Mädchen neue Erkenntnis, daß die Natur nicht nur zum ästhetischen Genuß und zur pantheistischen Verehrung dient, durch zum Teil brutale Gegenüberstellungen:

»Ihr werdet sparsam sein müssen, dürft nicht mehr verschwenden, es wird von ranzigem Öl die Rede sein und nicht vom schattenspendenden Ölbaum. Sorgt, daß die Wasserkrüge immer gefüllt sind. Schickt die Mägde an den Brunnen, aber vergeßt nicht, wie ihr euch in der Quelle gespiegelt und gebadet habt.« (S. 52)

»Ihr habt gelernt, nichts zu zerstören, was die Götter wachsen ließen. Ihr nahmt behutsam die Schnecken vom Wege und setztet sie
am Rande ab. Keine tat einer Eidechse etwas zuleid. Ihr werdet
nun den warmen Körper einer Wachtel in die Hände nehmen, ihr
den Kopf umdrehen, die Federn und das Eingeweide herausreißen
müssen. Ich habe euch das verschwiegen. Die Mutter eures Mannes
wartet nur darauf, euch mit ruhiger Hand das Töten beizubrin-
gen.« (S. 52 f.)

Hier wird deutlich, daß das, was kommen wird, zum
weiblichen Dasein gehören muß; nicht der Mann, sondern
die Mutter des Mannes, also eine Frau, bringt der Frau das
Töten bei.

Sappho hat die Mädchen gelehrt, unbeschwert wie die
Götter zu leben, um dadurch ihre Ehrfurcht vor dem Gött-
lichen zu wecken, gleichzeitig aber selbst alternd teilzuha-
ben an einer ewigen Jugend:

»Nackt gingt ihr auf nackten Füßen durchs Gras, mit leichten
Schritten, die die Halme nicht niederdrückten.« (S. 52)
»Wenn ihr das Festgewand anlegtet, eure süßen Stimmen erhobet,
wenn ihr über die Felsen sprangt, war jede von euch einer Halb-
göttin gleich. Ich werde eure Namen rufen...« (S. 58)

Sie faßt diese Überlagerung des Todes durch das Schöne,
und das heißt bei Sappho durch das Leben, in ein sehr
prägnantes Bild:

»Aphrodite mischte sich unter euch, lächelnd lehnte sie am Stamm
des blühenden Granatapfelbaums[47]. Alles war Blüte und Frühling
und Sehnsucht. Ich sagte euch nicht, daß alles vergänglich sei. Ihr
lebtet ein endloses Heute.« (S. 52)

Sappho hat die Mädchen gelehrt, ästhetische Eindrücke
ästhetisch zu verarbeiten, um so zu einer wahren Synästhesie zu gelangen:

»Ich lehrte euch die Düfte, nannte euch die Namen der Pflanzen
und der Sternbilder. Ihr spieltet die Flöte und die Leier, sangt Lie-

der. Die Lüfte trugen euch die Töne und die Worte zu. Ich sagte: Sing, was du siehst! Spiel, was du hörst!« (S. 57)

In diesem Zusammenhang kommt sie erstmals auf ihr Dichtertum zu sprechen. Nicht als hehr-klassische Dichterfürstin erscheint sie hier, sondern als Seherin, die ihre Dichtergaben verschenkt. Nicht im Literaturolymp wird sie weiterleben, sondern in der Resonanz der Natur, die die Mädchen an Sapphos Lieder erinnern wird. Wie die Seherin Sibylle kümmert sie sich nicht mehr um das Geschriebene[48]. (Hierin spielt Christine Brückner übrigens sehr subtil auf den fragmentarischen Zustand der Sapphoüberlieferung an):

> »Ich schrieb auf Blätter und zerriß die Blätter und verstreute sie im Wind. (...) Meine Lieder rauschten in euren rosigen Ohrmuscheln wie die Wellen des Meeres, und die Wellen des Meeres werden euch meine Lieder zurückbringen, wenn ihr alt seid, wenn ihr euch erinnern werdet an den lieblichen Hain von Apfelbäumen, unter denen wir beieinander ruhten und den Honigduft atmeten.« (S. 57)

Sappho stiftet hier eine Verbindung zwischen Jugend und Alter. Die Zeit des Ehestandes ist zwar einschneidend, aber nur vorübergehend. Sie selbst hat die Erinnerung an ihre Ehe getilgt; ihre Göttin ist wieder Aphrodite; die Mädchen gehören jetzt Hera an:

> »Aphrodite war eure Herrin, von nun an wird Hera, die Göttin der Fruchtbarkeit, eure Herrin sein, an die ich euch abgeben muß, zu meinem Leid.« (S. 57)
> »In meinen Liedern wird man den Namen Kerkylas nicht finden, der mein Mann war, der mich beherrschen wollte. Nichts zu sagen ist schlimmer als Ungutes sagen. Ich habe die Freuden und die Schmerzen vergessen, die uns die Männer verschaffen. Ein Mann hat mich zur Mutter meiner Tochter Kléis gemacht, die ich an einen Mann hergeben mußte, wie ich jetzt euch hergeben muß.« (S. 59)

Etwas banal ist der Vergleich der Hausfrauen mit Käfigtieren, subtiler dagegen das Spiel mit der Doppeldeutigkeit von Kette und Ring:

»Ihr wart an Freiheit gewöhnt, wart wie Vögel, die zwitschern und singen, am Quell sich erfrischen und nachts im Laub der Zweige schlafen. Morgen wird man euch in Käfige sperren. Ihr werdet Haustiere sein, ihr werdet aufhören zu singen. Glaubt ihnen nicht, was sie versprechen! Sie überhäufen euch heute mit Gaben. Seid ihr nicht schön genug? Warum legen sie euch Ketten an die Arme, streifen euch Ringe über die Finger? Unter Hauben werden sie eure Mädchenköpfe verbergen.« (S. 58)

Sappho verheißt aber den Mädchen aus ihrer Erfahrung, daß sie ihre Zeit bei Sappho in ihr eigenes Alter hinüberretten können:

»Es wird euch die Freude an der wärmenden Sonne bleiben, die Freude an den Gärten, am spiegelnden Glanz der Wellen. Frauen lieben, was beständig ist, was bleibt.« (S. 59)

Ihr Erziehungskonzept ist also letzten Endes gerechtfertigt; denn das Schöne bleibt, und es bleibt unveränderlich. Diese Erkenntnis hilft ihr selbst, die ständigen Trennungen und das Alter zu ertragen. Sie erkennt das Beständig-Schöne nicht nur im sinnlich Erfahrbaren, sondern auch im geistigen Bereich:

»Ihr verlaßt mich. Aber Eros bleibt mir erhalten. Klugheit ist die Schönheit des Alters. Wenn ihr alt sein werdet, dann denkt an Sappho, die alt war, als ihr jung wart.« (S. 59)

Nichtsdestoweniger erinnert das Abschiednehmen Sappho an den näherrückenden Tod. Sie hat Angst vor seiner Gewalt, so wie sie Angst vor der Hochzeit der Mädchen hat. Das Bild des Schmuckes verknüpft Hochzeit und Tod:

»Bald werde ich mich schmücken für die letzte Fahrt über den Acheron.« (S. 60)

Der Tod ist der Bereich, der absolut keine Verbindung mit dem Reich des Schönen hat:

»Die Götter wären nicht unsterblich, wenn Sterben etwas Schönes wäre. Sie würden im Hades leben und bleiben und nicht wieder zur Erde zurückkehren.«[49] (S. 60)

Dieses Verständnis von Sterben und Tod hindert sie am Sprung vom Leukadischen Felsen ebenso wie an einer freiwilligen Flucht aus dem Alter. Das erste Bild, das Chr. Brückner hier verwendet, ist zwar schief (»*Als ich auf dem leukadischen Felsen stand, wollten meine Füße springen, aber meine Hände krallten sich an den Steinen fest*« – wie soll man sich das vorstellen?), man wird aber durch das nächste Bild (»*Die leichten Stengel des Dills genügten, mich zu halten*« S. 60) wieder versöhnt.

Die Furcht vor dem Alter und dem Sterben scheint zunächst eine Furcht vor dem ästhetischen Verfall in körperlicher und geistiger Hinsicht zu sein:

»Wird das Alter mich krümmen? Wird mein Verstand sich verwirren? Wird meine Stimme lallen – ihr Götter! Was wird aus Sappho?« (S. 60)

Es zeigt sich, daß ästhetische Vollkommenheit nicht in eigener Macht steht. Sappho fürchtet, die Gewalt über sich zu verlieren. Auch ihr fällt das Schöne nicht einfach zu; sie muß es sich bewahren. War es ihr gelungen, die ganze Zeit ihr Dichtertum herunterzuspielen und gleichsam als Ergebnis einer Korrespondenz zwischen ihr und der Natur zu deuten, so wird ihr im Angesicht des Todes bewußt, daß diese Sensibilität nur durch höchstes Bewußtsein gewahrt werden kann. Fehlt dieses Vermögen, fällt Sappho in die Masse zu-

rück. So problemlos, wie sie kurz zuvor ihre naturnotwen-
dige Selbstaufgabe und ihr Weiterleben in ihren Mädchen
sah, ist die Preisgabe der Individualität, die der altersbe-
dingte Verfall mit sich bringt, doch nicht.

>»Höre ich auf, Sappho zu sein, die Dichterin von Lesbos, gerühmt
von allen? Muß ich zurück in den Chor der klagenden Weiber?
Ach!«   (S. 60)

Erst jetzt, da Sappho sich nicht mehr als »eine Sappho«, wie
sie auch ihre Schülerinnen sein werden, begreift, sondern
sich als »die Sappho« sieht, sich also zu ihrer Individualität
und Identität bekennt, kann sie den Satz sprechen, der ihre
ganze verhaltene Ungehaltenheit erklärt, ihre negative
Zeichnung der Männerwelt, des Ehelebens und des Mutter-
standes relativiert − und im Grunde nicht überraschend
kommt:

>»Ich liebe den jungen Phaon! Ihn zu erlangen, hätte ich euch alle
hingegeben, euch, meine Mädchen!«   (S. 60)

Hier erweist sich Christine Brückners Sappho-Rede ebenfalls als eine Variation der Sappho-Phaon-Legende, die jedoch von Ovids und Grillparzers Gestaltung abweicht.
   Sappho hat die Krise, die sie zum Leukadischen Felsen
führte, zwar überwunden, liebt Phaon aber noch immer, obwohl dieser für sie unerreichbar ist − dies kommt durch die
Vorzeitigkeit in der Formulierung *»ihn zu erlangen, hätte ich
euch alle dahingegeben«* zum Ausdruck; sie sagt nicht: ». . . *gäbe
ich euch alle dahin«*. Sapphos Liebe zu den Mädchen ist also
nicht nur Surrogat für die entschwundene Jugend, sondern
scheint auch Surrogat für die Liebe zum Unerreichbaren zu
sein. Wenn sie sagt (S. 51):

>»Ich liebte euch alle. Liebte in einer euch alle, liebte und verehrte in
euch Aphrodite, die Göttin der Liebe, der Jugend, der Schönheit«

erweist sich im nachhinein, daß sie Liebe, Jugend und Schönheit nicht als solche verehrt, sondern an die Liebe, Jugend und Schönheit des Phaon denkt. Doppeldeutig ist auch ihr Wort über die Schönheit von Jünglingen und Mädchen:

> »Mehr als die Schönheit des (!) Jünglings liebte ich die Schönheit der (!) Mädchen, die ihr Geschlecht verborgen in sich tragen. Wie konnte ich Schönes mit Schönem vergleichen! Wer liebt, vergleicht nicht.« (S. 57)

Wenn man die Bezogenheit auf Phaon nicht kennt, muß man den Satz *»Wie konnte ich Schönes mit Schönem vergleichen«* als Zurückweisung männlicher Schönheit verstehen, mit der verglichen zu werden weibliche Schönheit nicht nötig hat. Die sich anschließende flüchtige Beschreibung homoerotischen Spiels weist verräterisch auf dessen »Ersatzcharakter« hin; denn letztlich mißt Sappho doch die weibliche Schönheit an der männlichen:

> »Goldfarben wie die Locken Apolls lagen Abanthis die Locken auf den Schultern.« (S. 58)

Sapphos Abschiedsrede an die Mädchen wird durch ihr Schlußbekenntnis zu einer Ermutigung, trotz all ihrer Aufschlüsse über das, was die Mädchen nun erwartet, den Schritt aus ihrer hermetisch-ästhetischen, scheinbar unvergänglichen Welt in die Welt zu tun, die ihnen Zwänge auferlegt, von denen sie bisher nichts ahnten. Sappho macht ihnen den Abschied leicht, indem sie einräumt, sie würde ihre Welt sofort aufgeben, wenn ihre Liebe zu Phaon sich ebenso erfüllen könnte, wie nun die Mädchen zu ihren Männern finden werden. Trotz all der schmerzlichen Töne ist diese Rede kein Anti-Hymenaios[50].

Sappho ist durch die Krise am Leukadischen Felsen eine andere geworden. Vor dem drohenden Tod, aber nur vor ihm, wiegt die Liebe zum Jüngling Phaon nicht stärker als die

Liebe zum Schönen in der Natur; beide sind je unendlich schöner als das absolut Nicht-Schöne: Sterben und Tod. Mit dieser Erkenntnis läßt sich die Resignation ertragen. Für Ovids Sappho gibt es nur eine Liebe, die Konkupiszenz; wenn sie keine Erfüllung findet, versiegt auch die Dichtkunst. Ovids Sappho genügt die Liebe zu den Mädchen, die Liebe zum Schönen in der Natur nicht. Da für Brückners Sappho diese Liebe letztlich genauso hohen Rang besitzt wie die Liebe zu Phaon, besteht für sie auch nicht der Grillparzersche Konflikt zwischen Kunst und Leben. Sie holt das Leben in die Kunst (*»Sing, was du siehst! Spiel, was du hörst!«*) und die Kunst in das Leben (durch Schmuck und Tanz). Dadurch erreicht sie ein Gleichgewicht zwischen beiden, welches ihr ideales Erziehungsziel ist: gleichsam die Ruhe der halkyonischen Jugendtage vor den (Winter-)Stürmen des Lebens durch das Erkennen-Können des Beständig-Schönen sich für immer zu bewahren.

Damit sind wir beim Schlüsselsatz der Sappho-Rede, den Christine Brückner als Titel dieser Rede gewählt hat: *»Vergeßt den Namen des Eisvogels nicht«*. Christine Brückner hat in ihrer Rede sehr viele Sappho-Verse anklingen lassen, subtil, ganz selten wörtlich zitierend. Die ganze Rede ist wohl durch ein längeres Fragment angeregt (96 D.), in dem Sappho von einem weinenden Mädchen (oder selbst weinend) Abschied nimmt und ihm die Erinnerung an ihre gemeinsame Zeit auf Lesbos ans Herz legt. Sapphos Todessehnsucht erinnert an das Fragment 97 D.; ihre für das Verständnis vom Schönen zentrale Aussage *»die Götter wären nicht unsterblich, wenn Sterben etwas Schönes wäre«*, ist die fast wörtliche Übersetzung eines indirekt überlieferten Sappho-Zitats[51]. Die schwer überwundene Trennung von Mutter und Tochter ist Thema zweier weiterer Fragmente (120 D. und 152 D.); auch die Altersklage findet sich in Sapphos Lyrik (32 D., 58 D.). Daneben treten zahlreiche Einzelreminiszenzen an Sapphos Themenschatz (Hochzeit,

Tanz, Schmuck, Liebe, Mädchen, Natur, Pflanzen, Tiere).
Was von Sappho schon im Altertum gesagt wurde, gilt auch
hier:

ἡ Σαπφὼ περὶ μὲν κάλλους ᾄδουσα καλλιεπής ἐστι καὶ ἡδεῖα, καὶ
περὶ ἐρώτων δὲ καὶ ἔαρος καὶ ἀλκυόνος. καὶ ἅπαν καλὸν ὄνομα
ἐνύφανται αὐτῆς τῇ ποιήσει, τὰ δὲ καὶ αὐτὴ εἰργάσατο.[52]

Sappho, die von der Schönheit singt, von Eroten, vom Frühling,
vom Eisvogel[53], verwendet schöne Worte und hat einen angeneh-
men Stil; und jedes schöne Wort ist in ihre Dichtung hineingewo-
ben; einige hat sie selbst geschaffen.

In diesem Zeugnis über Sappho wird der Eisvogel neben
Eroten und Frühling als ein Thema ihrer Dichtung aus-
drücklich erwähnt. Leider ist unter den erhaltenen Sappho-
Textzeugnissen keines dabei, in dem der Eisvogel erscheint,
so daß wir nicht wissen, in welchen Zusammenhängen
Sappho ihn nennt. Spricht sie von seiner Buntheit, seinem
Gesang, seiner Gattentreue? Gleichviel, wir wissen es nicht.
Wir können jedoch zu erklären versuchen, was in Brückners
Sappho-Rede der Eisvogel symbolisieren soll.

Eine Andeutung ist schon gemacht: oben war von »halkyonischen Jugendtagen« die Rede. Unter den sprichwört-
lichen »halkyonischen Tagen« verstand man in der Antike
die Brutzeit der Eisvögel, während der die See besonders
ruhig sein soll. Verallgemeinernd versteht man darunter
eine Schönwetterperiode oder jede ruhig-schöne Zeit[54].
Somit ist deutlich, was Sappho mit dieser Aufforderung an
die Mädchen meint. Aber nicht nur auf die ruhige Jugendzeit der Mädchen wird hier angespielt, sondern auch auf
Sappho selbst: die eigentlichen halkyonischen Tage sind
um die Wintersonnenwende. Das Dasein der Mädchen ist
also auch eine »Schönwetterperiode« im Lebenswinter der
Dichterin.

Ferner gibt es leise Anklänge an die Sage von Alkyone
und Keyx in Sapphos Leben, auch wenn man die Analogien

nicht überbewerten darf. In der – bei Ovid überlieferten – Sage[55] läßt Alkyone ihren Gatten Keyx unter traurigen Vorahnungen auf eine Schiffsreise gehen, von der dieser nicht mehr zurückkehrt. Nachdem ihr im Traum der Tod des Keyx geoffenbart wurde, begibt sich Alkyone an den Strand, wo der Leichnam ihres Gatten angespült wird. Voll Verzweiflung stürzt sie sich ins Meer und wird von den Göttern zusammen mit Keyx in ein Eisvogelpaar verwandelt. Wenn Sappho sagt: »*Vergeßt den Namen des Eisvogels nicht*«, und nicht »*Vergeßt den Eisvogel nicht*«, ist das ein deutlicher Hinweis darauf, daß dieser Name Assoziationen wekken soll, welche die Mädchen ständig an die Zeit mit Sappho und die Gestalt der Sappho zu erinnern vermögen.

Wie die anderen ungehaltenen Reden ungehaltener Frauen gibt die Sappho-Rede Einsichten in weibliche Wirklichkeit und weibliche Lebenskunst, wie Brückner sie versteht. Christiane Vulpius wendet sich gegen Charlotte von Steins Dichter- und Frauenverständnis. Desdemona fordert, daß Frauen dem typisch männlichen Konflikt zwischen Kopf und Herz die weibliche Einheit von Gefühl und Verstand entgegenstellen sollen, die Sensibilität und Differenzierungsvermögen erst verwirklicht. Katharina von Bora zeigt, daß die Entfaltung des (männlichen) Geistes von der praktischen Hilfe der Frau abhängt, die dem Alltag gewachsen ist. Sapphos Erziehung dient der körperlichen und geistigen Entfaltung der Mädchen. In der Rede der Megara wird auf ernst-burleske Weise deutlich, wie Frauen kraft dieser Qualitäten Frieden schaffen könnten. Effi Briests Rede zeigt dagegen, was aus einem Mädchen wird, das – von Eltern und Ehemann als Spielzeug betrachtet – zu spät seine eigene Sensibilität und Leidenschaft kennenlernt; dennoch gelangt sie zu Erkenntnissen, die sie mit Sappho verbinden: Ihre Affinität zu dem Eichendorff-Gedicht »Schläft ein Lied in allen Dingen« erinnert an Sapphos Aufforderung an die Mädchen »*Sing, was du siehst! Spiel, was du hörst*« (S. 57). Frau von Meysenbugs These, dem Körper sein Recht auf

Freude zu geben, bedeute, dem Geist die Freude wegzunehmen, tritt Christine Brückner vehement entgegen. Bei Gudrun Ensslin besteht ein Konflikt zwischen Idealität und Realität des Lebens, der bei Sappho noch ganz auf das Leben der Frau in der Spannung zwischen der Mädchenzeit und dem Ehestand beschränkt ist, bei Gudrun Ensslin zum radikalen Krieg zwischen der Einzelperson und dem Staat geworden ist. In Lauras Ablehnung von Petrarcas Dichtung, in der die Realität dazu verwendet wird, daß sich der Dichter einen die Frau demütigenden Ersatz schafft, sich »ein Bildnis macht«, läßt sich wieder die Sappho-Forderung nach Synästhesie, nach Einklang von Wirklichkeit und Dichtung erkennen. In Marias Rede in der Wüste gibt es ebenfalls Gedanken, die auch Sappho geäußert haben könnte, etwa, was die Unbefangenheit und Zuversicht im Bewältigen des täglichen Lebens, die ihre Kraft aus der Vergangenheit schöpft, angeht. Klytämnestra endlich, die sich selbst als »*Schwamm aus Haß*« (S. 156) bezeichnet, unterscheidet sich zwar von ihrer seelischen Disposition her stark von Sappho, aber auch für sie gilt, was Brückner immer wieder als typisch weibliche Qualität fordert, daß bei Frauen Denken und Handeln eins sein sollen.

Die Chance weiblicher Lebensbewältigung liegt für Sappho in der Liebe zum Beständigen, zur Wahrnehmung dessen, was im Wechsel dauert. Das ästhetische Leben der Frau ist ein anderes als das des Mannes; es wird nicht primär durch neue Reize bereichert, sondern bereichert sich in der wachen Betrachtung des Alltäglichen. Der Konflikt der Frau besteht darin, daß sie die Ruhe und Schönheit der alltäglichen Dinge oft stören muß; ihre Erziehung sorgt aber dafür, daß diese Störung sich auf das Notwendige beschränkt; dadurch wird gleichzeitig der Sinn fürs Praktische geschärft. Mögen auch die praktischen Notwendigkeiten des Alltags das ästhetische Bewußtsein hintansetzen, so bleibt dieses doch erhalten und bildet die Brücke von der Jugend zum Alter, wozwischen die Zeit des Ehestandes eine zwar ein schneidende, aber letztlich vorübergehende Phase ist. Sehr dezent kommt hier zum Ausdruck, wie Christine Brückner sich gegen die in der abendländischen Geschichte fixierte Frauenrolle wendet, die darin besteht, daß Frauen geboren werden, um selbst wieder zu gebären, aber ansonsten von untergeordneter Bedeutung sind. Sapphos Erziehungskonzept schlägt somit der patriarchalischen Gesellschaftsstruktur auf der Ebene des ästhetischen Bewußtseins ein Schnippchen[56].

Fassen wir zusammen: Sappho, die große Dichterin, die mit der besonderen Gabe versehen ist, im Teil das Ganze, im Kleinen das Große, im Alltäglichen das Besondere zu sehen und dieser ihrer Sensibilität dichterischen Ausdruck zu verleihen und sie dadurch auch für die Nachwelt zu bewahren, hat die Aufgabe, einem Kreis junger Mädchen diese Sensibilität zu vermitteln. Sie liebt diese Mädchen; diese Liebe scheint ein Ersatz für die entschwundene Jugend zu sein. Eros, Schönheit und Tod sind die großen Themen ihrer Abschiedsrede. Sie erscheint hier nicht in hehrer Dichterpose, sondern als Erzieherin, die hinter ihre Zöglinge zurücktritt. Sie meint zwar, in der Erziehung der Mädchen versagt zu haben, da sie die ästhetische über die praktische Bildung gestellt hat; sie ist aber dabei nur ihrer Auffassung von weiblicher Lebenskunst treu geblieben. Ihr Gatte Kerkylas fällt der damnatio memoriae anheim. Die Zeit des Ehestandes, oft als Zentrum und Lebensinhalt weiblicher Existenz verstanden, wird hier als ephemer betrachtet. Nicht so die Liebe: Diese ist für Sappho immer vorhanden, hat ihren Gipfelpunkt in der Zuneigung zum jungen Phaon erlebt und wurde am Leukadischen Felsen, wo sie zum Tod geführt hätte, aufgrund eines ästhetischen Lebensprinzips überwunden bzw. sublimiert.

Wie bei Ovid bedeutet hier die Liebe zu Phaon die zentrale Krise in Sapphos Leben. Anders als Ovids Sappho hat sie die Krise nicht durch den Tod, sondern durch das Leben überwunden. Ist bei Ovid die Liebeserfüllung Grundlage des dichterischen Schaffens, zu der es keine Alternative gibt, so sucht Brückners Sappho nach anderen Möglichkeiten, zu sich selbst zu finden. Auf den ersten Blick erscheint ihre Hinwendung zur Natur, zu den Mädchen, ihre Aufgabe als Erzieherin als bloßes Surrogat; am Leukadischen Felsen aber, an der Grenze zwischen Leben und Tod, erkennt Sappho, daß das Schöne nicht nur in Phaon, sondern überall zu finden ist und noch in der unscheinbarsten Pflanze das Nicht-Schöne an sich, den Tod und das Sterben, überwindet. Sappho ist Frau genug, auch weiterhin von ihrer Liebe zu Phaon nicht abzustehen; da aber auch er nur ein Teil des Schönen in der Welt ist neben unendlich vielen anderen Teilen, die wahrzunehmen sie gelernt und gelehrt hat, wäre der Sprung vom Leukadischen Felsen Dummheit. Diese läßt sich wiederum nicht vereinen mit Sapphos Verständnis von der Klugheit als Schönheit des Alters.

Gleichwohl kann Sappho nun nie mehr umhin, den naturgemäßen, drohenden Alterstod mit dem Sprung vom Leukadischen Felsen in Verbindung zu bringen. Jeder Abschied erinnert sie daran, daß sie damit Schritt für Schritt dem Abgrund und der Einsamkeit des Todes, dem Ende ihrer eigenen, immer wieder erneuerten halkyonischen Tage entgegentritt und nicht weiß, welcher Geleiter sie, die Geleiterin der Jugend, auf diesem Weg führen wird:

> »Wer nimmt mich bei der Hand, wenn ich dem Tod entgegenspringe? Wärmt mich denn nicht mehr das Glück vergangener Tage?« (S. 60)

Wir wollen unsere kleine Studie beschließen mit einer Gegenüberstellung – ein Vergleich wäre unangemessen – der Sapphogestalten Ovids und Christine Brückners.

Ovid stellt eine von Liebe entbrannte Dichterin dar, die trotz – oder wegen – ihres Ingeniums, ihrer Dichtergabe, die unerwiderte Liebe zu Phaon weder sublimieren noch verdrängen kann. Der Körper verschafft sich in einem erotischen Traum sein volles Recht. Ovids Sappho kann Liebesheilung nur entweder durch Phaon oder durch den Tod erlangen. Alles, was Ovid an Informationen über Sapphos Leben und an – für uns kaum wahrnehmbaren – Reminiszenzen an ihre Gedichte einfließen läßt, erscheint als von Sappho auf ihre gegenwärtige Situation als verlassene Briefeschreiberin bezogen. Ovid geht es nicht nur darum, sich als poeta doctus zu erweisen, sondern er will die psychische Befindlichkeit der Sappho zeigen, die alles sub specie amoris betrachtet, sich gleichwohl ihrer Stellung als Dichterin bewußt ist. Sie ist es, die Ansprüche stellt. Ihre egoistische Haltung färbt ihre ästhetische Sensibilität, die sie unter anderem in der Beschreibung der Schönheit Phaons dokumentiert, etwas komisch, da sie oft ihre hohe Sprache vergißt, wenn sie etwa Phaon ganz unverblümt dazu auffordert, mit ihr Liebe zu machen und damit den Komödientyp der (sich selbst anpreisenden) Häßlichen, die einen schönen Jüngling liebt, repräsentiert. Gleichwohl drängt Sapphos Liebe, die von Phaon nicht (mehr) erwidert wird, zu einer Entscheidung, zunächst über Sapphos Existenz als Dichterin, dann über Sapphos Existenz als Liebende, welche sie zum Leukadischen Felsen führt. Die Verantwortung für den künftigen Sprung vom Felsen schiebt sie Phaon zu; denn erst auf sein Wort, auf seinen Brief hin wird sie springen.

Chr. Brückners Sappho-Gestalt unterscheidet sich wesentlich von der Ovids. Auch hier wird Sappho von seelischem Schmerz gequält, den sie in ihrer Abschiedsrede an die Mädchen zu ergründen und zu überwinden sucht, indem sie ihn im Verhältnis zum Beständig-Schönen als ephemer erklärt. Ihr Bekenntnis, sie liebe Phaon, das ihre Rede beschließt, besagt nicht, daß ihr einziger Schmerz die Liebe zu diesem Jüngling sei; denn Auswirkungen auf ihr gegenwärtiges Handeln hat diese Liebe nur mehr auf indirektem Wege. Sie betrachtet von der gegenwärtigen Situation her – dem Abschied der Mädchen –, die sie zugleich transzendiert

– Abschied vom Leben –, ihre Vergangenheit, geht also im Vergleich zu Ovids Sappho den umgekehrten Weg und versucht, die »Fixpunkte« ihres Lebens zu verstehen, ihre jeweiligen Entscheidungen – etwa für das Vermitteln des ästhetischen und gegen das Vermitteln des praktischen Sinnes – zu rechtfertigen, ohne dabei in die eigennützig-stringente Logik zu verfallen, die Ovids Heroinen (und je nach Temperament auch einzelne Frauen in Chr. Brückners Buch) auszeichnet. Die Liebe ist für Sappho ein zentrales und auch sie selbst zu letzten Entscheidungen drängendes Movens; sie läßt aber nicht zu, daß es allbeherrschend wird. Für sie gibt es auch den Eros der Klugheit. Ovid dagegen läßt seine Sappho von der Liebe so beherrscht sein, daß die Vernunft, die sich auch bei ihr meldet, zurückgedrängt wird. Was Medea in den *Metamorphosen* als Selbsterkenntnis formuliert (*video meliora proboque, deteriora sequor* met. 7,20 f.: Ich sehe das Gute und billige es, folge aber dem Schlechten), gilt auch für Sappho; sie formuliert diese Selbsterkenntnis zwar nicht, läßt sie aber durch ihre Überredungsabsicht erkennen. Der Medea Ovids hat die Selbsterkenntnis nicht geholfen; noch hilfloser ist Sappho, deren Liebe zu Phaon ihr Schaffenselixier ist, das ihr Ingenium einerseits entgrenzt, andererseits begrenzt. Brückners Sappho hat eine Wandlung durchgemacht, aber nur deshalb, weil sie sich in der Krise am Leukadischen Felsen nicht für den Sprung entschieden hat. Sie hat die Chance, alt und klug zu werden, wahrgenommen. Ovids Sappho tat es Alcyone gleich und warf sich ins Meer, jedoch ohne verwandelt zu werden[57]. Brückners Sappho stürzte sich nicht kopfüber in eine ungewisse Metamorphose und erlebt die sie nochmals bereichernde Metamorphose ihres Alters mit den ihm eigenen halkyonischen Tagen.

Ovids Sappho ist eine vor Leidenschaft fast blinde, Brückners Sappho eine vor Sensibilität fast hellsichtige Dichterin, und somit kommt Christine Brückner der antiken Vorstellung vom Dichter bzw. von der Dichterin als *va-*

tes (Seher) wesentlich näher als Ovid, der hier Sapphos dichterisches Vermögen fast auf die literarische Technik reduziert, das es der Dichterin ermöglicht, aus einem Brief auch in verzweifelter Lage ein kleines Kunstwerk zu schaffen, in dem Sappho mit einer gewissen Selbstgefälligkeit auf ihre Dichtkunst anspielt. Brückners Sappho dagegen erscheint weniger als Dichterin denn als Erzieherin, die nach einer Einheit von Gedanke und Tat, d. h. in ihrem Falle auch nach Übereinstimmung von dichterischem Gehalt und dichterischer Gestalt strebt. Ihre Prosarede wirkt wesentlich lyrischer als Ovids elegische Epistel, die doch von Natur aus der Lyrik nähersteht als eine Rede.

Es bestehen fundamentale Unterschiede zwischen dem Sappho-Brief Ovids und der Sappho-Rede Christine Brückners, die aber weniger geschlechts- als vielmehr zeitspezifisch sind. Ovid spielt mit den Elementen der Sappho-Legende, die er in einem fingierten Brief durch Sappho selbst neu beleuchten und gewichten läßt. Seine eigene Einstellung zu Sappho, zu ihrem Leben und ihrem Werk bleibt jedoch im Hintergrund. Anders verhält es sich bei Christine Brückners Sappho. Die Schriftstellerin versucht hier, wie in den anderen Reden des Bandes, nicht, sich in die Lage einer literarischen oder historischen Figur hineinzuversetzen, um dann in einem »geschlossenen System« zu verbleiben und von ihrer eigenen Person abzusehen, sondern sie beleuchtet die Konstanten, die die Frauen der Literatur und der Historie mit ihr selbst verbinden. Mehr als die eine »ungehaltene Rede«, die Christine Brückner ex sua persona hält (Eine Oktave tiefer, Fräulein von Meysenbug!), sind es diese Konstanten, die es erlauben, Christine Brückner den ungehaltenen Frauen ihres Buches gleichzusetzen.

Anmerkungen

1 Christine Brückner: *Wenn du geredet hättest, Desdemona. Ungehaltene Reden ungehaltener Frauen.* Hamburg 1983.

2 Zum Motiv der »verschmähten Frau« vgl. E. Frenzel: *Motive der Weltliteratur.* 2. verb. und um ein Register erw. Aufl. Stuttgart 1980, S. 160–170.

3 Die Anfangsstellung der Rede der Christiane von Goethe im Vorzimmer der verwitweten Oberstallmeisterin Charlotte von Stein soll wohl darauf hinweisen, daß Peter Hacks' *Gespräch im Haus von Stein über den abwesenden Herrn von Goethe* – ein Monolog Charlotte von Steins – eine wichtige Anregung für Christine Brückner war, ungehaltene Reden ungehaltener Frauen zu schreiben.

4 Zum Titel dieser Rede *Vergeßt den Namen des Eisvogels nicht* vgl. die Ausführungen am Ende dieser Studie.

5 H. Dörrie: P. Ovidius Naso: *Der Brief der Sappho an Phaon* mit literarischem und kritischem Kommentar im Rahmen einer motivgeschichtlichen Studie (Zetemata 58). München 1975 (im folgenden zitiert als: Dörrie).

6 Zusammenfassendes zur Frage der Echtheit vgl. Dörrie S. 224–226. Neuestes Zeugnis einer ablehnenden Haltung ist R. J. Tarrant: *The authenticity of the letter of Sappho to Phaon* (Heroides XV). In: Harv. Stud. 85, 1981, S. 133–153.

7 Zur mutmaßlichen Chronologie von Ovids Frühwerk vgl. H. Bornecque: *Ovide, Héroïdes* (texte établi par H. Bornecque et traduit par M. Prévost). Paris 1968 (1928), S. VIII f. Zu den Briefpaaren selbst vgl. W. Kraus: *Die Briefpaare in Ovids »Heroiden«.* In: Wien. Stud. 65, 1950/51, S. 54–77; wiederabgedruckt in: W. K.: *Aus Allem Eines.* Studien zur Antiken Geistesgeschichte, hrsg. von H. Petersmann. Heidelberg 1984, S. 419–439), ferner V. A. Tracy: *The authenticity of Heroides 16–21.* In: Class. Journ. 66, 1971, S. 328–330. Weitere wichtige Beiträge zu Ovids *Heroiden* sind H. Jacobson: *Ovid's Heroides.* Princeton 1974 (zu Sappho S. 277–299); E. Oppel: *Ovids Heroides.* Studien zur inneren Form und zur Motivation. Diss. Erlangen 1968; H. Rahn: *Ovids elegische Epistel.* In: Ant. u. Abendl. 7, 1958, S. 105–120; G. A. Seeck: *Ich-Erzähler und Erzähler-Ich in Ovids Heroides.* Zur Entstehung des neuzeitlichen literarischen Menschen. In: Monumentum Chilionense. Festschrift für E. Burck, hrsg. von E. Lefèvre. Amsterdam 1975, S. 436–470.

8 Allgemeines zur Epistolographie vgl. bei K. Thraede: *Grundzüge griechisch-römischer Briefoptik* (Zetemata 48). München 1970. Zu den *Heroiden* vgl. auch W. Stroh: *Die römische Liebeselegie als werbende*

Dichtung. Amsterdam 1971, S. 190 Anm. 59: »Die Heroiden gehören als zweckhafter Brief noch halb zur Gattung der römischen Elegie; wohl nicht zufällig ist die letzte Epistel der Einzelbriefe ausdrücklich als Gedicht, ja sogar als Elegie im technischen Sinn
gekennzeichnet (epist. Sapph. 5–7).«

9 Zu Phaon und Phaeton in ihrer Verbindung zum Leukadischen
Felsen vgl. G. Nagy: *Phaethon, Sappho's Phaon, and the white rocks of
Leukas.* In: Harv. Stud. 77, 1973, S. 137–178.

10 Zeugnisse bei M. Treu (Hrsg.): *Sappho.* Griechisch und deutsch.
München ⁶1979, S. 114.

11 Vgl. Dörrie S. 231–256.

12 Dies wird in ihrem œuvre immer wieder deutlich, besonders in
einem Roman, dessen Held(-in) eine »monokline« Person ist
(Chr. Brückner: *Das eine sein, das andere lieben.* Berlin, Frankfurt,
Wien 1981).

13 Strabo, geogr. 13,2,3; Anth. Pal. 7,15; 7,407; 7,718; zu Sappho in
der biographischen Tradition der Antike vgl. Dörrie S. 9–13.

14 Zu Sapphos Biographie vgl. W. Alys Artikel in Pauly-Wissowa:
Real-Encycl. I A². Stuttgart 1920, Sp. 2357–2385; W. Schade-
waldt: *Sappho.* In: Die Großen der Weltgeschichte Bd. I. Zürich
1971, S. 306–321; M. Giebel: *Sappho in Selbstzeugnissen und Bilddo-
kumenten dargestellt.* Reinbek 1980.

15 W. Kraus: *Sappho.* In: Der kleine Pauly IV. München 1979, Sp.
1546. Daß es mehrere solcher Kreise gab, wird uns durch die erhaltenen Namen von Sapphos Rivalinnen (Gorgo und Andromeda)
bestätigt. Vgl. dazu M. Giebel, *Sappho*, S. 46. Siehe auch Sappho
61 D.

16 Daß es dafür sonst wenige Zeugnisse gibt, liegt für M. Giebel,
Sappho, S. 51, daran, daß der griechische Kulturkreis männlich bestimmt war. Vgl. auch R. Merkelbach: *Sappho und ihr Kreis.* In: Phi-
lologus 101, 1957, S. 1–29.

17 Zur Übersetzung von ὥρα vgl. H. Hoffmann-Loss: *Die Bedeutung
von* ὥρα *in* Δέδυκε μὲν ἀ σελάννα. In: Mnemosyne, s. IV 21, 1968,
S. 347–356.

18 Unter anderen steht auch M. Treu der Echtheit von 94 D. skeptisch
gegenüber (*Sappho* S. 211 f.). D. Clay versucht die Zuweisung zu
Sappho zu erhärten (*Fragmentum adespotum 976.* In: Transactions
and Proceedings of the American Philological Association 101,
1970, S. 119–129). Vgl. auch M. Giebel, *Sappho*, S. 104.

19 H. Rüdiger: *Sappho, ihr Ruf und Ruhm bei der Nachwelt.* (Das Erbe
der Alten. Schriften über Wesen und Wirkung der Antike. 2.
Reihe, ges. und hrsg. von O. Immisch, H. XXI) Leipzig 1933.

20 Vgl. ein ähnliches Motiv in der Jason-Sage. (Jason hatte eine alte Frau, in Wirklichkeit Hera, bei einem Sturm durch einen Fluß getragen und konnte sich seitdem der besonderen Gunst dieser Göttin erfreuen; vgl. Hygin. fab. 13; Valerius Flaccus 1,81–86.)

21 Vgl. E. Frenzel: *Stoffe der Weltliteratur*. 4. überarb. Aufl. Stuttgart 1976 s. v. Sappho (S. 655–657).

22 So im Stuckrelief im Hypogaeum bei der Porta Maggiore in Rom. Vgl. dazu Th. Zielinski: *Sappho und der leukadische Sprung*. In: Klio 23, 1930, S. 1–19. Zielinski sieht in dem Stuckrelief eine bildliche Darstellung der 15. Heroide Ovids. Anders dagegen Dörrie S. 191–201.

23 Vgl. Dörrie S. 36 f.

24 Der Name ihres Mannes, Kerkylas, ist wohl ein Komödienname (Denominativum zu κέρκος); vgl. dazu und zu Sapphos angeblicher sexueller Unersättlichkeit Dörrie S. 17 f.

25 Dörrie S. 23 f.

26 Vgl. etwa J. Lylys *Sappho and Phaon* 1584; A. von Platen *Sappho an Phaon* 1812 und vor allem Grillparzers Drama *Sappho* 1818, in welchem die Dichterin an dem Konflikt zwischen Kunst und Leben scheitert.

27 Vgl. E. Frenzel: *Stoffe der Weltliteratur* S. 657.

28 Vgl. Dörrie S. 21–23; H. Rüdiger: *Sappho, ihr Ruf und Ruhm bei der Nachwelt*, passim.

29 Vgl. Dörrie S. 203–207.

30 Vgl. Sappho 152 D. Zur Frage, ob es sich bei Kleis tatsächlich um eine leibliche Tochter Sapphos gehandelt habe, vgl. J. P. Hallet: *Beloved Cléis*. In: Quaderni Urbinati 39, 1982, S. 21–31.

31 Vgl. Sappho 25 D., 26 D.

32 Vgl. auch S. 178.

33 Soweit ich sehe, sind poetische Briefe in der Antike entweder in Hexametern (Horaz, Statius) oder in elegischen Distichen (Ovid) verfaßt.

34 Vgl. auch die Gliederung bei Dörrie S. 80–82.

35 Vgl. Dörrie S. 107 f., Anm. 29.

36 Vgl. die Götter- bzw. Allegorienerscheinungen bei Ovid am. 1,1 und 3,1.

37 Das Hauptproblem liegt hier darin, daß man nicht weiß, was der biographischen Tradition zuzuschreiben ist und was aus Sapphos Dichtung stammt. Vermutlich hat Ovid auf viele Einzelheiten aus Sapphos Dichtung angespielt, ohne sie »übersetzt« zu haben. Vgl. M. Treu: *Ovid und Sappho*. In: La Parola del Passato 8, 1953, 356–364; D. A. Campbell: *Quo modo Ovidius in epistula XVa poe-*

matibus Sapphicis usus sit. In: Ovidianum. Acta conventus omnium gentium Ovidianis studiis fovendis. Bukarest 1976, S. 197–200.

38 Vgl. Pap. Oxy. 1800; ähnlich auch Suda s. v. Sappho: ἔγραψε δὲ καὶ ἐπιγράμματα, καὶ ἐλεγεῖα καὶ ἰάμβους καὶ μονῳδίας. Vgl. aber Dörrie S. 83, mit Anm. 3.

39 H. Jacobson: *Ovid's Heroides*. Princeton 1974, 286–290.

40 Ebd. S. 289.

41 Ebd. S. 290.

42 Vgl. Thomas Mann. *Bekenntnisse des Hochstaplers Felix Krull* (Ges. Werke Bd. 7, Frankfurt/Main 1960, vor allem S. 436–450). Mann stellt Madame Houpflé als eine Schriftstellerin dar, die sich selbst als Dichterfürstin geriert; vgl. die Anspielungen auf den Dichterkranz (S. 440), die Reife der Dichterin (S. 440), ihre »intelligence extrême« (S. 443 und S. 446), ihre literarische Bedeutung (S. 445) und ihre Versicherung, Felix Krull werde durch ihre Dichtung unsterblich werden (S. 450).

43 Dörrie S. 217.

44 Vgl. M. Giebel: *Sappho* S. 51 ff.

45 Dem geht übrigens eine Reminiszenz an Sappho 94 D. voraus, wobei hier eine Verbindung mit dem Tod gestiftet wird.

46 Hinter der exotisch wirkenden Umschrift Kukuweia verbirgt sich das neugriechische κουκουβαγία = die Eule, altgr. κοκκοβάρη (vgl. d'Arcy W. Thompson: *A glossary of Greek birds*. London/Oxford 1936, repr. Hildesheim 1966, S. 150).

47 Der Granatapfel ist einerseits Symbol der Fruchtbarkeit; andererseits ist Persephone durch Granatapfelgenuß dem Hades verfallen (vgl. H. Gams in: Der kleine Pauly II. Stuttgart 1967, Sp. 866). Als Symbol der Fruchtbarkeit ist er Hera, Aphrodite und Athene geweiht. Hier stiftet das Symbol des Granatapfels eine Verbindung zwischen Liebe (Aphrodite), Ehe und Fruchtbarkeit (Hera), Klugheit (Athene) und dem Tod (Persephone), d. h. zwischen den Grundthemen dieser Rede.

48 Vgl. Vergil, Aen. 3,441–451 und Aen. 6,74 f.

49 Hier paraphrasiert Chr. Brückner ein indirekt überliefertes Sappho-Wort; vgl. 201 LP: Σαπφώ (φησιν) ὅτι τὸ ἀποθνήσκειν κακόν· οἱ θεοὶ γὰρ οὕτω κεκρίκασιν· ἀπέθνησκον γὰρ ἄν (εἴπερ ἦν καλὸν τὸ ἀποθνήσκειν).

50 Die Rede ist also auch der von Sappho häufig gepflegten Gattung des Hochzeitsliedes (Hymenaios und Epithalamion) verpflichtet (vgl. 131 D.; 132 D.). Zu Hymenaios und Epithalamion vgl. R. Muth: *Hymenaeus und Epithalamion*. In: Wien. Stud. 67, 1954, S. 5–45. Der antike Makarismos, der Preis von Bräutigam und

Braut, wird allerdings hier nicht als solcher verwendet, sondern zum letzten Preis des vorbräutlichen Standes umgewandelt.

51 Vgl. Anm. 49.

52 195 LP (Demetr. π. ἐρμ. [p. 37 Radermacher]), bei M. Treu (Hrsg.): *Sappho. Griechisch und deutsch.* München ⁶1979, S. 106.

53 Der Eisvogel spielt auch in der lyrischen Dichtung des Alkman eine wichtige Rolle (Alcm. 94 D.).

54 Damit erhalten die Worte ›*Es wird euch die Freude an der wärmenden Sonne bleiben (...), am spiegelnden Glanz der Wellen*‹ (S. 59) auch einen metaphorischen Sinn.

55 Ovid, met. 11,410–748.

56 Dies erinnert an Herrn Keuners Geschichte von Herrn Egge aus Bert Brechts »Maßnahmen gegen die Gewalt« (in: Bert Brecht: *Geschichten vom Herrn Keuner.* Frankfurt/Main 1971, S. 9 f. [Suhrkamp-Taschenbuch 16]).

57 Man darf hier ruhig an die Dichterverwandlung Horazens (c. 2,20) als hypothetische Alternative denken.

BARBARA SCHWARZ

Viele gute Rollen für Frauen

Uraufführung *Wenn du geredet hättest, Desdemona – Ungehaltene Reden ungehaltener Frauen* von Christine Brückner im Studio des Wilhelmshavener Stadttheaters. Ausverkauft.

Es bedarf keiner großen prophetischen Gabe, dieser Szenenfolge aus phantastischen Solonummern für Schauspielerinnen einen Bühnenerfolg auf breiter Ebene vorauszusagen.

Zum einen, weil die Autorin, Christine Brückner, zu den meistgelesenen Schriftstellern der Gegenwart gehört; gelesen vor allem von Frauen, die wiederum die Mehrzahl des Theaterpublikums stellen.

Zum anderen, weil den Theatern gute Rollen für gute Schauspielerinnen fehlen. Das Theater wird weitgehend von Männern bestimmt; von Dichtern und Autoren, Intendanten und Regisseuren, Dramaturgen und Bühnenbildnern, von Schauspielern. Es gibt wenigstens dreimal so viele gute Rollen für Männer wie für Frauen.

Aus dem auf den Bestsellerlisten stehenden Band der ungehaltenen Reden hatte die Landesbühne sechs in gekürzter Fassung ausgesucht. Katharina Fischer, freie Regisseurin, war die Inszenierung anvertraut worden.

Den Anfang machte Vera Ducci als »Goethes dickere Hälfte«, Christiane von Goethe geb. Vulpius im Vorzimmer der verwitweten Oberstallmeisterin Charlotte von Stein.

Obwohl gut 20 Jahre zu jung und zu zart für diese Rolle, stopfte sich Vera Ducci tüchtig aus, ließ sich, alt und krank geschminkt, mutig auf die Rolle ein. Man hätte dieser Figur – abgesehen von erwähnten Äußerlichkeiten – ein wenig mehr Witz und thüringische Gemütlichkeit gewünscht.

Godelieve Henne, vorgesehen für die Desdemona und die Megara, gab nach wenigen Minuten auf. Sie könne nicht mehr.

Die Schauspielerin war – so Intendant Georg Immelmann nach der Pause – während der Probenzeit krank geworden und hatte sich trotzdem bereit erklärt, zu spielen, sich damit aber offensichtlich überfordert.

Zu bewundern hier nur die Bierruhe der Regisseurin, die gemächlich von oben aus dem Saal auf die Bühne kam und meinte, das sei eben auch Theater.

Sigrun Kaethner sprang als Klytämnestra in die Bresche und beeindruckte sehr. Über die Atriden – ob Agamemnon, Orest, Elektra, Iphigenie – sind seit der Antike unzählige Dramen geschrieben worden.

Aber was weiß man schon über die Frau des sagenhaften Königs von Mykene, über Klytämnestra? Ihr, der Geliebten des Ägisthos, der Gattenmörderin, ein wenig Gerechtigkeit widerfahren zu lassen war ganz offensichtlich Christine Brückners Absicht.

In der Darstellung von Sigrun Kaethner erfuhr man etwas von dem, was diese Frau durchlitten haben muß. Eine starke Szene.

Auch in der Rolle der im neonerhellten Stammheim gefangenen Terroristin Gudrun Ensslin ist die Kaethner stark. Die Balance am Rande des Wahnsinns, das schafft sie mit leisen, intimen Tönen. Christine Brückner und ihre Interpretin, Sigrun Kaethner, zeigen in der Ensslin-Szene einen Menschen, der sich total verrannt hat, dem kein Ausweg in ein normales Leben mehr bleibt. Wahnsinn oder Selbstmord, das ist hier die Frage.

Auch Vera Ducci zieht als Effi Briest die Bilanz eines verfehlten Lebens; eines Lebens voller Sehnen, ohne viel Liebe und Verständnis. Vera Duccis differenzierte Darstellung, optisch unterstützt durch Eisblumen, erweckt Mitleid mit einer Frau, die wohl nie glücklicher war als auf ihrer Schaukel im elterlichen Garten.

Christine Brückner las abschließend die Tischrede der Katharina Luther geb. von Bora, in Auszügen eine der stärksten und zugleich auch komischsten des Buches. Man fragt sich, warum denn die Landesbühne diese Szene nicht gewählt hat. Das wäre doch eine Paraderolle für Barbara Dembeck gewesen, die – ohne Vera Duccis Leistung mindern zu wollen – auch die richtigere Christiane von Goethe gewesen wäre.

Ohnehin sind vier, maximal vielleicht fünf Szenen mehr als genug auf einmal; denn leichte Kost serviert Christine Brückner gerade mit Desdemona, Klytämnestra, Effi Briest und Gudrun Ensslin ja nun wirklich nicht. Weniger ist hier wirklich mehr. Man kommt auch als Zuschauer hier an die Grenze des Ertragbaren, des Aufnehmbaren.

Inwieweit jetzt der Erfolg des Abends – es gab viel Beifall – den Schauspielerinnen oder der Regisseurin zuzuschreiben ist, kann man, wie stets bei Ein-Personen-Stücken, nicht beantworten.

Angemerkt sei: Da auf der Vorderbühne agiert wurde, die Zuschauer auf der Hinterbühne saßen, hatten viele Zuhörer zumal bei leisen Szenen Mühe, akustisch zu verstehen, besonders, wenn in den Saal hinein oder hinter einer Plastikwand gesprochen wurde.

Die Bühne hatte Alexander Milojevic mit wenigen, nicht immer schönen (Goethe-Szene) Versatzstücken ausgestattet, einen eindrucksvollen optischen Rahmen aus gekettetem rotem Tuch gesetzt und im Zuschauerraum auch blutrotes Tuch und Fernsehgeräte (wozu?) ausgebreitet und aufgestellt.

(Wilhelmshavener Zeitung, 5. 3. 1984)

BIRGITT SCHEUERMANN

Neue Bilder der Weiblichkeit

Unter dem Motto »Weibsstücke« steht der erste Heidelberger Stückemarkt, der mit der Inszenierung von Christine Brückners *Wenn du geredet hättest, Desdemona* eingeleitet wurde. Peter Stoltzenberg hat einige dieser »Ungehaltenen Reden ungehaltener Frauen« als eigenen Beitrag des Heidelberger Theaters zum Stückemarkt inszeniert. In sieben voneinander unabhängigen Szenen spielen Barbara Klein und Christina Scholz verschiedene Frauen aus verschiedenen Epochen. Alle diese Frauen kennt man aus der Mythologie, Literatur und Geschichte nur mittelbar; in den fiktiven Reden der Christine Brückner sprechen sie nun selber für sich, zeichnen ihr eigenes Bild vom Weiblichen. Und diese Weibsbilder weichen erheblich ab von den Bildern, die sich die Männer von ihnen gemacht haben.

Christina Scholz ist eine Laura, wie sie bei Petrarca nicht vorkommt: Eine auf den Tod kranke, verbitterte Frau. Unsterblich, das wirft diese Sterbende dem Dichter vor, seien nur seine Schwüre und artigen Sonette gewesen. Sie aber habe ihn sterblich geliebt. Kein Engel, keine Heilige, nicht rein und tugendhaft will diese Laura sein. Zwischen jenen Fieberanfällen und Kälteschauern, die in der petrarkistischen

Lyrik Symbole für Liebeslust und -leid, für Laura aber echte Symptome ihrer Pestkrankheit sind, rechnet sie ab mit ihrem Petrarca und seinem Liebesideal, das für sie, die noch jetzt wild und leidenschaftlich sein kann, nichts anderes als grausam unerfüllte Liebe bedeutete.

Ohne Wildheit, eher mit verhaltener Wut und beherrschter Trauer, gestaltet Christina Scholz auch eine andere literarische Figur, Fontanes etwas blutleere Effi Briest, die bei Christine Brückner gleichwohl glasklare Worte der Erkenntnis findet, über ihre Erziehung, ihren Ehemann und die Moral ihres Jahrhunderts, das einer Frau wie Effi noch auf den Grabstein eine Ermahnung schreiben würde.

Wie Rilkes gefangener Panther bewegt sich Christina Scholz in ihrer letzten Rolle an diesem durchweg sehr spannenden Abend. Ein kleines beleuchtetes Viereck auf dem Bühnenboden begrenzt ihre rastlosen Schritte: Gudrun Ensslin in Stammheim. Diese Frau ist kämpferisch bis zur Sinnlosigkeit, vor allem in der Verweigerung längst ausgespielter Rollen: der Rolle als Pastorentochter, der Rolle als Mutter eines Kindes und als ehemalige Freundin des Dichters Vesper.

Bald wütend, bald teenagerhaft aufmüpfig sitzt diese Gudrun Ensslin in ihrer Zelle aus Licht – und träumt doch Augenblicke lang vom kleinen Glück, mit Mann, Kind, Häuschen und Beruf. So kann es gewesen sein? Christine Brückner hat in diesem Text offenbar keine Nähe, aber auch keine Distanz zu ihrer Protagonistin herstellen können. Der Text bewegt sich in einem Niemandsland zwischen Kopf und Herz, Kritik und Verstehen; die politische Analyse der Entwicklung Gudrun Ensslins rutscht unversehens immer wieder ins rein Emotionale ab, was platt wirkt und Unbehagen schafft. Mit den Personen, die die Geschichte schon in weite Ferne gerückt hat, kamen Autorin und Schauspielerin besser zurecht.

Barbara Klein spielte vier durchweg hand- und standfeste Frauen: Klytämnestra rechnet mit Agamemnon ab, Katharina Luther liest ihrem Martinus die Leviten, eine sächselnde Christiane Vulpius hat Schwierigkeiten mit der arroganten Frau von Stein, und die Hetäre Megara stellt sich in Kontrast zu Lysistrata: Nicht die sexuelle Verweigerung predigt sie den Frauen, um die Männer vom Kriegshandwerk abzuhalten, sondern das Gegenteil. Erschöpfte Männer, so ihre zwingende Logik, sind die schlechtesten Krieger. Bei aller Handfestigkeit, die diese Frauen als gemeinsamen Grundzug haben, verleiht ihnen Barbara Klein doch jeweils ein ganz eigenes, unverwechselbares Gesicht. Ihre Klytämnestra hat den Haß tragischer Größe, Frau Luther ist voll humoriger Energie, Frau Goethe ein unkompliziertes Kind von Fröhlichkeit mit einem deutlichen Stich ins Vulgäre, und aus der lebensklugen Hetäre spricht ein augenzwinkerndes Erbarmen mit den Männern.

Peter Stoltzenberg hat die Figuren jeweils in ihre charakteristische Umgebung gesteckt, die Bühnenbildner Erich Fischer simultan auf den schwarz ausgekleideten Bühnenraum brachte. Effi Briest sitzt im Biedermeierschaukelstuhl, Frau Luther am protestantisch strengen Ehebett, und Klytämnestra muß an der Grabstele Agamemnons ausharren. Lediglich Megara darf auch schon mal mit lebhaftem Schritt den Raum durchmessen. Freie Worte sind diesen Frauen – zumindest in der Fiktion – erlaubt. Daß sie dennoch gebunden sind, zeigt die räumliche Enge, auf die sie die Regie rigoros beschränkt. Der Worte dürfen sie sich bemächtigen. Räume zu erobern hat man ihnen noch nicht gestattet.

(Mannheimer Morgen, 4. 6. 1987)

Die Quints

ALBERT VON SCHIRNDING

Jeder findet heim

Aller erfolgreichen Dinge sind (mindestens) drei: Ihren beiden *Poenichen*-Romanen (*Jauche und Levkojen*, 1975; *Nirgendwo ist Poenichen*, 1977) hat Christine Brückner nun einen abschließenden Band hinzugefügt – daß wir mit ihm Abschied nehmen müssen von der Familiensaga der Quints, die dem Ganzen die Hauptfiguren, dem letzten Akt den Titel spendeten, ergibt sich aus der Engführung, mit der die Autorin ihre Heldin Maximiliane Quint, geborene von Quindt (mit Prädikat und dt bitteschön!), in ein Heidekloster bugsiert, wo sie wieder wird, was sie einmal war: ein adeliges Fräulein, preußisch und protestantisch. Wenn sie von ihren Kindern erzählt – von Joachim (»Mosche«), Golo, Viktoria (»Tora«), Mirka und Edda –, klingt es in den Ohren der Konventualinnen wie pure Phantasie. Eine vom Fernsehen inspirierte: die ersten beiden Romane gingen in sechsunddreißig Folgen über den vorabendlichen Bildschirm. Nun schließt sich der Märchenring.

Zu Beginn bietet uns die sechzigjährige Maximiliane, nach wie vor mit der Führung des aus dem fränkischen Familienstammsitz Eyckel hervorgegangenen Hotelbetriebs beschäftigt, »immer noch einen erfreulichen Anblick« – sogar in der Sauna. Zwar hat sie ein Leben voller Verluste, Gefahren, Strapazen hinter sich, schwindelerregend wie das

Jahrhundert, durch das es führte, aber aus dem Gleichgewicht geriet sie nie. »Ich war immer ein Flüchter«, sagt sie zu ihrer seßhaften Tochter – eine von den »Quindt-Essenzen«, die ihr halfen, sich im Zeitlabyrinth nicht zu verlieren. Das Geheimnis ihrer Lebenskunst steckt in dem Wort »durchkommen«, und es ist wohl auch das Rezept für den Erfolg ihrer Erzählerin. Ein altes Rezept übrigens; schon Homer hat davon musterhaften Gebrauch gemacht: Odysseus findet nach Hause. Was mich nicht umbringt, macht mich stärker.

Das Märchen muß, soll es sein Publikum erreichen, freilich zeitgemäß gewandet sein. Ein weiblicher Odysseus hat heute bessere Chancen, Katastrophen zu überstehen, der Hoffnungskredit ist höher. »Diese Frauen«, schreibt Christine Brückner, und keine Spur von Ungehaltenheit zerrt an ihren Stimmbändern, »taten das Nötige und nicht mehr und nicht früher als unerläßlich; sie brauchten Schicksalsschläge, sie mußten einen Stoß bekommen, damit sie sich in Bewegung setzten, Frauen für Notfälle, auch für Glücksfälle, aber nicht für alle Fälle.« Unter keinen Umständen für den Fall des Widerstands; von Antigone und Lysistrata sind Maximiliane und ihre Töchter sternenweit entfernt. Als der Pariser Rüstungsbetrieb Villemain & Fils Konkurs macht, spricht Mirka, die trotz ihrer Heirat mit dem Firmenchef an ihrem mangelhaften Französisch festhält, von »un catastrophe« – Katastrophen sind männlichen Geschlechts, gehen Frauen nichts an. Sie kehrt in ihren alten Beruf zurück, wird wieder Mannequin bei Jean-Louis Laroche . . .

Christine Brückner schreibt gegen das Katastrophendenken an, in dem sie eine spezifisch deutsche Unart zu erkennen glaubt. »Was diesem Lande fehlt«, moniert Mosche Quint, aus schwedischer Waldeinsamkeit in die Bundesrepublik remigriert, in seinen Berichten für ein skandinavisches Blatt, »das sind nicht Kritiker, die hat es zur Genüge, es fehlt ihm an Liebhabern.« Die epische Konsequenz, die sich aus dieser kritischen Anmerkung zur Kritik ergibt, ist ein Arrangement von Lebensläufen, die bei aller Verschlungenheit jedoch jeweils ihrer glücklichsten Lösung zugeführt werden: Keine Figur, die nicht zu sich selber fände – bemerkenswert oft in der heute privilegierten Single-Form. Stellvertretend für viele Ausstiegs-Träumer: Viktoria läßt sich als »Madame seule« in einem provencalischen Bauernnest nieder.

Der Widerspruch in Christine Brückners Charakteren kommt wahrscheinlich ihrer Anziehungskraft auf den gehobenen Leser zugute: Es sind allesamt sehr eigenwillige, ja sperrige Menschen; wer sich mit ihnen identifiziert, darf sich unerhört frei empfinden – und sie fügen sich doch rast- und restlos ein ins Getriebe, weil sie ja im Grunde ihres Herzens für das Positive sind, als Liebhaber Deutschlands und der Welt durch das Leben und die Romane gehen, die von ihnen erzählen (in einem auffallend trockenen Chronikstil). Der Lyriker Mosche beschließt eines Tages, Politiker zu werden. Seine grünen Wurzeln stecken in pommerscher Erde: Wie sollten sie keine Karrierefrüchte nähren? Der Hürdenlauf des als Inbegriff geistiger Unabhängigkeit konzipierten Quint-Sohnes und Quindt-Enkels gipfelt darin, daß er sich Visitenkarten und Briefpapier drucken läßt, wo neben seinem Namen »MdB« steht (»Mitglied des Bundestages«, fügt Christine Brückner für die Abkürzungsmuffel unter ihren Lesern hinzu). Auch er hat heimgefunden, und was die spröde Maximiliane an Mutterstolz allenfalls vermissen läßt, wird durch die spürbare Zufriedenheit der Dichterin mit ihrem Geschöpf, und nicht nur mit diesem, wettgemacht.

(Süddeutsche Zeitung, 22. 1. 1986)

CHRISTA ROTZOLL

Fehlt da nicht was?

Erfolg muß man ausschlachten. Romane, die zu Bestsellern gediehen sind, werden wie populäre Fernsehserien unbarmherzig verlängert, die Leute wollen es nicht anders. Sie haben sich mit den erfundenen Figuren eingerichtet und lassen sie ungern für immer ziehen. Wer sein Herz an *Buddenbrooks* gehängt hat, muß allerdings mit dem Roman, wie er nun einmal ist, zu Rande kommen. Thomas Mann wird von seinem Verleger Fischer kaum um einen Nachschlag gebeten worden sein. »Die Quints«, dieser Familienname als Romantitel, aber verheißt ein Wiedersehen mit gewinnenden oder auch problematischen Personen aus zwei früheren Romanen von Christine Brückner, aus *Jauche und Levkojen*, dem nunmehr zehn Jahre alten Prunkstück der Verfasserin, und *Nirgendwo ist Poenichen*, der Fortsetzung von 1977.

Maximiliane, die Zentralfigur, Maximiliane Quint, geborene von Quindt, ist, wenn's nun wieder losgeht, über sechzig. Sie hat als bessere Hausdame in einem mittelprächtigen Burg-Hotel noch immer stramm zu tun und ist, was Frau Brückner uns einschärft, »immer noch ein erfreulicher Anblick«, wenn sie auch zu viel wiegt. Doch ihre Arbeit, zumal die Umgarnung der Gäste, strengt sie allmählich sehr an. Mit Abenteuern, auch mit einer neuen Liebe, ist nicht mehr zu rechnen.

Wenn sie mit ihren nun erwachsenen Kindern etwas feiert oder aushandelt, wird allerhand Familiengeschichte aufgerührt. Ein Wiederholungskurs für Liebhaber der früheren Bände. Neue Leser haben da viel nachzuholen, manchmal zu viel. Man muß wohl eigentlich von Anfang an, bereits in Pommern und zu Hitlers Lebzeiten, dabeigewesen sein, um das weitere Ergehen von Maximilianes Kindern mit Neugier zu verfolgen. Als wendige Witwe, die fünf Kinder nach dem Krieg nicht ohne Schwindeleien durchbrachte, war uns Maximiliane lieb und teuer. Wenn sie nun wieder listig schwindelt, weil sie ihre alten Tage unter Klosterdamen zuzubringen wünscht, wirkt das nicht ganz so imponierend, auch kaum interessant.

Die Zeit spielt auch in diesem dritten Quintbuch keine Nebenrolle. Joachim, Maximilianes Ältester, Poet und später auch Politiker, spürt seinem 1945 umgekommenen Nazi-Vater nach. Joachims Vaterbuch bleibt ungedruckt, im Augenblick wird vorzugsweise mit den Müttern abgerechnet. Joachim, der sich eigentlich »entdeutschen« wollte, nimmt im Bundestag als Grüner Platz. Viktoria, die Zänkische, die Superlinke, die sich fast als Terroristin etabliert hätte, kommt nun als moderne Eremitin auf dem Land in Frankreich einigermaßen hin. Mirka, die Halbkirgisin, die ihr Leben einer Vergewaltigung verdankt, wohnt auch in Frankreich, eine weltkluge und schicke Schönheit, ohne Bildungsdrang oder politische Interessen. Sie ist nie ein Sorgenkind gewesen. Edda, eigentlich kein Kind Maximilianes, nur ein hin- und angenommenes ihres ehebrecherischen Mannes, vertritt als übertüchtige und dabei etwas tutige Gutsherrin, Familienmutter und Geschäftsfrau das traditionsbewußte und doch nervtötende Deutschland, das es schließlich auch noch gibt.

Die Zeit spielt weiter mit. Christine Brückner hat gewissenhaft Typisches eingesammelt und verteilt. Nur ist es nicht mehr Maximilianes Zeit, auch nicht die Zeit Frau Brückners oder meine. Die abgetretene oder abtretende Altersklasse sieht der tonangebenden mit Langmut oder mit Befremden zu. Sich den Jüngeren begeistert und verzweifelt aufzudrängen, sozusagen die Generation zu wechseln, nützt kaum und hat wenig Würde.

Die Grenze zwischen den Generationen wird in allen Büchern von Christine Brückner nicht verwischt, sondern betont, in diesem Roman allerdings auch manchmal überschritten. Doch nur scheinbar: Frau Brückner schmückt sich keineswegs mit den Erfahrungen und Gruppenstimmungen der Apo-Kinder, die nun auch schon Apo-Opas heißen. Im Gegenteil, sie läßt Maximilianes Sohn wie einen abgeklärten Sechziger reden oder schreiben: »Es wird hier eine Weltuntergangsprophetie betrieben, die zu tiefgreifenden, gefährlichen Depressionen führen muß. Was diesem Land fehlt, das sind nicht Kritiker, die hat es zur Genüge, es fehlt ihm an Liebhabern ... Dieses ganze Volk ... lamentiert. Wer Arbeit hat, klagt, daß er zuviel arbeiten muß; wer keine Arbeit hat, klagt, daß er keine hat. Es handelt sich um eines der wohlhabendsten Länder der Welt, aber wer die ›Tagesschau‹ auf dem Bildschirm sieht, wer die Zeitungen liest, könnte denken, es herrsche Not, Gewalt und Terror.«

So hören wir uns an, wir Alten, falls wir uns nicht jünger stellen, als wir sind. Wenn wir uns aber verstellen, muß man nicht erst hinhören. Bedenkenswertes oder Überraschendes kann jede Altersklasse nur den eigenen Vorräten entnehmen. Beim Ausgraben von weggesackten Einzelheiten aus den Kriegs- und frühen Nachkriegsjahren hat Christine Brückner nicht nur ihre Findigkeit bewiesen, sondern auch Courage. Maximiliane, Jahrgang 1918, war mit einem Sturkopf aus dem Reichssippenamt verheiratet, der seit den letzten Kriegstagen verschollen ist. Eine Vernunftehe: der noch mittellose NS-Mensch wollte vier Kinder haben und das schöne Gut in Pommern, das Maximiliane erben würde. Dem adeligen, auch adelssinnigen Großvater der Braut kam der aufstrebende und überzeugende Nazi sehr gelegen. Viktors Parteibuch würde wildgewordene Funktionäre weghalten, das Gut beschützen. Maximiliane ihrerseits war gern im BDM, sie wurde auch befördert. Ihre Lieder und Gedichte hat sie, so steht es im neuen Quint-Roman, »auch im ›Bund Deutscher Mädchen‹ gelernt«, nicht nur bei den »Fräuleins« auf dem Gut und den Diakonissinnen in Hermannswerder.

Klingt das borniert? Ist es sogar riskant? Fehlt da nicht was? Ein Hinweis auf mißbrauchten Eifer und die spätere Einsicht? Der fehlt und ist wahrscheinlich nicht vergessen worden. Doch höre ich aus dem beredten Schweigen nicht den Trotz der Unbelehrbaren heraus. Den Trotz, ihre Verweigerung, die Gereiztheit, die so oft zu spüren ist, erkläre ich mir anders. Die Generation Christine Brückners, die auch meine ist, hat, unabhängig vom politischen Milieu, zu viele Gedanken und Gefühle ihrer Jugendjahre wegdrükken, verwerfen müssen. Wenn etwas Spaß gemacht hatte, wie durfte es das damals? Hatte es weh getan, das war doch nichts! So wird die seelische Gesundheit noch im Alter untergraben. Daß sich Frau Brückner das nicht länger bieten lassen will, nicht ständig, nicht von jedem, könnte zum Erfolg dieser Romane beigetragen haben.

(Frankfurter Allgemeine Zeitung, 11. 10. 1985)

PETER JOKOSTRA

Leben und Literatur in Christine Brückners
Romantrilogie

»Das Leben hält sich oft eng an die Literatur und vermeidet dabei kein Klischee ... Einzig die Wirklichkeit beweist gelegentlich noch Mut zum Kitsch.« Mit solchen Leitsätzen markiert Christine Brückner ihre Position in der berühmt gewordenen und mit großem Erfolg verfilmten *Poenichen*-Trilogie, den drei Romanen *Jauche und Levkojen*, *Nirgendwo ist Poenichen* und abschließend *Die Quints*. Ein literarisches Werk von fast tausend Seiten brillant erzählter Menschengeschichte, ein Wurf in der eher verdüsterten, von Tretminen verunsicherten Literaturszene der Gegenwart. Christine Brückners Schlüsselsätze über ihre lebenspendende und jeden Leser auf andere Weise faszinierende »Heldin« – nennen wir sie weniger emotional Mittelpunktfigur – Maximiliane von Quindt, später mit bürgerlichem Namen nur noch Quint, sind Markierungspunkte, Orientierungshilfen. Sie setzen auch die menschlichen Wertmaßstäbe, so wenn die Erzählerin über diese Maximiliane mit den schönen »polnischen Taubenaugen« mitteilt: »Maximiliane war eine Mischung aus Keuschheit und Sinnlichkeit ... Sie besaß keinen logischen Verstand ... Sie entwickelte sich zu einem Original.«

Um diese Hauptfigur gruppiert sich eine Fülle von liebevoll in die Handlung einbezogenen Gestalten, zuerst natürlich die Kinder der mit Nachwuchs verwöhnten Frau: Joachim, Golo, Viktoria, Mirka und das »Kuckucksei« Edda. So entsteht ein großer Bilderbogen, ein Panorama und gleichzeitig auch ein Querschnitt durch die adlige *und* bürgerliche Gesellschaft unseres Jahrhunderts. Christine Brückner hat – und das ist keine verbrauchte Phrase im Wechselspiel von Literatur und Klischee – mit ihren drei Romanen eine Jahrhunderttrilogie geschrieben. Wir müssen sie im vergleichenden Kontext mit Horst Bieneks Oberschlesien-Saga, seiner erfolgreichen Gleiwitz-Tetralogie, mit Walter Kempowskis Rostock-Chronik, mit Arno Surminskis Landschaft und Schicksal beispielhaft verbindenden Masuren-Romanen *Jokehnen* und *Polninken* sowie dem *Heimatmuseum* von Siegfried Lenz nennen.

Es ist der weite Raum, der durch Hitlers Zerstörungsstrategie verlorengegangene Osten, das Land jenseits der Oder, das alle diese wichtigen Zeugnisse unserer gemeinsam erlebten und erlittenen Vergangenheit verbindet.

»Schreiben, das ist wie atmen, man hat keine Wahl.« Dieser Leitspruch, das Motto einer von ihrer eigenen Erzählung, von dem Strom, der sie trägt, mitgerissenen Romanautorin, besitzt für mich eine bindende Aussage. Er strahlt Kraft, Sicherheit und Disziplin aus. Er ist eine Chiffre für die im Wort, mit den souverän gehandhabten Mitteln der Sprache gebändigte Phantasie. Anders, ganz entgegengesetzt zu den eigenen Lebenserfahrungen, den Schrecken des Krieges, der Flucht, der Vergewaltigung und Vertreibung – wie sie Bienek, Kempowski, Surminski, Siegfried Lenz und andere motiviert haben –, schafft diese vielseitig gebildete, immer präzise informierende, punktgenau erzählende Frau ihr Werk aus der Unmittelbarkeit ihrer Vision heraus.

Die *Poenichen*-Trilogie ist ein Produkt der reinen Phantasie, wobei natürlich – wie könnte es bei einem blutvollen Erzähler anders sein – Autobiographisches eingeflossen und verarbeitet worden ist. Es gibt auf diesen rund tausend Seiten Prosa keine Zeile Kitsch, kein ausgewalztes Klischee, nicht einmal eine Peinlichkeit. Es ist eine oft sehr poetische Prosa, so wenn Christine Brückner den Aufenthaltsort des Lieblingssohnes ihrer Maximiliane Quint in Schweden, genau in Dalarna, schildert. Immer hält diese kluge Frau die Balance zwischen dem Leben und der Literatur. Literatur ist Leben. Und Leben wird in ihren Schicksalen, in dem abenteuerlichen und wagemutigen Dasein der Quindts und der Quints, die ihre Erfahrungen in Quindt- beziehungsweise Quint-Essenzen vermitteln und weitergeben – Leben wird unter diesem Aspekt oft zur Literatur im besten Sinn. William Faulkner hat es einmal so treffend und unwiderruflich formuliert: »Das Vergangene ist niemals tot, es ist nicht einmal vergangen.« Andere bedeutende Erzähler haben diese Erkenntnis übernommen, haben sie in Anspruch genommen, haben ihr Schaffen daraufhin abgeklopft und unter Faulkners Devise gestellt: Alfred Andersch, Christa Wolf, Helga Schütz.

Kaum hoch genug ist die Mitwirkung des Mannes der Erzählerin, des Autors Otto Heinrich Kühner, einzuschätzen. Er ist bekannt geworden durch sein 1953 erstmalig erschienenes Kriegstagebuch aus Rußland *Nikolskoje*. Ein bewegendes literarisches Zeugnis des jungen Offiziers gegen den Vernichtungskrieg, das ich gern neben Heinrich Bölls *Wo warst du, Adam?* stelle. Christine Brückner hat denn auch den zweiten Band der Trilogie mit einer Widmung versehen: »Meinem Mann, dem Schriftsteller Otto Heinrich Kühner, der das Leben der Quindts fünf Jahre lang ratend und helfend mit mir geteilt hat.« Das ist auch ein deutlicher Hinweis auf die kraftzehrende Mühe, die die Arbeit an so einem dicht vernetzten Familienroman kostet. Es mußte ja alles stimmen. Es durften ja keine Lücken, keine Durststrecken, keine geistigen und moralischen Fehlinvestitionen entstehen. Die Meute der Beckmesser und Besserwisser steht immer in den Startlöchern bereit, wenn es gilt, ein literarisches Werk, ein Kunstprodukt zu verteufeln, zu diffamieren und der Vergessenheit auszuliefern. Die Resonanz, das spontane Echo der betroffenen Leser war so überraschend und verblüffend, daß jeder Versuch, dieses Werk zu ignorieren, scheitern mußte. Im Gegensatz zu der sogenannten »Vertriebenen«-Literatur, die sich oft genug lediglich von fatalen Klischees und weltfremden, irrealen Forderungen ernährt, gehörte zu Christine Brückners vorurteilsfreiem Geschichtsbild Mut zur Wahrheit, zur Erkenntnis der Wirklichkeit, die sich keine Traumtänzer leisten kann, die sie einfach wegfegt von der Bühne des Zeitgeschehens. Diese Erzählerin hat sich von allen Belletristik – also nicht ideologisch-politische Literatur – schreibenden Autorinnen am weitesten vorgewagt mit ihrem Verständnis für die Sache der Grünen. Sie läßt in dem Roman *Die Quints*, in dem sich die Kinder Maximilianes in der vorgefundenen Wohlstandsgesellschaft, dieser zur Anspruchsgesellschaft verkommenen bürgerlichen Restauration, einen Platz zum Leben suchen, Maximilianes Lieblingssohn Joachim, genannt Mosche, den Weg in ein alternatives Leben einschlagen. Mosche wird sich in den Wäldern Dalarnas für die Politik entscheiden. Dieser Single, dem sein schwedisches Mädchen abhanden gekommen ist, bereitet sich auf den ökologischen Kampf vor. Er bewirbt sich um ein Mandat bei der Partei der Grünen in Bonn. Er wird dann wie seine Schöpferin Christine Brückner alle Wege demonstrativ mit dem Fahrrad zurücklegen – auch in Bonns Diplomatenviertel und Abgeordnetenzone.

Maximilianes zweiter leichtsinniger Sohn Golo, ein Gegentyp zu dem versonnenen, meditierenden Mosche, rast, kaum 17 Jahre alt, mit dem Auto seiner Mutter gegen einen

Baum und ist sofort tot. Fast zehntausend Verkehrstote jähr-
lich allein in unserem kleinen Wohlstandsland sind eine
schreckliche Bilanz, ein unverantwortliches Opfer, wenn
man bedenkt, daß das Auto eines Tages verschwinden wird
wie der Dinosaurier. Dieser fast zur Selbstverständlichkeit
gewordene Blutzoll gleicht einer verlorenen Schlacht, ist ein
permanentes Stalingrad.

Dieser langsam vom Dichter – er publizierte bereits in
Schweden einige Lyrikbände – zum Politiker herangereifte
Mosche wird auch in seiner eigenen Fraktion, also im Kreis
der Grünen, seine spezifische Note, seine Quint-Essenzen
nicht aufgeben. Er wird sich keinem Zwang fügen, wird sich
nicht unterwerfen. Er tritt vor seine Wählerschaft und seine
Gegner mit Argumenten und nicht mit Wahlslogans. Er fällt
auf wegen seiner Beharrlichkeit, seiner Eindringlichkeit und
seinem männlichen Charme. Die grüne Sache ist bei ihm in
guten Händen.

Brückners – ich darf Otto Heinrich Kühner einbeziehen –
führen trotz des Reichtums, der sie völlig unvorbereitet
durch die enorme Auflagenhöhe der *Poenichen*-Trilogie zu
jedem Luxus hätte verführen können, ein alternatives Leben. 1979, also vier Jahre nach *Jauche und Levkojen*, lag bereits die 9. Auflage von *Nirgendwo ist Poenichen* vor. Diese
Bilanz schlägt alle Rekorde. Es ist ein Phänomen, das man
nur mit Staunen zu registrieren vermag. Christine Brückner
verbringt ihre Freizeit in dem freundlichen Haus an der Pe-
ripherie von Kassel. Sie fährt als engagierte Alternative
grundsätzlich nur mit dem Rad, benutzt für notwendige
Reisen den Intercity, vermeidet das anonyme schnelle An-
kommen im Jet, aber wandert, wann immer sich eine Gelegenheit dazu bietet. Gemeinsam mit ihrem Mann schrieb sie
ein Buch *Erfahren und erwandert*, das man geradezu ein »literarisches Biotop« nennen könnte. Ihre Liebe gilt den Bäumen, unseren so gefährdeten Lebensspendern. Auch ihr literarischer Glücksfall Maximiliane – die selbst gar nicht
immer glücklich ist, sondern sich mit ihren Kindern durch

ein entwurzeltes Leben kämpfen und beißen muß, denn sie wurde ja mit der Wurzel aus der Erde von Poenichen, dem zehntausend Morgen großen Besitz des Freiherrn von Quindt, ihres Großvaters, gerissen –, auch diese Frau mit den »polnischen Taubenaugen«, die jedermann bezaubern, umarmt immer wieder die geliebten Bäume. Bäume sind Kraftquellen. Wir wissen, daß es ohne Bäume, ohne große zusammenhängende Wälder, wie eben in Pommern und Ostpreußen, kein Leben auf der Erde geben kann.

Christine Brückners Romanzyklus ist auch ein Gespräch über Bäume. Vor das 7. Kapitel des alternativ-ökologischen Romans *Die Quints* stellte sie zwei Leitsprüche, die sich gegeneinander aufheben. Zuerst Bert Brechts Ausspruch, den er angesichts der Greuel, Massaker und Verfolgungen der Nazizeit wagte: »Was sind das für Zeiten, wo ein Gespräch über Bäume fast ein Verbrechen ist?« Das hatte damals seine Berechtigung, ist aus heutiger Perspektive befremdend. Aus dieser Erkenntnis setzte Christine Brückner ein Gegenargument des alten Erich Landgrebe darunter: »Das sind dieselben Zeiten, wo es fast ein Verbrechen ist, kein Gespräch über Bäume zu führen.« Es mußte erst das Sterben der Bäume, der Tod der Wälder durch die Verseuchung von Luft und Boden einsetzen, um den Ahnungslosen, aber ebenso Betroffenen die vom Wohlstand geblendeten Augen zu öffnen. Landgrebes Appell nähert sich fast wortgleich dem Vers des Lyrikers Walter Helmut Fritz: »Inzwischen ist es fast / zu einem Verbrechen geworden, / nicht über Bäume zu sprechen.« So entwickelt die Erzählerin aus diesem hochaktuellen Motto ihre eigene Devise, und es gelingen ihr dabei meisterhafte Passagen poetischer Prosa aus den schwedischen Wäldern, während hierzulande die Bäume fallen und Parkplätzen, Garagen, Gartenzwergen und Betonlöwen weichen.

Wir stehen, und das hat Mosche-Joachim erkannt, dicht vor dem ökologischen Holocaust, vor dem Zusammenbruch der Menschheitskultur, des kreatürlichen Lebens auf der

Erde überhaupt. So argumentiert er denn in einem sogenannten »Sonntagsgespräch« im Zweiten Deutschen Fernsehen in Mainz auf die Frage: »Was bezeichnen Sie als möglich, was als unmöglich?« —

»Die ökologische und radikale demokratische Reform,
die nur durch eine tiefgreifende Änderung zu erreichen ist;
die etablierten Parteien halten das für unmöglich, die Alternativen für möglich und nötig.«

Es ist auch die Option der Autorin, die sich von diesem
mutigen Bekenntnis nicht distanziert. Mosche-Joachim ist
mehr als andere Gestalten ihres großen, Geist und Sinne be-
wegenden Romanzyklus Christine Brückners Geschöpf,
Zeuge ihrer Menschheitsvision. Aber auch Maximiliane und
ihr begabtester Sohn müssen sich gegen Diffamierung und
Hetze wehren. Als Mosche seine Mutter besucht, die sich
nach ihrem 60. Geburtstag, müde und erfüllt von einem langen tapferen Leben, in das Heidekloster Plummbüttel bei
Lüneburg zurückgezogen hat, wird er von einer Verächterin
der Grünen attackiert: »Diese grünen Politiker sind doch
von einer infamen Aufdringlichkeit. Nicht einmal vor
einem Kloster schrecken sie zurück.« Dieser primitiv denun-
zierende Ausspruch könnte als Motto für die versammelte
Dummheit mancher Zeitgenossen gelten.

Joachim heiratet ein tüchtiges Mädchen, die Tochter
eines Brauereibesitzers, dem der Stammsitz der Quindts
und Quints, die Burg Eyckel in Franken, zuletzt gehörte.
Inga, so heißt sie, freut sich auf ihren Grünen, dem sie bereits kurze Botschaften nach Dalarna geschickt hatte. Sie bekennt stolz: »Ein Grüner steht mir nahe.«

Christine Brückner ist eine Erzählerin, deren Substanz
sich noch lange nicht erschöpft hat. Sie drückt sich nicht vor
Tabus. Sie stellt sich den Problemen unserer Zeit. Das ist
auch das Geheimnis der Faszination, die von ihrer Hauptgestalt Maximiliane ausgeht. Sie glaubt an eine menschliche
Zukunft, obwohl alle Katastrophen wenig Hoffnung zulas-
sen. Christine Brückner führt ihre Menschen von Poeni-

chen, dem Großgut im pommerschen Sand, durch die Naziherrschaft, der jeder Tribut zollen mußte, durch die Hölle der Flucht vor den unerbittlichen Siegern in eine neue Freiheit. Sie wirft ihre ganze Kraft in diesen Prozeß, in die brandwichtige und von der Not diktierte Diskussion um eine alternative Existenz. Wir alle sind wie diese ruhelose, von ihrer Heimaterde vertriebene Flüchtlingsfrau Maximiliane Weltflüchter. Wir sind es ohne Ressentiment, ohne Rachegefühle und Haßgesänge, ohne irreale Besitzansprüche. Wir identifizieren uns mit diesen Menschen und würden ihnen gern das stolze Bekenntniswort des zum Widerstand entschlossenen Franz Kafka zurufen, das wiederholt in den Tagebüchern des Todkranken zu lesen ist: »Trotzdem leben!« Das heißt nicht nur über-leben, sondern intensiv, inbrünstig leben, leben wie die Quints angesichts der Heimsuchungen und niemals kapitulieren. So verstehe ich Christine Brückners Motto: »Mich wundert, daß ich fröhlich bin.« So bekommt es seinen tiefen, Leben und Schicksal bejahenden Sinn.

(Nachwort, in: Christine Brückner, *Die Quints,* Lizenzausgabe Bertelsmann, Gütersloh 1987, S. 314–320)

SIGRID BAUSCHINGER

Christine Brückner:
Das Werk und seine Leser

I

An kaum einem anderen Werk der zeitgenössischen deutschen Literatur läßt sich eine so enge, ja symbiotische Verbindung von Autor und Leser erkennen wie an dem Werk von Christine Brückner. Um diesem Phänomen nachzugehen, wird hier zunächst ein knapper chronologischer Überblick über die Romane und Erzählungen gegeben. Darauf soll die Rezeption dieses Werks bei den Lesern – den Berufskritikern wie dem Lesepublikum – untersucht werden, wobei auf die in jüngster Zeit temperamentvoll geführte Diskussion über die Unterscheidung zwischen der sogenannten Unterhaltungs- und ernsten Literatur Bezug genommen wird, in der Absicht, die Bedeutung dieses Werks als literarisches und Zeitdokument sichtbar zu machen.

Christine Brückners erster Roman hat seit seinem Erscheinen im Herbst 1954 eine starke Wirkung auf immer neue Leser ausgeübt. *Ehe die Spuren verwehen* erzählt die Geschichte einer jungen Frau, die, 1920 geboren, in den frühen fünfziger Jahren bei einem Verkehrsunfall den Tod findet, von dem man nicht weiß, ob sie ihn nicht selber gesucht hat. Das Leben der Gabriele Feldcamp wird nun von dem Mann aufgerollt, der zunächst glauben muß, an ihrem Tod schuld zu sein. Der Sparkassendirektor einer kleinen Stadt, Robert Gravenstein, erfährt so viel oder so wenig über die Tote, daß er mehr wissen muß. Schließlich verliebt er sich in sie und geht ihren Lebensspuren nach.

Er entdeckt einen Seidenfabrikanten, für den Gabriele einen Garten angelegt hatte. Obgleich sie seine Frau hätte werden können, hat sie ihn verlassen. Dann kommt der Sparkassendirektor in die kleine Stadt, in der Gabriele zur Schule ging. Dort erfährt er, daß sie innerhalb eines Winters ihren Vater, den Bruder und den Freund verlor.

Gravenstein findet als nächstes das Dorf, wo Gabrieles Vater Pastor gewesen war und wo sie im Krieg auf dem Hof des Bürgermeisters gearbeitet hatte, weil er ihre geisteskranke Mutter versteckte, die so vor dem Tod gerettet wurde. Schließlich findet der Sparkassendirektor das Buch eines amerikanischen Journalisten, das dieser unmittelbar nach dem Krieg über die europäischen Kriegsschauplätze geschrieben hatte. Damals war er Gabriele begegnet, die sich jedoch auch ihm entzog und nicht mit nach Amerika ging.

Gravenstein sucht sogar Gabrieles Mutter auf, die wieder in einer Anstalt lebt. Dieser Besuch und die Aufzeichnungen der Toten, die er in ihrer Wohnung findet, erklären endlich das rätselhafte Verhalten der jungen Frau. Aus Angst, wie ihre Mutter geisteskrank zu werden, hat sie nie geheiratet. Gravenstein, von seiner Obsession befreit, aber voll Liebe für die Tote, kehrt mit ebensoviel Liebe zu Frau und Kindern zurück.

Er war aus der Ruhe seines bürgerlichen Lebens gerissen worden, in dem berufliche Laufbahn und Familie in stetem Gleichmaß sich entwickelten und gediehen. Aber die »trügerische und weltfremde neue Sicherheit« werde in dem Roman transparent, schrieb Hans Weigel im Wiener *Bildtelegraf.* Hinter die »Seelenlage des deutschen Wunders« werde ein Fragezeichen gesetzt, indem der Sparkassendirektor »aus seiner zivilisierten Auto- und Kühlschranksicherheit aufgescheucht wird«.

Christine Brückner versucht in diesem Roman eine Rechtfertigung ihrer Generation. Das wird aus den Feldpostbriefen des jungen, verwirrten Soldaten Reinhold deutlich, der von der Möglichkeit, als einziger Sohn eines im Ersten Weltkrieg gefallenen Vaters nicht an vorderster Front kämpfen zu müssen, keinen Gebrauch macht. Gläubig wiederholt er die Phrasen, die ihm ein uniformierter Oberlehrer vorgesprochen haben mag. »Wenn man sich hier den Glauben an ein Schicksal, eine Vorausbestimmung unseres Lebens, an irgendeine Gesetzmäßigkeit bewahren will, dann muß man dabeisein.« (S. 125) Einerseits erkennt er, daß er in die Kriegsmaschine geraten ist, in der auch Frauen am Fließband Granaten drehen – er beschwört Gabriele geradezu, das nie zu tun –, andererseits will er sich aber an irgendeinen Sinn in der Sinnlosigkeit klammern und neben dem »Schrecklichen« doch noch das »Schöne« in einer Schlacht sehen. Auf dem Vormarsch durch Frankreich ergreift er jede Gelegenheit, in den Kirchen deutsche Orgelchoräle zu spielen, er liest Hölderlin und beklagt sein Schicksal, noch nichts komponiert zu haben.

Der Lebensabschnitt Gabrieles, den der Dorfbürgermeister erzählt, setzt sich ebenfalls mit der unmittelbaren Vergangenheit auseinander. Das Dorfmilieu und die ländliche Bevölkerung erstehen in realistischen Darstellungen. Der bäuerliche Bürgermeister und noch mehr sein Frau, die Gabrieles Mutter auf ihrem Hof versteckten, sind rechtschaffene Menschen, und wenn der Mann unter den Nationalsozialisten Bürgermeister blieb, so deshalb, weil der 1932 Gewählte nicht gleich wieder abgesetzt werden wollte, wie er offen gesteht.

In der Nachkriegsepisode lernt Gabriele den Amerikaner David kennen, wovon Gravenstein in dem ihr gewidmeten Buch des Journalisten erfährt. In diese Episode sind noch andere Nachkriegserfahrungen eingegangen. Während er Material für sein Buch sammelt, nimmt er »im Anfang mit Befremden, später mit zunehmender Abneigung wahr, daß unter denen, die der Krieg am grausamsten getroffen hatte, den Vertriebenen und Geflüchteten aus dem Osten Europas, ein Wettstreit im Gange war, wer von ihnen am meisten gelitten habe«. Dafür findet er die Formel vom »Neid des Unglücks«. (S. 157/8)

Ehe die Spuren verwehen ist deshalb ein so bezeichnendes

Zeugnis der fünfziger Jahre, weil Gabrieles Humanität ausschließlich in der Zurückgezogenheit des privaten Bereichs wirkt. Als das Buch 1979 wiederaufgelegt wurde, deutete Paul Barz in *Westermanns Monatsheften* (s. o. S. 106/7) gerade auf diesen Aspekt hin und meinte, wir sollten die Erfolgsbücher der fünfziger Jahre als Gradmesser für den Bewußtseinszustand einer Ära wieder lesen, die als Teil der deutschen Historie noch aufzuarbeiten und zu begreifen ist.

Christine Brückner hatte sich mit dem Romanmanuskript 1953 an einem Preisausschreiben des Bertelsmann Verlags beteiligt. Die Jury bestand aus fünf Autoren, den Deutschen Paul Fechter, Bernt von Heiseler und Reinhold Schneider, dem Schweizer Erwin Jaeckle und dem Österreicher Hans Weigel. Ihre Aufgabe war es, aus 754 Einsendungen »Romane von hohem literarischen Niveau« auszuwählen, die »einen großen Leserkreis ansprechen« sollten. Ihre erste Wahl fiel auf das Manuskript mit dem Titel *Spuren*, als dessen Verfasser die fünf Herren zu ihrer Überraschung eine Frau entdeckten. Den zweiten Preis erhielt Erich Landgrebe für den Heimkehrerroman *In sieben Tagen*, die beiden dritten Preise gingen an Ernst Khuon für *Gold auf dunklem Grund* und Johannes Weidenheim für *Das türkische Vaterunser.*

Christine Brückners zweiter Roman, *Katharina und der Zaungast*, erschien 1957. Wieder steht ein junges Mädchen, dem in Kriegs- und Nachkriegszeit eine noch größere Fülle von Erlebnissen widerfährt als Gabriele Feldcamp, im Mittelpunkt. Der Leser lernt Katharina als Achtzehnjährige 1938 kennen, als sie ihren väterlichen Freund, den Kunsthistoriker Bastian, besucht. Sie ist ein selbständiges Geschöpf und empfindet sich als Realistin und »Kind dieser Zeit«.

Im Krieg arbeitet sie als Rotkreuzschwester in Frontlazaretten, aber nach dem Krieg findet sie sich nicht mehr in einem geregelten Leben als Fürsorgerin zurecht und geht nach Irland auf eine Farm und später sogar in ein Kloster. Auch dort hält es sie nicht länger als drei Jahre. Sie kehrt wieder nach Deutschland und schließlich für immer zu dem im Krieg erblindeten Kunsthistoriker zurück.

Katharina und der Zaungast ist ein noch interessanterer Versuch der Vergangenheitsbewältigung. Der Konflikt zwischen Mitmachen und Zusehen wird in den Figuren von Katharina und dem Zaungast Bastian personifiziert. Nach dem Krieg erfährt sie, daß der »Landsknecht«, in den sie sich verliebt hatte, als Kriegsverbrecher an Polen ausgeliefert worden ist. Sie fühlt sich schuldig, weil sie nicht versucht hatte, ihn zu beeinflussen. Als sie später hört, daß er nach Verbüßung seiner Strafe aus Polen zurückgekehrt ist, fährt sie in die Stadt, in der er lebt. Die idealistische Katharina glaubt, ein Mensch wie dieser Jochen »kann doch nicht wiederkommen und hingehen und weiterleben, als ob nichts war«. (S. 127) Aber genau das geschieht.

Mit diesem Roman hat Christine Brückner vorerst für sich die Diskussion über die unmittelbare Vergangenheit beendet. Jetzt drängt es sie, neue Themen und neue Erfahrungen aufzugreifen. Einen Vorgeschmack erhält man bereits am Ende von *Katharina und der Zaungast,* wenn sich Katharina an eine Italienreise mit Bastian erinnert. Während er seinen Forschungen in der etruskischen Gräber- und Totenstadt nachgeht, erlebt sie einen für die »Fiesta dei Fiori« geschmückten, lebensprühenden Ort.

In Christine Brückners schriftstellerischer Entwicklung gibt es keinen größeren Sprung als den zwischen ihrem zweiten und dritten Roman. Welch ein Unterschied zwischen der melancholisch überschatteten Gabriele, der herben Katharina und der schlagfertigen Susanne aus *Ein Frühling im Tessin*! Daß dieser Roman zunächst als Fernsehfeature konzipiert wurde, kam ihm nur zugute.

Der Komödienvorwurf wird nach den altbewährten Regeln dramatischer Kunst ausgearbeitet. An einem Ort, dem

Tessin, in einer Zeitperiode, dem Frühling, spielt sich eine einzige Handlung ab, und für sie benötigt die Autorin nur ein begrenztes Personal. Hauptperson ist Susanne, die Erzählerin. Ihr Name läßt an ihre biblische Vorgängerin denken, denn Susannes Idee, die mögliche Nebenbuhlerin Lotte durch »vorgeführtes Eheglück« zu belehren, entspringt einem klugen Kopf. Das soll während einer Ferienwoche in Susannes Haus über dem Lago Maggiore geschehen. »Weil man Dreiecksverhältnisse nicht gewaltsam konstruieren soll«, (S. 6) lädt Susanne außerdem den Dichter und Junggesellen Friedrich Georg ein, der versteht, warum er eingeladen wurde, und der das Spiel mitmacht.

Susanne merkt jedoch, daß das von ihr inszenierte Stück nicht weiterführt, daß sie ihren Mann liebt und daß ihr verletzter Stolz im Grunde verletzte Eitelkeit ist. Der klassische Komödienschluß vereint drei Paare unter der Pergola der Casa Susanna, die auch den Außenseiter und »unmöglichen Liebhaber« Friedrich Georg in ihren Kreis mit aufnehmen.

Mit ihm ist Christine Brückner eine echte Komödienfigur gelungen. Er inspiriert ihre ironische Sprache, mit der sie über die Wohlstandsgesellschaft der fünfziger Jahre informiert, der Friedrich Georg und seinesgleichen eine geistige Aura verleihen. Susanne, die für diesen liebenswerten Individualisten trotz all seiner Schrullen eine deutliche Schwäche hat, führt mit ihm auch die amüsantesten Gespräche, in denen sich der »Brückner-Ton« ankündigt, der die Dialoge späterer Romane unverwechselbar machen wird.

Diese Leichtigkeit ist im deutschen Roman selten anzutreffen. Zumal an den deutschen Unterhaltungsroman wurde, wie Christa Rotzoll feststellte, nie viel Verstand, Geschmack und Witz verwendet. Deshalb sei der *Frühling im Tessin* etwas Besonderes, gerade weil er ohne höhere Ansprüche erzählt. (*FAZ*, 28. 5. 1960) Aufmerksame Rezensenten haben denn auch im *Frühling im Tessin* Eigenschaften entdeckt, die erst viel später in anderen Büchern der Autorin unübersehbar wurden. So stellt Effi Horn die »Aufrichtigkeit« heraus, mit der hier gezeigt wird, wie leicht jeder, auch der Betrogene, Dinge treiben läßt. Den Humor, mit dem die vielfältigen Verflechtungen von Sympathien, Widerwillen, Wünschen und Begehrlichkeiten dargestellt werden, sieht sie als eine »weibliche Spielart des alles verstehenden Fontaneschen« an. (*Münchner Merkur*, 6./7. 8. 1960)

Der Sprung vom *Frühling im Tessin* zu Christine Brückners nächstem Roman, *Die Zeit danach* (1961), ist ebenfalls groß. Der Roman beginnt am Tag vor der Scheidung Johanna Grönlands, die zehn Jahre mit dem Arzt-Vertreter Albert Grönland verheiratet war. Durch die Form des Tagebuchs wird der episodische Charakter des Romans verstärkt. Die Tagebuchschreiberin Johanna fügt ihren Aufzeichnungen auch abgeschlossene Geschichten ein, die mit ihrer eigenen in engem Zusammenhang stehen.

Obwohl der Roman mit Johannas Scheidung beginnt, führt er nicht nur die Szenen dieser Ehe vor, sondern stellt sie auch anderen gegenüber. Die Eltern geben ein Gegenbild zur eigenen Ehe, und die der Schwester spielt eine weitere Variation des Themas durch.

Johannas Ehe war zum Scheitern verurteilt, weil sie in den »Sog der Zeit« geraten war. Ihr Mann stammte aus »kleinen Verhältnissen«, dachte, »er müsse seiner Frau etwas bieten, sie sei es gewohnt . . .« (S. 62) Als die Tochter geboren wird, ist er nicht zu Hause, und als sie stirbt, ebenfalls nicht. »Der Sog der Zeit« als Scheidungsgrund, nichts wäre einleuchtender. Wachsender Wohlstand auf der einen Seite, ein immer sinnentleerteres Verhältnis der Ehepartner auf der anderen, das in Untreue endet.

Johannas Eltern führen ein zurückgezogenes Leben. Der Vater, ehemaliger Offizier, »der in ein falsches politisches Fahrwasser geraten war, ein Belasteter, einer, der lange inhaftiert war«, (S. 43) spekuliert jetzt an der Börse. Die Tochter läßt sich nicht weiter über die Vergangenheit des Vaters aus, aber sie stellt ihm die Frage, die sie angesichts seiner Ehe am meisten bewegt: »Warum seid ihr zusammengeblieben, ihr beide?« (S. 46) Er kann es nur durch das Wesen der Mutter erklären, ihre Fähigkeit, Distanz zu schaffen durch ihre Disziplin. »Haltung, Johanna«, ist daher auch die Devise, welche die Tochter wie ein Erbstück von den Eltern erhalten hat.

Als die Eltern bei einem Unfall umkommen, führt dieses Unglück die beiden Töchter zusammen. Johannas Schwester Cora ist ein ihr gänzlich entgegengesetzter Typ: »Ganz Hausmutter«, sparsam, tüchtig, »fest entschlossen, ihren Mann ein Leben lang glücklich zu machen und ihre Kinder zu guten, aufrechten Menschen zu erziehen«. (S. 54)

In Johannas Leben gibt es aber auch den Buchhändler J., einen Intellektuellen, der sie mit Worten betören möchte. Als er jedoch mit ihr auf die Insel Patmos fliehen will, kehrt die Realistin Johanna um, ehe das Schiff abfährt.

Das alles ist nicht auf Effekt, Spannung und Erschütterung abgestellt, sondern mit Scharfsinn und Witz beschrieben, wie Christa Rotzoll hervorhob (*Die Welt*, 21. 11. 61), die den Wechsel von Bissigkeit, Nachsicht, Widerwillen und Respekt in den zwischenmenschlichen Beziehungen als durchaus natürlich empfand. Das ist es auch, was Werner Wien »die faszinierende Unmittelbarkeit argwöhnisch belauerter Gefühle« genannt hat, die im »seelischen Detail dermaßen gescheit und formuliersicher« beschrieben seien, daß man befangen bleibe »gegen das seelische Faktum einer krampfhaft überspielten Enge im Gefühl, die den Zustand verteidigt, den der moderne Roman verlangt«. (*Tagesspiegel*, 25. 3. 62)

Die unbequeme Johanna, die »Gefangene ihrer Natur«, wie Wien sie nennt, die es allen schwermacht mit ihrer Gereiztheit, ihrem Alles-Heraussagen, ihrer Schwerfälligkeit, kann sich am Ende der *Zeit danach* dennoch selber aus dem Sumpf herausziehen, in den sie geraten ist. Das geschieht auf Patmos, wohin sie schließlich doch noch allein gelangt. Wie sehr sich Johanna auf der Insel verändert, zeigt bereits die Sprache, in der sie die letzten Aufzeichnungen niederschreibt. Kurze Sätze werden unverbunden aneinandergereiht, Bild folgt auf Bild, wie das Auge es aufnimmt. In dieser neuen Sprache nimmt sich Johanna ein neues Leben vor.

Christine Brückner demonstriert mit dieser Figur erneut, daß ihr das, was in den Menschen vorgeht, immer noch wichtiger ist als das, was um sie herum geschieht, obwohl es Ansätze gibt, beides ursächlich miteinander zu verbinden, wie das Scheitern von Johannas Ehe im »Sog der Zeit«. Aber auch das, was in Johannas Aufzeichnungen fehlt, trägt zu dem fragmentarischen und subjektiven Bild der Gesellschaft der fünfziger Jahre mit ihrer verdrängten Vergangenheit bei.

Wenn dann am Ende das objektivere Bild einer anderen, der Inselgesellschaft auf Patmos entsteht, so ist auch dieses von fast archaischer Zeitlosigkeit geprägt. In beiden Fällen verleiht die Situation der Erzählerin den von ihr dargestellten verschiedenen Welten und damit dem Roman seine Schlüssigkeit. Er ist in jeder Hinsicht bezeichnend für die Epoche, in der er entstand.

In dem folgenden Roman, *Letztes Jahr auf Ischia* (1964), wird die Isolation der Figuren von der Gesellschaft noch verstärkt. Es zeigt sich auch eine immer stärkere »Selbsterziehung der Autorin zur Nüchternheit und Aufrichtigkeit«, wie Geno Hartlaub es genannt hat. Die Sprache wird präziser, knapper und unverwechselbarer, die Erzählfigur lernt, von der Selbstbespiegelung der eigenen Gefühle abzusehen, die, indirekt, »um so erbarmungsloser in der Schilderung der männlichen Psyche zum Ausdruck kommen«. (*Deutsches Allgemeines Sonntagsblatt*, 27. 11. 66)

Ein Filmteam, bestehend aus dem schwedischen Komponisten Arne, dem Maler Paul, dem Kameramann Carlos und der Erzählerin, die den Text zu dem Film schreibt, hat sich auf Ischia bei einem Kleinbauern eingenistet. Der Film soll die von Menschen noch unberührte Natur zeigen und an die Mythen der Vorzeit erinnern. In drei Monaten hat das Team wenig zustande gebracht. Die Handlung wird jedoch durch den Kameramann Carlos vorangetrieben, einen wahren Faun aus Köln-Nippes. Er läßt sich mit der jungen Gelsomina ein, und beide werden von den Dorfbewohnern in flagranti erwischt. Paul und Arne verhelfen ihm zwar zur Flucht, aber eine Katastrophe ist nicht zu vermeiden. Die rachedurstige Familie der Gelsomina lockert die Schrauben an Arnes Wagenrädern, den Schweden kostet es das Leben. Carlos flieht mit seiner Frau Änne nach Capri, die Erzählerin und Paul bleiben auf der Insel zurück.

Ihre eigene Geschichte hat sie bereits Paul erzählt. Es ist die Geschichte einer Frau, die Mutter wurde, ehe sie Frau sein konnte, und die sich in doppelter Weise von ihrem Sohn betrogen fühlt. Auch die Geschichten anderer Figuren, so des reichen Inselbewohners Ernesto und einer geheimnisvollen Fremden, werden erst jetzt bekannt. Keiner hat nun mehr ein Geheimnis vor den anderen. Das wird die Zeit auf der Insel beenden, auf der man nur als Fremder unter Fremden leben kann.

Die Hauptrolle in diesem Roman aber spielt die Insel selbst. Die Handlung, meinte Grete Schüddekopf dazu, sei weniger wichtig als der suggestiv geschilderte Zustand, eine »polarisierte und etwas unheimliche Gemütlichkeit, diese auf Halbton gestimmte, ironisch-lethargische joie de vivre«, in der alles »wie mit halbgeöffnetem Mund« gesprochen werde. (*FAZ*, 16. 9. 64)

Ischia selbst wird nicht als glückliches Eiland beschrieben, seine schönen Aspekte treten zurück. Die Erzählerin vermittelt gleich zu Beginn ein häßliches Ischia-Bild. Angefaultes Obst schwimmt im Hafenbecken auf den Öllachen zwischen anderem Unrat. Unerträgliche Hitze drückt von einem wolkigen Himmel auf das unbewegte Meer. Tote Hunde und Katzen werden am Strand notdürftig verscharrt »und zwei Minuten später breitet jemand seinen Bademantel dort aus«. (S. 95) Unehrlichkeit ist das Kennzeichen der Inselbewohner. »Niemand wurde hier je von einem Haifisch angefallen. – Hier? Vielleicht woanders, hier nicht!

[. . .] Anderswo stiehlt man, aber nicht auf der Insel! Polio? Hier? [. . .] nicht bei uns.« (S. 58)

Aber die Insel kann auch schön sein und die Menschen, wenigstens für eine kurze Zeit, verwandeln. Unter den Stränden Ischias und in den Bergen schwelen die Feuer der vulkanischen Insel, die immer wieder die kleinen Wälder im Inselinnern entzünden. Diese unbeherrschbare Naturgewalt wird in dem Roman dazu eingesetzt, auch die Menschen zu beschreiben. In ihnen ist ebenfalls Energie verborgen, die, mit der Naturgewalt in Berührung gebracht, die wahre Natur des Menschen zeigt. »Flieht, Liebende, die Liebe! Flieht das Feuer! [. . .] Flieht schon beim ersten Blick!« Die Verse Michelangelos sind dem Roman als Motto vorangestellt, die Warnung wird von keiner Figur beherzigt.

Der komplizierten Geschichte der Erzählerin steht die einfache der Kleinbäuerin Jolanda gegenüber, der Frau, die nicht Mutter sein wollte, die Frau, die nur Mutter sein kann. Wie es denn die verschiedensten Mutterfiguren in diesem Roman gibt, angefangen von der großen Bärin am nächtlichen Himmel, die Zeus vor dem Tod durch den eigenen Sohn bewahrte, indem er beide in ein Sternbild verwandelte, über Carlos' wesentlich ältere Änne bis zu einer alten römischen Signora mit ihrem jungen Galan. »Sie könnte seine Mutter sein.« Der Erzählerin wird durch Pauls Bemerkung erneut bewußt, daß sie zehn Jahre älter als Arne ist, aber der faunische Carlos sieht keinerlei Schwierigkeit in dem Verhältnis zwischen einer älteren Frau und einem jüngeren Mann und kommentiert in der für die kleine Gesellschaft typisch kaltschnäuzigen Sprache: »Sie hält ihn aus. Er hält sie aus. Beiderseitiges Aus-halten.« (S. 54)

Die Ursache des zunächst so schwer verständlichen Verhaltens der Erzählerin ist also in ihrer Vergangenheit zu suchen und damit in der jüngsten Geschichte. Denn nur auf den ersten Blick ist das *Letzte Jahr auf Ischia* ein von seiner Zeit gänzlich losgelöster Roman. Darin gleicht er der *Zeit danach*. Auch dort gab es Verbindungen zur unmittelbaren

Vergangenheit, wenn sie auch nicht im Vordergrund des Interesses der Tagebuchschreiberin standen. In dem Ischia-Roman haben wir es ebenfalls mit äußerst selbstbezogenen Menschen zu tun, die sich von ihrer Vergangenheit befreien wollen und keine Vorstellung von der Zukunft haben. »Wir leben im Präsens«, (S. 30) sagt die Erzählerin, und sie schreibt auch im Präsens.

Ohne Vergangenheit gibt es aber keine Gegenwart, und wenn diese Frau ihre eigene Geschichte erzählt, holt die Vergangenheit sie ein. Der Vergleich mit den Figuren Hemingways, der sich dem Leser aufdrängt, geht tiefer als die oberflächliche Ähnlichkeit mit den ihre Tage in Cafés hinbringenden Fremden, Vertretern einer neuen »verlorenen Generation«. Die Existenz der Erzählerin ist durch den vergangenen Krieg geprägt. Auch von dem verkniffenen Paul, dem einzigen, dessen Geschichte man nicht erfährt, ist das anzunehmen. Er war ja auch »so ein Kriegsteilnehmer«. (S. 137) Selbst Carlos, von seiner Frau »das Werwölfchen« genannt, wurde als Sechzehnjähriger von der Kriegerwitwe aufgenommen, woraus sich eine höchst offene Ehe ergab: »Muttchen, sagt er, es wird mir hier zu eng in Nippes. Kein langes Palaver. Reisende Leute soll man nicht aufhalten. Geld kriegt er nicht, aber Vorwürfe kriegt er auch nicht.« (S. 120)

In dem Faun Carlos verbinden sich somit noch einmal alle Motive des Romans zu einem eigenen Geflecht. Auch er wird von der vulkanischen Inselatmosphäre erregt und gibt, seiner Natur entsprechend, dieser Erregung in der erotischen Verstrickung mit Gelsomina nach, bis seine Änne, auch sie eine Mutterfigur, ihn, wie damals das »Werwölfchen«, wieder unter die Fittiche nimmt. Damit fügt diese Figur den verschiedenen Tragödien auf Ischia das Satyrspiel hinzu.

Mit dem Roman *Der Kokon* (1966), dessen Taschenbuchausgabe 1971 den Titel *Die Zeit der Leoniden* erhielt, beschließt Christine Brückner eine Arbeitsepoche, in der es ihr um die Aufarbeitung von Themen der fünfziger Jahre ging, so wie die zwischen 1954 und 1960 entstandenen Romane und Erzählungen in den vierziger Jahren spielten. Im Lauf der Zeit wurden ihre Frauenfiguren älter. Gabriele Feldcamp, fast gleichaltrig mit der Autorin, und Katharina, die Heldin des zweiten Romans, erlebten den Zweiten Weltkrieg als junge Frauen. Johanna in der *Zeit danach* und die Erzählerin aus *Letztes Jahr auf Ischia* sind etwa zehn Jahre älter als ihre Vorgängerinnen. Mit ihrem nächsten Buch greift die Autorin das Thema der alternden Frau auf und schreibt die Erfahrungen der vergangenen drei Jahrzehnte einem Lebenslauf ein, der in assoziativ einander zugeordneten Episoden, also nicht in chronologischer Reihenfolge, und diesmal nicht in der Ichform erzählt wird. Der Roman enthält daher auch ungleich mehr an Zeitgeschichte als die beiden vorausgegangenen.

Der Leser lernt die Hauptfigur Wiepe Bertram neun Jahre nach dem Tod ihres Mannes, des Rechtswissenschaftlers Oscar Bertram, kennen. Sie ist 1905 geboren, und an ihrem 50. Geburtstag entschließt sie sich, fortan »im Nominativ« zu leben, nicht mehr als Tochter eines Zoologen, Gattin eines Juristen oder Mutter einer bekannten Journalistin. Wie Wiepe das besitzanzeigende Fürwort vermeidet und nie »mein Mann, meine Kinder« gesagt hat, so vermeidet sie Besitz überhaupt. In ihrem neuen Leben streift sie das alte wie einen Kokon ab. Sie kündigt die Wohnung, was sie mitnimmt, paßt in zwei Koffer.

Wiepe lebt nun, wie sie immer hatte leben wollen, eine Vogelexistenz in einer hochgelegenen Wohnung ohne Bücher, Radio und Fernsehapparat, Dinge, die zum Festsitzen und zur Unbeweglichkeit zwingen. Sie sammelt Schlehen und Hagebutten, Vogelnahrung, und reist viel umher, die Wohnung ist nur ein Nest auf Zeit, zu bestimmten Orten kehrt sie immer wieder zurück, auch das eine Vogeleigenschaft.

Den Prozeß des Alterns beobachtet Wiepe mit Interesse und wirkt ihm nicht entgegen. Als ihr Körper von einer

Krankheit befallen wird, die, wie sie weiß, zum Tode führt, tut sie auch dagegen nichts.

Wiepe Bertram wird ihren Töchtern gegenübergestellt, die, miteinander verglichen, ebenfalls einen Kontrast ergeben. Beide werden nicht als sympathische Figuren gezeichnet, sondern gehören zu jenen Frauen in den Romanen Christine Brückners, die es sich und einander schwermachen: Jenny, eine der aufsässigen Brücknerschen Mutterfiguren, und die ebenso schöne wie schwierige Journalistin Barbara.

In dem Kapitel »Die kleinen Mädchen« richtet sie den Blick auf deren Kindheit und damit auf einen Ausschnitt deutscher Vergangenheit. Während es sich in den beiden vorangegangenen Romanen um eine viel unmittelbarere Wiedergabe von Erlebnissen handelte, wird jetzt eine Auseinandersetzung mit der Vergangenheit versucht. Wiepe ist zwar, wie alle Frauenfiguren Christine Brückners, an Politik nicht interessiert, aber gerade dadurch geeignet zur Darstellung der gesellschaftlichen Situation. Politik war Männersache. Die Töchter sind zwei der NS-Propaganda mit kindlichem Eifer verfallene Mädchen. Wenn die Tochter Barbara später dem Vater Vorwürfe macht über die »im besten Lesealter« versäumte Lektüre von Thomas Mann und ihrer Mutter ebenfalls die »versäumte geistige Verantwortung« vorwirft, entgegnet Wiepe: »Hast du nie daran gedacht, daß Vater und ich Angst vor euch gehabt haben? Jahrelang.« (S. 93) Hier zeigt sich das ganze Ausmaß der bürgerlichen Tragödie im Dritten Reich, in welcher Familien wie die des Familienrechtlers Bertram ohne politisches Interesse geschweige denn Erfahrung, unvorbereitet, hilf- und tatenlos den Geschehnissen zusahen. Wiepes Antwort erinnert an die Szene »Der Spitzel« aus Bertolt Brechts *Furcht und Elend des Dritten Reiches*, in der ebenfalls ein Elternpaar vor der möglichen Denunziation durch den Sohn, einen fanatischen Hitlerjungen, zittert. Nicht von ungefähr spielt auch diese Episode in einer bürgerlichen Familie.

Professor Oskar Bertram sieht sich angesichts der politischen Entwicklung als Versager. In den ersten Kriegsjahren verfaßt er heimlich eine »Anklageschrift gegen den NS-Staat«, er wird langsam aus seiner Position gedrängt; nach dem Krieg war Bertram »ein gebrochener Mann«, (S. 115) der sich nicht einmal mehr ins Ausland wagt. »Wir können uns nirgends mehr sehen lassen [...] Allenfalls Wien.« (S. 117)

Die Figur des sensiblen Rechtsgelehrten ist eine der überzeugendsten im Gesamtwerk von Christine Brückner, auch sie die einer »Überlebensgeschichte«. In der Gegenüberstellung Bertrams mit seiner körperlich wie seelisch robusteren Frau weist der Roman auch auf die spätere *Poenichen*-Trilogie voraus, in der das Naturkind Maximiliane ebenfalls als die stärkere im Vergleich zu allen männlichen Figuren und daher auch weniger differenziert geschildert wird.

In der Wohlstandsgesellschaft der sechziger Jahre bildet Wiepe Bertram jedoch keine Gegenfigur. Die originelle Außenseiterin ist vielmehr nur in dieser Umgebung möglich, in der sie sich, gesichert durch eine großzügige Witwenpension, ihr Leben ganz nach ihren Wünschen einrichten kann, Beispiel einer »sanften Emanzipation«, wie Helene Schreiber es genannt hat. (*Rheinischer Merkur*, 3. 12. 82) Wiepes Existenz ist daher von modischen Akzenten keineswegs frei. Die Sprache des Romans weist Züge auf, die für die Autorin immer bezeichnender werden. Der Roman wird in der dritten Person von einer auktorialen Erzählerin erzählt, die mithin mehr weiß als ihre Figuren, mit welchen sie sich jedoch deutlich identifiziert. Der Leser wird in das Vertrauensverhältnis von Autorin und Figuren mit einbezogen, zum Beispiel durch den Gebrauch des Pronomens »wir«, mit dem die Erzählerin sich und den Leser meint, oder durch Fragen im Text, die als Fragen des Lesers vorausgeahnt und beantwortet werden. Diese Stilmittel gewinnen in den späteren Romanen noch an Bedeutung.

Die Schaffensphase zwischen 1954 und 1966 ist die vielfältigste in der Laufbahn Christine Brückners. Während der zwölf Jahre entstehen nicht nur vier Romane, sondern auch eine Vielzahl von Erzählungen, mehrere Hörspiele und Theaterstücke, lyrische Versuche und zwei Anthologien. Die Erzählungen erscheinen zunächst 1963 in der Sammlung *Bella Vista*. Daraus werden zehn Jahre später mehrere in die *Überlebensgeschichten* aufgenommen. 1984 schließlich erscheinen »Frühe Erzählungen« in dem Band *Was ist schon ein Jahr.*

Auch für die Erzählerin Christine Brückner gilt, was Walter Benjamin in dem Essay »Der Erzähler« gesagt hat: er nehme, »was er erzählt, aus der Erfahrung; aus der eigenen oder der berichteten. Und er macht es wiederum zur Erfahrung derer, die seiner Geschichte zuhören.« Deshalb ist für den Erzähler Geschichtlichkeit in ihrer konkreten Ereignisfülle so bedeutsam. Er ist, nach Benjamin, in denselben Realitätszusammenhang eingebettet wie sein Leser, als dessen Partner er sich sieht. Der Romancier hingegen hat sich abgeschieden, schreibt in der Einsamkeit und sucht den Sinn hinter den Ereignissen, selber ratlos und unfähig, Rat zu geben.

Betrachtet man im Hinblick darauf das Romanwerk Christine Brückners, so wird eine interessante Entwicklung deutlich. Benjamins Definition trifft in gewissem Sinn bereits auf ihre ersten beiden Romane zu, in vollem Sinn dann auf *Die Zeit danach* und auf *Letztes Jahr auf Ischia*, weniger auf den *Kokon* und noch weniger auf die *Poenichen*-Trilogie, in der die Autorin mehr und mehr wieder als Erzählerin fungiert, und am allerwenigsten auf das *Glückliche Buch der a. p.*

Die Nachkriegszeit war, wie Manfred Durzak in seiner ausführlichen Darstellung der *Deutschen Kurzgeschichte der Gegenwart* (Stuttgart 1980) gezeigt hat, eine Blütezeit für diese Gattung, zu der auch die Geschichten Christine Brückners zu rechnen sind. Wie zahlreiche ihrer Kollegen hatte sie von der angelsächsischen Literatur starke Impulse empfangen. Neben den Geschichten Hemingways waren das Carson McCullers *Ballade vom traurigen Café* und die Erzählungen der Engländerin Katherine Mansfield, die in diesen Jahren einen beträchtlichen Einfluß auf die deutsche Literatur ausübten. Dazu kam aber auch die spezifische Wirklichkeitserfahrung der deutschen Autoren, die Durzak mit den Worten Wolfdietrich Schnurres umreißt. Sie wurzelte »in der Überfülle an peinigenden Erlebnissen aus den Kriegsjahren, Schuld, Anklage, Verzweiflung – das drängte zur Aussage«. (S. 146)

Christine Brückners Erzählungen bilden gleichsam einen thematischen Mikrokosmos ihres Gesamtwerks. Der Zweite Weltkrieg bietet wiederholt den zeitlichen Rahmen oder motivischen Anstoß der Handlung. Die Bedeutung des Lebenslaufs bei Christine Brückner kündigt sich schon in den frühen Geschichten an. Ganz anders dagegen die handlungslosen Texte, die zeigen, daß nicht nur Erzählen, sondern auch Beschreiben eine Stärke der Autorin ist.

Was diese Geschichten verbindet, ist ihr moralischer Anspruch. Dabei vertritt die erzählende Moralistin stets eine christliche Moral und schließt sich damit der von Durzak als »christlich akzentuierten konservativen Strömung in der Literatur mit Autoren wie Wiechert, Carossa, Reinhold Schneider, Stefan Andres« (S. 15) an.

Christine Brückner hat wohl intuitiv erkannt, was Hofmannsthal in dem Essay »Die Ironie der Dinge« berichtet: wie er lange vor dem Ersten Weltkrieg den Ausspruch von Novalis, »Nach einem unglücklichen Krieg müssen Komödien geschrieben werden«, entdeckte und ihn zunächst wunderlich fand. Erst nach dem Krieg hatte er ihn besser verstanden. Das erste Theaterstück der Autorin ist ein Antikriegsstück par excellence, nach einem verlorenen Krieg als Komödie geschrieben.

Es spielt im Jahr 1347 in dem von den Engländern belagerten Calais. Während der englische König als Bedingung für die Entsetzung der Stadt sechs Geiseln fordert, die, »barhäuptig und ohne Schuhe, einen Strick um den Hals, die

Schlüssel von Stadt und Schloß in der Hand«, (S. 38) vor ihm erscheinen sollen, haben zwei Bürgerinnen von Calais, die junge, forsche Marianne und die »stadtbekannte« Lilla, eine andere Idee. Hundert Frauen sollen sich, nicht todesmutig wie die Männer, sondern voll Lebensmut, in das englische Lager schleichen und dort mit ihren Reizen Verwirrung stiften. Auch Marianne gelangt zu den Engländern und vor den König selbst. »Die Frauen, ohne deren Hilfe die Männer bisher überhaupt keine Kriege führen konnten«, sind nicht mehr »die großen Dulderinnen der Geschichte«, erklärt sie ihm, der die Bürger von Calais begnadigt. Aber ihr Denkmal erhalten sie doch, allerdings unter Mariannes Protest gegen die Dichter und Künstler, »Leichenfledderer der Geschichte«, denen die Phantasie für eigene Stoffe fehlt und die ein falsches Heldentum preisen.

Obwohl *Die Bürgerinnen von Calais* nie aufgeführt wurden, wird die Handlung den Kennern des Brücknerschen Werks nicht ganz unbekannt erscheinen. Der Gedanke, daß die Frauen nicht mehr »die großen Dulderinnen der Geschichte« sind, liegt einer der viel später entstandenen »Ungehaltenen Reden ungehaltener Frauen« zugrunde. Darin übernimmt die Hetäre Megara in ihrer »Rede an Lysistrate und die Frauen von Athen« Ideen und ganze Passagen aus dem früheren Stück. Vielleicht ist die Rede Megaras gerade deshalb zu einer der besten der ganzen Sammlung geraten, weil ihr Thema die Autorin schon so lange beschäftigt hat.

Es beruht auf der Vorstellung von der Frau in einer von Männern gemachten, aufgezeichneten und bedichteten Geschichte, an welcher sie bisher ohne eigenes Bewußtsein und demnach nur als Werkzeug der Mächtigen teilgenommen hat – wogegen die Feministen von jeher protestiert haben. Von den Historikern wurde sie ebenso im Stich gelassen wie von den Dichtern und Künstlern, die sich alle auf die Seite der Macht oder zumindest der Männer geschlagen haben. Daß die Frau unter diesen Umständen kein eigenes Bewußtsein entwickeln konnte, ist nur zu verständlich. Wie

Marianne aber schließlich die Lösung herbeiführen will, wird der feministischen Denkweise eher fremd erscheinen.

Von ernsten Dingen heiter zu handeln ist eine erklärte Absicht Christine Brückners, weshalb auch ihr zweiter dramatischer Versuch eine Komödie wurde.

Der Kokon oder Die Verpuppung der Wiepe Bertram wurde am 2. Juni 1983 im Grenzlandtheater in Aachen in der Regie von Paul Becker mit Elfriede Kuzmany in der Rolle der Wiepe uraufgeführt; im April des nächsten Jahres inszenierte es Egon Baumgarten am Fritz Rémond-Theater in Frankfurt.

Man hätte erwarten können, daß Christine Brückner nach der Beendigung des Romans *Der Kokon* sich in zunehmendem Maß zeitgebundenen Themen zuwenden und Figuren darstellen würde, deren Geschichte sich aus der Geschichte ihrer Zeit entwickelt. Das geschah auf überraschende Weise. *Das glückliche Buch der a. p.* von 1970 ist Autobiographie und Fiktion zugleich. Es stellt in einem »Report der Beziehungen zwischen einem Mann und einer Frau« (S. 5) nur leicht verschlüsselt einen eigenen Lebensabschnitt dar. Als Erzählmittel benutzt die Autorin den Briefwechsel zweier Schriftsteller, Agnes Piechotta und Johannes W. Hück, sowie Tagebuchauszüge der Erzählerin, Aufsätze, lyrische Texte, Reisebeschreibungen und kontrapunktische Episoden im Leben der beiden Hauptfiguren sowie Eintragungen der a. p. aus ihrer »schwarzen Kladde«. Die Montage ergibt schließlich das Panorama zweier Leben.

Von einer Handlung kann daher auch nicht eigentlich die Rede sein, eher von einer Entwicklung der dargestellten Beziehung. Sie setzt im Jahr 1954 ein. Was sich aus der brieflichen Verbindung und einigen Begegnungen in den folgenden 15 Jahren ergibt, ist die langsame Annäherung zweier Menschen, die beide die Erfahrung einer gescheiterten Ehe hinter sich haben und nur mit ungeheurer Vorsicht an den Gedanken einer neuen Bindung herangehen können. Der

Brief als Kunstmittel wird dabei »mit großer Sicherheit« eingeführt und ermöglicht eine »nuancenreiche Spontaneität der Mitteilung«, hatte Karl Krolow im *Deutschen Allgemeinen Sonntagsblatt* (s. o. S. 115) gesagt. Das Brief»modell« wird zum Ausdruck von Lebens»modell«: angesichts der Endlichkeit weiterzuleben, und noch dazu ohne sich dem Unglück hinzugeben, sich »fallen zu lassen [...] Man kann aber auch jeden Morgen den Kampf gegen die Traurigkeit aufnehmen, die überwunden werden muß. Glück ist kein Zustand, sondern eine Kraft.« Bezeichnend für die Autorin ist jedoch, daß sie diese Kraft nur dem Individuum zuspricht. »Glück ist Sache des Einzelnen.« (S. 340)

Dieses »glückliche Buch« gehört somit in die Reihe der Romane Christine Brückners aus den sechziger Jahren, in denen es jeweils um das »persönliche Glück« Einzelner geht. Hier ist eine Einzelne identisch mit der Autorin. Sie beschreibt am eigenen Beispiel die ganze Erfahrungsskala eines Lebens, von euphorischen Glückszuständen und verzweiflungsvoller Einsamkeit zu beruflichen Erfolgen und finanziellen Sorgen, mit großer Offenheit. Der Bekenntnischarakter des Buchs soll ein Höchstmaß an Authentizität erreichen. Letztlich aber geht es darum, das eigene Leben als exemplarisch darzustellen. Das wenn auch endliche und zerbrechliche Glück, will sie sagen, das hier zwei Menschen trotz aller Widerstände gefunden haben, ist auch für andere erreichbar.

In dem elf Jahre später erschienenen *Schwarzen Sofa*, das im Zusammenhang mit dem *Glücklichen Buch* gesehen werden muß, wird selbst auf die leichte Verschlüsselung der eigenen Biographie verzichtet. Vor diesem unverschlüsselt autobiographischen Werk hat Christine Brückner 1973 eine Reihe von biographischen Skizzen unter dem Titel *Überlebensgeschichten* veröffentlicht. Einige davon waren bereits in *Bella Vista* erschienen. Die neu hinzugekommenen und besonders die 1974 für das Reclambändchen *Lewan, sieh zu!* ausgewählten Texte stellen Lebensgeschichte als Zeitgeschichte dar. Überlebensgeschichten sind sie insofern, als sie die Lebensläufe der »Hinterlassenschaft« Hitlers erzählen, der Vertriebenen, Heimkehrer, Ausgebombten, Emigranten, Witwen und Waisen, »alle mit dem besonderen Kennzeichen ›deutsch‹, alle aus der Bahn geworfen«, wie die Chronistin in ihrer Vorbemerkung sagt.

Der Lebenslauf als literarische Gattung hat seit den sechziger Jahren viele Autoren beschäftigt. Erinnert sei an Alexander Kluges *Lebensläufe* (1964), an die damals völlig neuartige Form der »Protokolle«, in welcher Erika Runge (1970) in ihrem Buch *Frauen* diese ihre Lebensgeschichten erzählen ließ, an die gleichzeitig mit den *Überlebensgeschichten* erschienenen *Menschen in Deutschland* Max von der Grüns, an Peter Handkes Biographie seiner Mutter, *Wunschloses Unglück* von 1972, und an die Väterbiographien aus dem Jahr 1980, u. a. von Barbara Bronnen, Christoph Geiser, Peter Härtling, Christoph Meckel, Jutta Schutting, Brigitte Schwaiger und Günter Seuren. In all diesen Fällen wurde die Lebensgeschichte als die geeignetste Form angesehen, einen bestimmten Zeitabschnitt der deutschen Geschichte literarisch zu erfassen.

Christine Brückner ist es in ihren *Überlebensgeschichten* darum zu tun, ein möglichst breites Spektrum deutscher Lebensläufe darzustellen. Zu den von ihr Beschriebenen gehören eine Ärztin, ein Schriftsteller, ein Unternehmer, eine Sängerin, ein Pastor, ein Maler. Ihnen allen wurden die Lebenspläne zerstört. Die Kindergärtnerin, deren Bräutigam am Hochzeitstag zur Truppe zurückbeordert wird und nicht heimkehrt, geht mit 33 Jahren wieder zur Schule, studiert Medizin, überlebt die Assistenzjahre mit 40 Mark Kriegerwitwenrente und erhält mit 45 Jahren die Zulassung als Ärztin. Ein einsames Überleben, aber verschönt durch Musik. »Mit Vorliebe spielt sie Bach. Seine Fugen vor allem [. . .] Fuge – sich fügen.« (S. 15) Ganz anders der Schriftsteller Dr. L., ein Sonderling und »heiterer Pessimist«, ein »Emigrant noch immer«. In den fünfziger Jahren hatte der Verleger Peter Suhrkamp einmal zu ihm gesagt: »›Sie glauben doch nicht, daß ich einen sechzigjährigen Autor durchsetzen kann? Es ist zu spät, man muß heute viel früher beginnen.‹ Viel früher: da flüchtete er durch Europa [. . .]« (S. 18) Oder D. D., der als Vierzigjähriger 1945 in einer Gartenlaube mit einer Drehbank neu anfängt und 25 Jahre später als »eine Symbolfigur des kapitalistischen Wirtschaftssystems« dasteht. »Betriebsfamilie, freiwillige Sozialleistungen; *meine Leute*, aber: *unser Betrieb*.« (S. 61) Der Pastorensohn, Jahrgang 1921, stammt aus einem Elternhaus, in dem man sozial, aber auch national dachte. Der Vater »hielt Adolf Hitler für den richtigen Mann und nahm Verbindung mit ihm auf«. (S. 83) Das dauerte bis 1933, »als ihm die rassistischen Ideen Rosenbergs bekannt wurden«. Er fuhr nach Berlin, sagte »Hitler die Meinung«, verlor sein Amt und wurde verhaftet. Der Sohn hält dennoch an der Absicht fest, Offizier zu werden, und kommt in den Generalstab. Erst als der Bruder gefallen ist, erkennt er die »Verwerflichkeit des Systems [. . .] für das ich kämpfte«. (S. 84) 1950 kehrt er aus einem Straflager an der mongolischen Grenze verändert in eine veränderte Welt zurück, studiert Theologie und wird Pfarrer.

In diesen Geschichten nimmt sich die Autorin, wie sie eingangs bemerkt, das Recht, »den Menschen vor dem Menschen in Schutz zu nehmen, mildernde Umstände geltend zu machen; subjektiv, auch wenn die Berichte authentisch sind. Es wäre unmenschlich, sachlich über Menschen zu schreiben.« (S. 7)

»Dieser Satz ist nicht ganz in Ordnung, so human er klingt«, hatte Martin Gregor-Dellin dazu bemerkt, obgleich er den *Überlebensgeschichten* den hohen Rang einräumt, der ihnen gebührt. »Hier wird nicht angeklagt, keine logische Konsequenz gesucht, wo es keine gibt, nichts durch Schicksalsgläubigkeit beschönigt.« (s. o. S. 118) Es ist aber ein bemerkenswerter und für Christine Brückner bezeichnender Satz, denn er weist auf ihre Neigung hin, sich mit ihren Fi-

guren zu identifizieren, selbst hier in diesen »authentischen«
Lebensberichten, deren Authentizität durch die zugegebe-
nermaßen »subjektive« Beurteilung und Geltendmachung
mildernder Umstände einer als Verteidigerin fungierenden
Autorin eingeschränkt wird. Die äußerst konzentrierte Sprache erweckt jedoch wiederum den Eindruck der Authentizität. Sie ist in den meisten Texten, etwa in »Lewan, sieh zu!«,
durchaus sachlich, begnügt sich damit, Fakten aneinanderzu-
reihen: Grabinschriften, einen Eintrag im *Großen Brockhaus*,
Namen, Daten, dazwischen kurze Sätze, kaum je ein Ne-
bensatz, dafür viele Ellipsen. So weist bereits der sprachliche
Duktus der in ein Minimum an Text zusammengepreßten
Biographie die Verluste eines Lebens auf.

Obwohl Christine Brückner die biographischen Porträts
»mit dem besonderen Kennzeichen ›deutsch‹« versehen
hatte, wurde daraus kein Buch über Deutschland. Dieses
Buch schrieb, angeregt durch die *Überlebensgeschichten*, zu denen er ein Nachwort verfaßt hatte (s. o. S. 77–83), der
Freund Hans Weigel.

Das Nachwort wurde zu einer erstaunlichen Apologie,
denn Weigel spricht bereits hier, lange vor dem sogenannten Historikerstreit der achtziger Jahre, das Thema der
Schuldverrechnung an.

In seinem Deutschlandbuch, *Das Land der Deutschen mit
der Seele suchen* (1978), wird dieser Gedanke wiederaufgenommen. »Man sagt mit Recht: Dachau, Buchenwald,
Auschwitz, Mauthausen. Warum sagt man nicht auch: Ka-
tyn, Warschau?« (S. 47) Weigel will ebenfalls »den Menschen gegen den Menschen in Schutz nehmen«, und zwar in
noch stärkerem Maß, als das in den *Überlebensgeschichten* geschieht.

Christine Brückner hat Weigels Nachwort zu den *Überlebensgeschichten* in ihrem Roman *Das eine sein, das andere lieben*
von 1981 kommentiert. Dort sagt die Erzählerin einmal zu
ihrem jüngeren Gesprächspartner: »Ich war zwölf Jahre alt,
als Hitler über uns kam!« Worauf dieser bemerkt: »Er war

kein Gewitter!« (S. 155/6) Es folgt kein Widerspruch, sondern eine eindringliche Erläuterung.

Das Bedürfnis der Autorin, von sich selber Auskunft zu geben, war nach dem Schlüsselroman *Das glückliche Buch der a. p.* keineswegs erschöpft. Auch das Reisebuch *Erfahren und erwandert*, das sie zusammen mit ihrem Mann Otto Heinrich Kühner 1979 veröffentlichte, gehört in die Nachbarschaftt des *Glücklichen Buchs*. In den 24 Beiträgen Brückners und den 15 von Kühner sowie einem gemeinsam verfaßten kommen zwei ganz verschiedene Naturen zu Wort; in dem zweiten gemeinsamen Buch, *Deine Bilder/Meine Worte* von 1987, erscheint Otto Heinrich Kühner als Maler, dessen Bilder die Texte von Christine Brückner inspirieren.

In den Aufzeichnungen, die Christine Brückner 1981 unter dem Titel *Mein schwarzes Sofa* veröffentlicht hat, spricht die Autorin am direktesten zu jenen, welchen sie das Buch gewidmet hat: »Meinen Lesern«. Ihnen erzählt sie von ihrem Leben, ihrer Arbeit und ihrem Denken. Dazu ist keine Verschlüsselung einer c. b. in eine a. p. mehr nötig. Unverschlüsselt erscheint die Autorin vor ihren Lesern, in gewisser Weise auch schutzlos. So ist ein authentisches Bekenntnisbuch entstanden.

Zahlreiche Themen des Bandes hatte sie zunächst in einer Zeitungskolumne diskutiert. Sie reichen von Betrachtungen darüber, wozu die religiösen Feste im privaten Leben und öffentlichen Bereich verkommen sind, über die Mechanisierung in der Landwirtschaft bis zur Darstellung der Liebe in der zeitgenössischen Kunst und der Diskussion über die Abstumpfung, welche die Medien bei Lesern und Zuschauern bewirkt haben. »Etwas Besonderes«, sagte die Autorin bereits 1980, »wären eine gelungene Entführung, ein Schaden in einem Atomkraftwerk, so ein richtiger GAU.« (S. 220)

Die über das Buch verstreuten Reiseschilderungen wie die eines Aufenthalts in Jerusalem verarbeiten jüngste Eindrücke. Schließlich läßt die Verfasserin ihre Leser an der

Entstehung eines Textes teilnehmen, indem sie die »Versuche, Klytämnestra zu rechtfertigen« an acht verschiedenen Stellen einfügt. Schon in der Rezension der *Neuen Zürcher Zeitung* (5. 2. 82) hieß es, diese »wilden, haß- und racheerfüllten Monologe würden ein eindrückliches, bühnenwirksames Monodrama ergeben«. In der Tat, der letzte Teil, Klytämnestras Rede an den toten Agamemnon, erschien 1983 in den *Ungehaltenen Reden ungehaltener Frauen* und wurde zu einem der meistgespielten Texte der Sammlung.

In keinem anderen Buch Christine Brückners wird die Bedeutung, die ihre Leser für sie haben, klarer herausgestellt als im *Schwarzen Sofa*. In ihrer Selbstdarstellung erscheint die Schriftstellerin aber auch in noch stärkerem Maße, weil noch authentischer, als Moralistin, die sich auf den christlichen Glauben stützt und beruft. Das wird nicht nur an Themen deutlich wie der Unfähigkeit ihrer Zeitgenossen, die Weihnachts- und Osterfeste christlich zu feiern. Der Verlust an Religion überhaupt wird beklagt. In den letzten zehn Jahren hatte er für sie unbegreifliche Ausmaße angenommen, »ich sehe ihn mit Erschrecken. Wie sollen wir leben? Wie sollen wir sterben? Wenn wir beiseite schieben, was uns dabei helfen könnte. Religion: Bindung an Gott.« (S. 139)

»Der Roman soll ein Bild der Zeit sein, der wir selber angehören, mindestens die Widerspiegelung eines Lebens, an dessen Grenze wir selbst noch standen oder von dem uns unsere Eltern noch erzählten.« An diese Regel, die Theodor Fontane in einem Aufsatz über Gustav Freytags *Ahnen* entwickelt, hat sich Christine Brückner in ihrem Roman *Jauche und Levkojen* gehalten, der 1975 erschien und mit dem ihre Romankunst auf einen neuen Höhepunkt gelangte.

Mit dem großen Vorbild Fontane ist dieses Werk auf vielfache Weise verbunden. Bereits der Titel stammt aus einem Brief Fontanes an seine Frau aus dem Jahr 1871, in dem er von den Düften berichtet, die im Seebad Rüdersdorf durch sein Fenster strömen: eine Mischung aus Jauche und

Levkojen, »erstrer prävalirend, und giebt ein Bild aller Dinge. Das Leben ist nicht blos ein Levkojengarten«.

Der Roman spielt darüber hinaus in einem echten Fontanemilieu, dem Gut Poenichen in Hinterpommern, dessen Besitzer, Joachim von Quindt – ebenfalls eine Fontanefigur –, die Humanität und das »heitere Darüberstehn« eines Dubslav von Stechlin spiegelt. Schließlich sind diese Fontanefiguren zugleich Fontaneleser, denn auf Poenichen gibt es ein mit zahlreichen Anstreichungen versehenes Exemplar von *Effi Briest.*

Die Enkelin Joachim von Quindts, Maximiliane, wird an dem Tag getauft, an dem die Nachricht vom Tod ihres neunzehnjährigen Vaters 1918 von der Front in Frankreich eintrifft. Nach einer Kindheit in der paradiesischen Poenichen-Welt und einer kurzen Zeit in der evangelischen Schulgemeinde Potsdam-Hermannswerder heiratet sie 1937 Viktor Quint, den sie auf einem »Sippentag« der weitverzweigten Familie kennengelernt hat. Der überzeugte Nationalsozialist kommt im Zweiten Weltkrieg um, und Maximiliane verläßt Poenichen mit vier Kindern in einem Flüchtlingstreck in dem Augenblick, als der alte Baron seine Frau und sich erschießt.

Maximiliane, von ihrem Treck im Stich gelassen, schlägt sich mit den vier Kindern und einem Handwagen allein durch. Selbst eine Vergewaltigung durch einen russischen Soldaten bleibt ihr nicht erspart. So erreicht sie, in Erwartung eines fünften Kindes, das zerstörte Berlin, das aber nur eine Station bleibt auf der Flucht in den Westen.

»Es gibt Themen«, bemerkte die Autorin einmal, »die liegen auf der Straße, und Themen, die liegen in der Luft. Ich greife mir meine Themen lieber aus der Luft.« Als sie 1972 beschloß, einen Roman über eine »Simplizia Simplizissima« zu schreiben, deren abenteuerlicher Weg durch die Kriegs- und Nachkriegszeit führen sollte, wie es eine Notiz bereits 1970 festhielt, lag das Thema »Flucht und Vertreibung« unter einem neuen Aspekt »in der Luft«. Seit 1970 hatte die

Bundesrepublik die sogenannten Ostverträge abgeschlossen, darunter den Warschauer Vertrag, in dem die Oder-Neiße-Linie als westliche Staatsgrenze Polens anerkannt wird. Die Geschichte der Maximiliane von Quindt muß auch im Licht dieser Verträge gelesen werden.

Die Hauptfigur des ersten *Poenichen*-Romans ist der alte Quindt, eine Gegenfigur zum Klischee des »preußischen Junkers«, der das Ende der Gesellschaftsordnung seiner Zeit ebenso voraussieht wie Dubslav von Stechlin.

Die politische Gesinnung dieses Mannes konnte nur eine liberale sein. Alle Exzesse kommentiert er mit dem Satz: »Das verwächst sich auch wieder.« (S. 136) Er nimmt damit eine Haltung ein, die Georg Lukács in seiner Studie über den »alten Fontane« kritisiert hatte, ein »Alle-Fünfe-grade-sein-Lassen«. Fontane selbst hat sie in einem Brief positiver als »heiteres Darüberstehn« bezeichnet.

Dubslav von Stechlin oder der ihm verwandte Professor Wilibald Schmidt in Fontanes *Frau Jenny Treibel* konnten allerdings mit ihrer unvergleichlich melancholischen Heiterkeit über den Enttäuschungen des Lebens stehen, denn sie hatten es nicht mit dem Bösen zu tun, sondern mit menschlichen Schwächen, über die sich lächeln läßt. Das will auch die Autorin von *Jauche und Levkojen*. »Nichts ist so böse, daß es verdammt würde, nichts so gut, daß nicht ein paar Flecken darauf anzubringen wären«, hatte Werner Ross in seiner Besprechung des Romans gesagt. (SDR, 14. 1. 76) Auf ihn geht auch die Bezeichnung »Fontanes Enkelin« für Christine Brückner zurück. (s. o. S. 129)

Die Geschichte dieser Familie und einer deutschen Epoche wird ganz im Licht der Versöhnung erzählt. Daß sich Maximiliane mit dem Verlust von Poenichen abfindet, darauf wird es ja auch im zweiten Band hinauslaufen. Quindts Enkelin wird zwar Poenichen nicht mehr erben können, aber sie erbt die versöhnliche Natur ihres Großvaters.

Wer sich so wie Christine Brückner in diesem Roman auf einen literarischen Vorgänger bezieht, muß sich den Ver-

gleich mit ihm gefallen lassen. Es ist ihr gelungen, Fontanefiguren in einem Fontanemilieu gleichsam weiterzuschreiben. Die symbolische Vertiefung Fontanes hat sie aber bei
der Stoffülle gar nicht beabsichtigen können. Der Poenicher
See ist ein hübsches Gewässer, an dem sich eine Sommer-
woche lang eine Liebesgeschichte zwischen Maximiliane
und einem Manöveroffizier abspielt. Der Stechliner See jedoch ist auf geheimnisvolle Weise mit dem Weltgeschehen
verbunden, »und um *das* Thema dreht sich die ganze Geschichte«, heißt es in einem Briefentwurf Fontanes. »Zum
Schluß stirbt ein Alter, und zwei Junge heiraten sich; – das
ist so ziemlich alles, was auf 500 Seiten geschieht.«

In *Jauche und Levkojen* aber geschieht unendlich viel mehr,
und alles, was geschieht, »kommt aus Literatur und wird Literatur«, hatte Harald Hartung gesagt (s. o. S. 132), der auch
die Verliebtheit der Autorin in ihre Figuren als den Grund
dafür erkennt, daß sie nicht kritisiert werden. In den vielen
Plaudereien und tiefsinnigen Gesprächen zwischen Dubslavs
Sohn Joachim und seinem Freund und Lehrer Pastor Loren-
zen wird die sich anbahnende Veränderung zwischen »dem
Alten« und »dem Neuen«, dem Niedergang der bisher ein-
flußreichen Aristokratie und dem Aufstieg der Sozialdemo-
kratie, gründlicher diskutiert als die politische Wende, welche die Menschen in *Jauche und Levkojen* erleben. In diesem
Roman geschieht viel, und alles geschieht schnell. Auch
Fontanes Humor ist anders geartet als der auf Versöhnung
ausgerichtete von Christine Brückner, er schuf »Widerha-
ken, die seinen Zeitgenossen in der Haut hängen blieben«,
schrieb Ingeborg Drewitz in ihrer Rezension von *Jauche und
Levkojen* (*Der Tagesspiegel*, 21. 12. 75). Der jüngere Roman
erzählt höchst unterhaltsam und in den Quindt-Passagen mit
feiner Ironie und einer sprachlichen Gewandtheit, in welcher es der Autorin kaum jemand in der zeitgenössischen
deutschen Literatur gleichtut, *wie* es war, und behauptet sich
damit neben Horst Bieneks schlesischer Tetralogie und der
Familienchronik Walter Kempowskis. Er unterscheidet sich

auch »deutlich von den Abrechnungsreportagen der Nachkriegszeit«, wie Kurt Lothar Tank bemerkte (*Welt am Sonntag*, 17. 9. 75). Aber *warum* es so war, die schwierigste Frage,
die sich die zeitgenössische deutsche Literatur stellen kann,
wagt auch *Jauche und Levkojen* nicht zu beantworten.

Eine Fortsetzung des Romans war von vornherein geplant. *Nirgendwo ist Poenichen* erschien 1977, »trotz ein-
schüchternder Konkurrenz von Günter Grass, Uwe Johnson
und Siegfried Lenz u. a., die in ihren Büchern Erinnerungen
an die verlorenen Ostgebiete beschworen hatten«, stellte
Harry Neumann (*Saarbrücker Zeitung*, 4. 12. 77) fest. Die be-
deutendste Leistung des zweiten *Poenichen*-Romans sieht
Neumann darin, daß aus einem tragischen Stoff kein pathe-
tisches Buch wurde.

Der Roman bietet ein großes Nachkriegspanorama.
Heimkehrer- und Flüchtlingselend, schwarzer Markt und
Tauschwirtschaft, Entnazifizierung und Lastenausgleich
werden an den Quints demonstriert. Das aus *Jauche und
Levkojen* übernommene Versöhnungsmotiv bestimmt die
Geschichte der heimatvertriebenen Gutserbin, die jedoch
von einem ununterdrückbaren Heimweh beseelt ist. Trotzdem beteiligt sie sich in keiner Weise an den politischen Bemühungen ihrer Mitvertriebenen, die verlorene Heimat zu-
rückzugewinnen. Die Schilderung des Pommerntags 1958
ist eine wichtige Vorbereitung für den Schluß des Romans.
Bei dem abendlichen Fackelzug erinnert sich Maximiliane
an ähnliche Aufmärsche ihrer Jugend, sie »erkannte Zusammenhänge, erlebte eine der großen Nachhilfestunden in der
Schule des Lebens«. (S. 190) Diese vorsichtig formulierte,
aber zugleich wichtigste Erkenntnis der gesamten *Poenichen*-
Trilogie ist ihre politische Botschaft. Christine Brückner ist
viel zu klug, um das Versöhnungsthema der drei Romane
lediglich in der Natur ihrer liebenswürdigen Figuren zu ver-
ankern. Sie gab diesem Thema auch eine feste historische
Grundlage.

Schließlich reist Maximiliane nach Polen, um Poenichen

wiederzusehen. In dem verwilderten Park ist von dem Haus außer drei Säulenstümpfen nichts mehr zu erkennen. Hier macht sie ihren Frieden mit der Geschichte.

Im dritten Band der *Poenichen*-Trilogie wird gezeigt, daß aus den Quints schließlich doch etwas geworden ist. Auf die fünf Lebensgeschichten der Mutter und der vier überlebenden Kinder kommt es der Autorin aber eigentlich gar nicht so sehr an. Während der alte Freiherr von Quindt die Hauptfigur von *Jauche und Levkojen* war und seine Enkelin Maximiliane die des nächsten Bandes, so ist ihr Sohn Joachim der eigentliche Mittelpunkt der *Quints* und das Sprachrohr der Autorin, die durch ihn ihre Meinungen über die zeitgenössische Bundesrepublik, wie sie ist und wie sie sein sollte, ihr eigentliches Anliegen, kundtut.

Im »Sonntagsgespräch« des ZDF summiert Quint seine politische Philosophie: »Was ich anstrebe, ist eine Entpolitisierung des Alltags. Der Idealzustand wäre, daß der größere Teil der Bevölkerung nicht weiß, von wem er unauffällig und reibungslos regiert wird. Statt der Politiker sollten Philosophen, Dichter, Theologen gehört und gelesen werden. Wie man leben soll, wie man sterben kann. Das sind Fragen, die nicht die Politiker beantworten können. Sie sind nur ausführende Organe im Dienst der Denker.« (S. 270) Das ist Utopie und als solche ein einfallsreicher Zukunftsentwurf.

Joachim Quint hat in dem letzten der *Poenichen*-Romane auch das letzte Wort zum Thema Flucht und Vertreibung. Es überrascht nicht, daß der Sohn Maximilianes und Erbe »von über zehntausend Morgen Pommern«, die er verloren hatte und für die er, wie seine Mutter erkennt, verloren war, darüber unter dem Aspekt der Versöhnung spricht: »Wenn er damit zur Befriedung der Welt beitragen könne, sei er bereit, auf dieses irreale Anrecht auf Heimat zu verzichten.« (S. 292/3) Es sind neben den Erkenntnissen seiner Mutter auf dem Kasseler Pommern-Tag die wichtigsten Sätze, die zu diesem Thema fallen.

Nach dem Tod des alten Quindt hat der Leser Theodor

Fontane etwas aus den Augen verloren. Am Ende der *Quints* greift der preußische Autor noch einmal in Maximilianes Leben ein. Sie liest zum ersten Mal Fontanes Roman *Der Stechlin*. Darin verbringt die Schwester des Baron Dubslav ihre Tage in dem märkischen Kloster Wutz unter einigen anderen adligen alten Damen. Durch Zufall erfährt Maximiliane von ähnlichen Einrichtungen in ehemaligen Klöstern der Lüneburger Heide, und so wird das Kloster Plummbüttel zur letzten Station ihres Lebens.

Sind also *Die Quints* und die ihnen vorangegangenen zwei Bände der Roman über ›die typisch deutsche Familie‹, als den ihn Christa Rotzoll apostrophiert? (s. o. S. 213–16) Sie summiert noch einmal, was der Trilogie zu ihrer Typik verholfen hat: die Erfahrungen einer Generation. Typisch für so viele sind sie in der Tat. »Fehlt da nicht ein Hinweis auf mißbrauchten Eifer und die spätere Einsicht?« fragt die Rezensentin im Hinblick auf die Hauptfigur. Es gibt solche Hinweise, wie sich gezeigt hat, wenn sie auch nicht im Vordergrund stehen. Dort steht in allen drei *Poenichen*-Romanen die Idee der Versöhnung. Sie sind zwar über die Vergangenheit, aber für die Zukunft geschrieben.

Nichts eignet sich besser für einen zusammenfassenden Rückblick auf das Gesamtwerk Christine Brückners als eine Betrachtung ihrer Frauenfiguren. An ihnen läßt sich die Entwicklung der Schriftstellerin am besten ablesen. Immer standen ja Frauen im Mittelpunkt der Romane und der meisten Erzählungen. Sie wurden im Lauf der Jahre älter: Auf die von der Kriegs- und Nachkriegszeit geprägten Figuren der frühen Romane folgten in der zweiten Schaffensepoche Frauen zwischen dreißig und vierzig, erfahrenere, aber auch kompliziertere Menschen, und schließlich die Heldin des *Kokon*, eine alternde Frau. Nach der fiktiv-autobiographischen Geschichte der a.p. im *Glücklichen Buch* schrieb Christine Brückner dann die ganze Lebensgeschichte einer Frau, was sie seit ihren beiden ersten Romanen nicht mehr getan hatte: Maximiliane von Quindt ist eine Ausnahmeerscheinung unter den Frauengestalten. Nicht nur ihre Herkunft unterscheidet sie, auch ihre ganze Disposition als »Naturkind«, darin ist sie nur der Hauptfigur im *Kokon* verwandt. Sie ist außerdem eine Frau, die auch gern Mutter ihrer vier eigenen Kinder und eines angenommenen fünften ist.

Christine Brückner hatte zunächst kinderlose Frauen in den Mittelpunkt der ersten Romane gestellt. Später stehen ihre Mutterfiguren immer in einem gespannten Verhältnis zu ihren Kindern. Auch das Verhältnis von Frauen untereinander ist stets schwierig. Selbst Maximiliane versteht sich mit ihrem einzigen überlebenden Sohn wesentlich besser als mit ihren Töchtern.

Im *Schwarzen Sofa* nimmt die Autorin wiederholt zum Verhältnis der Geschlechter und der Rolle der Frau in der Gesellschaft Stellung. Sie ist von den geschlechtsspezifischen Eigenschaften bei Männern und Frauen, der »aktiven und passiven Natur der Geschlechter«, (S. 19) überzeugt. Dennoch sagt sie: »Ich habe in Männern nie das ›stärkere Geschlecht‹ gesucht«, (S. 35) und viele ihrer Frauen sind den Männern auch überlegen, wie Susanne in *Frühling im Tessin* durch ihren Witz und ihre Klugheit, Maximiliane durch ihre naturgegebene Unerschütterlichkeit. Wenn es jedoch auf die Stellung der Frau in der Gesellschaft und deren Institutionen ankommt, sieht die Autorin in Überlegenheit und Unabhängigkeit der Frau kein Ideal.

»Ich lasse mich in kein Feministinnen-Lager sperren«, heißt es im *Schwarzen Sofa* (S. 56), und es wäre das größte Mißverständnis, Christine Brückner mit dem Feminismus ihrer Zeit in Verbindung zu bringen. Eine Analyse ihrer Ausführungen über die Frau gerade in diesem Punkt zeigt, daß ihre ideale Gesellschaft christlich-patriarchalische Züge trägt. Sie selbst führt das in erster Linie auf ihr Elternhaus zurück. Von ihrem Vater vermutet sie, »daß er der Ansicht war, erst Mann und Frau zusammen ergäben ein lebensfähiges Ganzes [...] Ein Kampf um Vorherrschaft fand nicht statt.« (S. 55)

In ihrer christlichen Weltanschauung dominiert der Aspekt der Zeitlosigkeit. Historische Entwicklungen haben in der durch ein bereits vollzogenes Heilsgeschehen erlösten Welt weniger Bedeutung als die Erlösung selbst. Auch die Zukunftsentwürfe innerhalb dieser Weltsicht sind immer von dem »großen Schöpfungsplan« bestimmt. So glaubt Christine Brückner, daß die Welt nicht notwendigerweise besser wäre, wenn die Frauen den Männern nicht die Führungsrolle überlassen und direkter in das Weltgeschehen eingegriffen hätten.

Auch der Roman *Das eine sein, das andere lieben,* im selben Jahr wie *Mein schwarzes Sofa* erschienen, muß im Zusammenhang mit der Diskussion der Frauenfrage bei Christine Brückner gesehen werden. Sein Thema lag ebenfalls sozusagen in der Luft, denn gleichzeitig entstanden die Erzählungen von Sarah Kirsch, Irmtraud Morgner und Christa Wolf, die 1979 unter dem Titel *Geschlechtertausch* erschienen sind.

Die Figurenkonstellation des kleinen Romans erinnert an *Das glückliche Buch der a.p.* Auch hier steht eine ebenfalls mit einem Schriftsteller verheiratete Schriftstellerin im Mittelpunkt, die ein Buch über eines jener Wesen schreiben will, von welchen in Platos *Gastmahl* die Rede ist. Sie gehörten ursprünglich einem »dritten Geschlecht« an, waren männlich und weiblich zugleich. »In der Natur gibt es das auch anderswo. Monokline Pflanzen!« (S. 96) Die Schriftstellerin dringt immer tiefer in die Biographie der Zwitterperson ein, die sie inzwischen als eine Art Assistenten und Reisebegleiter beschäftigt. Dann entpuppt sich dieses Wesen aber doch als eingeschlechtlich, weiblich und obendrein schwanger, und die Schriftstellerin muß ihr Projekt aufgeben. Ohne eine Spur von weiblicher Solidarität läßt sie die Person auf einem Bahnhof einfach stehen.

Bisher hatte Christine Brückner ausschließlich zeitgenössische Frauenfiguren dargestellt. In den *Ungehaltenen Reden ungehaltener Frauen,* die 1983 unter dem Titel *Wenn du geredet hättest, Desdemona* erschienen, läßt sie zum ersten Mal historische und außerdem nicht ausschließlich deutsche Figuren auftreten, die sich nicht mehr mit der Rolle der schweigenden Dulderin begnügen. Eckart Kleßmann stellte die Texte in die seit der Antike bestehende Tradition der »gedachten« Reden und Briefe, deren Kraft der Argumentation aus der Kraft von Sprache und Form fließt. (*FAZ*, 11. 9. 83)

Was wäre geschehen, wenn Desdemona geredet hätte – oder besser, hätte reden können? Sie wäre am Leben geblieben, denn sie hätte den eifersüchtigen Othello mit Schmeicheleien und Drohungen und schließlich mit reiner Verführungskunst entwaffnet. Hier leistet sich die Autorin den Spaß, ihrem historischen und literarischen Vorbild nicht zu folgen. Erotik ist denn auch die Kraft, welche den ganzen Geschlechterkampf zunichte machen kann. Wo sie nicht oder nicht mehr wirken kann, wie bei Klytämnestra und Agamemnon, kommt es zur Katastrophe. Katharina Luther hingegen gibt das Beispiel christlicher Sublimierung erotischer Energie.

Die Tragik der pestkranken Laura liegt gerade darin, daß der Dichter Petrarca seine Liebe in Dichtung sublimierte und sie nicht vollzog. Zwischen Liebesentzug und Liebesvollzug sind alle diese Frauenleben ausgespannt. Das eine bedeutet ihren Untergang, aus dem anderen schöpfen sie Kraft. Für die an Lieblosigkeit Zugrundegehenden steht Effi Briest.

Die durch erotische Kraft gestärkten Frauen halten auch die stärksten, überzeugendsten Reden, voran die Hetäre Megara an Lysistrate und die Frauen von Athen und Christiane von Goethe an Frau von Stein.

Utopien, welche über die Ordnung hinausweisen, in die auch die Schülerinnen der Dichterin Sappho als zukünftige Ehefrauen eintreten, werden verworfen. Malwida von Meysenbug, die in ihren *Memoiren einer Idealistin* ein unabhängiges Frauenleben dargestellt hat, wird in einer Rede ihrer ungehaltenen Kollegin Christine Brückner zur Rechenschaft gezogen.

Es war ein Wagnis, die Reihe der deutschen Frauenfiguren, die mit Katharina Luther begann und über Christiane von Goethe und Malwida von Meysenbug weitergeführt wurde, mit der Terroristin Gudrun Ensslin zu beenden. In dieser Abfolge liegt jedoch gleichsam ihre historische Folgerichtigkeit, und sie läßt das Wagnis gelingen.

Gelungen ist auch die assoziative Abfolge dieses Monologs, in dem die Gedankenkette ununterbrochen von der Gefängnissituation über die Medienausbeutung zu den Familienangehörigen, bezeichnenderweise den männlichen, verläuft, dem Vater, dem Mann und dem Schwiegervater, um dann in der Ankündigung des eigenen Todes zu enden.

In Maria, der Mutter Jesu, hat Gudrun Ensslin ihre Gegenfigur. Diese protestantische Mutter Gottes zeigt, wie schwer es ist zu glauben. Schwer war auch das Leben in der zunächst besitzlosen, alternativen Urgemeinde. Sobald aus ihrer Verkündigung Überlieferung, also das Festlegen von Tatsachen, werden sollte, brach die Gruppe von Jüngern und Jüngerinnen im Streit auseinander. Die Autorin geißelt in der Rede der Maria die manichäische Leibfeindlichkeit, die sich bereits in der Urgemeinde offenbarte und in der dualistischen Weltsicht der christlichen Religion bis heute ihre Spuren hinterläßt.

Die *Ungehaltenen Reden* waren von vornherein für die Bühne bestimmt. Sie erreichten sie gerade im Moment einer neuen Offenheit für das monologische Theater. Außerdem waren sie mit verhältnismäßig geringem Aufwand zu inszenieren. Auf der Landesbühne Wilhelmshaven begannen sie 1984 ihren Siegeszug.

Der gemeinsame Nenner aller »Ungehaltenen Reden« heißt Christine Brückner. Sie hat für jede der Frauen ein eigenes Thema und eine eigene Sprache gefunden und sie aus einer bestimmten zeitgenössischen Perspektive gesehen. Diese Perspektive vermeidet die feministische Linie und trägt gerade deshalb dazu bei, daß sich ein so großes Lese- und Theaterpublikum von den Reden angesprochen fühlt.

Schon die Auswahl »schweigender« Frauen, die ihre Reden in Wirklichkeit nie gehalten haben, behagt ja feministisch orientierten Lesern weniger. Ob jedoch Suffragetten, wie eine Kritikerin forderte, als Beispiele einer so plastischen, farbenreichen Kulturgeschichte der Frau hätten dienen können wie die von der Autorin gewählten Gestalten, bleibt zu bezweifeln. Die Mehrheit der Leser ist zu der Brücknerschen Version einer »Emanzipation der kleinen Schritte«, der es nicht an Aggressivität mangeln muß, eher bereit. Klytämnestras Frage: »Welche Frau kann von sich sagen, sie habe nie an Mord gedacht, sie habe nie von Mord geträumt?« (S. 163/4) stößt bei Nicht- und Anti-Feministen vielleicht sogar eher auf Zustimmung als bei Feministen. Sich den Lesern von Christine Brückner zuzuwenden bleibt die abschließende Aufgabe dieser Untersuchung.

II

Die ersten Leser Christine Brückners waren zugleich ihre wichtigsten. Zu ihnen gehörten jene fünf Herren, welche 1954 die Jury für das Romanpreisausschreiben des Bertelsmann Verlags bildeten und dem Manuskript *Spuren* den ersten Preis zusprachen. Der Erfolg des Romans, der in drei Jahren eine Auflagenhöhe von drei Millionen Exemplaren erreichte, bestätigte die Autorin darin weiterzuschreiben.

Betrachtet man die literarische Landschaft, in der Christine Brückner mit ihrem Erstlingswerk erschien und in der sich die Kritik orientieren mußte, so erkennt man, daß der Roman *Ehe die Spuren verwehen* mit all seiner Spontaneität, seinem Gefühlsreichtum und Mitleidspathos, mit dem er die jüngste deutsche Vergangenheit am Beispiel einer vom Schicksal geschlagenen, geheimnisvollen jungen Frau darstellte, durchaus etwas Besonderes war.

Heinrich Böll hatte im Jahr zuvor mit dem Roman *Und sagte kein einziges Wort* Ruhm erlangt, ebenfalls ein Werk über die Kriegsgeneration und das Nachkriegselend. Der bereits 1947 gestorbene Wolfgang Borchert sprach in einer anderen Sprache für Heimkehrer und Überlebende. Ihm galt damals Christine Brückners Neigung. Den 1956 veröffentlichten Sammelband *Draußen vor der Tür und Ausgewählte Erzählungen* nennt sie in einem Brief »das schönste Buch, das ich mir letztes Jahr kaufte«.

Im selben Jahr wie die *Spuren* erschienen Bölls Roman *Haus ohne Hüter*, der die männer- und väterlose Nachkriegsgesellschaft beschreibt, sowie Dieter Meichsners *Die Studen-*

ten von Berlin, ebenfalls ein Nachkriegsporträt der Stadt, die Theodor Plivier in dem Dokumentarroman *Berlin* zum gleichen Zeitpunkt darstellt. Martha Saalfelds *Pan ging vorüber* bildet die Nachkriegszeit in einem phantastischen Roman ab. Zur Aufnahme von Wolfgang Koeppens *Tod in Rom*, einer bitteren Abrechnung mit dem Kriegsverbrechertum, waren die Leser im Erscheinungsjahr 1954 noch nicht in der Lage, der Roman fand erst 20 Jahre später seine Leserschaft. 1954 sah außerdem die Veröffentlichung von Max Frischs *Stiller* und die der *08/15*-Trilogie aus dem deutschen Soldatenleben von Hans Hellmut Kirst. Es war, wie man sieht, im großen und ganzen eine rechte Männerwelt, auch deshalb wohl hatte die Jury hinter dem Manuskript der *Spuren* keine Frau vermutet.

Unter den aus dem Englischen und Amerikanischen übersetzten Autoren dominierte Ernest Hemingway. Aus Frankreich kamen Jahr für Jahr neue Übersetzungen der Bücher von Jean-Paul Sartre nach Deutschland, dessen existentialistische Philosophie in essayistischen, erzählenden und dramatischen Werken in den seit 1950 im Rowohlt Verlag erscheinenden Taschenbüchern weite Verbreitung fanden. Die deutschen Bühnen spielten seine *Geschlossene Gesellschaft* und *Die Fliegen*, Stücke, die den Menschen in ausweglosen Situationen auf sich selbst zurückverweisen und ihm jeglichen Trost einer höheren Macht verweigern. Davon wollte sich Christine Brückner aber gerade mit aller Deutlichkeit absetzen, und das ist ihr auch gelungen.

Betrachtet man den Empfang, der ihrem ersten Roman bereitet wurde, so muß man zunächst das Lesepublikum von den Berufskritikern unterscheiden, aber auch in dieser zweiten Kategorie sind so unterschiedliche Stimmen zu hören, daß man daran zweifeln möchte, ob man Rezensionen ein und desselben Buches vor sich hat. So lobt Eo Plunien das Buch als »Gegenwartsdokument von unbestechlicher Wirklichkeitstreue« (s. o. S. 98) und spricht damit für die Leser, die dem Roman zum Erfolg verholfen haben, da auch sie gerade in diesem »von Politik unbeeinträchtigten, fesselnden, ungemein scharf beobachteten Lebensabschnitt« ihre Zeit so dargestellt sahen, wie sie sie empfanden. »Absolute Sauberkeit, Lauterkeit, Gerechtigkeit« fand dieser Rezensent in jeder Zeile walten. Zum ersten Mal hört man hier die Worte, die sich immer wieder als Echo auf Christine Brückners Romane bis hin zu der *Poenichen*-Trilogie vernehmen lassen: So sah Deutschland aus, so verhielten sich die Menschen. Genau so war es. Dieser Kritiker sieht in den *Spuren* nichts beschönigt und nichts entschuldigt und die Darstellung des besiegten Deutschland, wie sie der amerikanische Kriegsberichterstatter am Ende des Buches gibt, als die gerechteste: deutsches Elend, Leid und Not, aber auch die Beschreibung der »letzten selbsterhaltenden Kraft und Würde, die uns damals geblieben waren«.

Weniger auf nationale Würde als auf literarische Werte bedacht, äußerte sich Friedrich Sieburg, der einflußreichste Literaturkritiker der fünfziger Jahre, in der *Gegenwart* (s. o. S. 93–95). Aber auch er setzt mit großem Lob ein, macht allerdings auf Schwächen aufmerksam. Eine Kritik, die nicht nur auf Mängel hinweist, sondern auch zeigt, wie sie zu vermeiden sind. Die Autorin hat daher diese Rezension immer als eine von jenen bezeichnet, aus denen sie gelernt habe.

In seiner Besprechung der *Spuren* im Wiener *Bildtelegraf* nennt Hans Weigel den Roman ein Werk, das die deutsche Gegenwart mit ihrer trügerischen »neuen Sicherheit« scharf beleuchte und hinter die Seelenlage des »deutschen Wunders« ein Fragezeichen setze. Ihm erscheint das Buch also keineswegs unpolitisch, er sieht vielmehr die politische Vergangenheit von der Gegenwart her aufgerollt und bescheinigt der Autorin eine »bei weiblichen Autoren seltene Gabe der Objektivität«.

Wie sehr Weigel an der gerade beginnenden Laufbahn der jungen Kollegin Anteil nahm, zeigt der Brief, den er ihr nach der Preisverleihung am 5. August 1954 schrieb. Darin unterbreitet er ihr nicht nur seine Vorstellungen einer Verfilmung ihres ersten Romans – »alle männlichen Gestalten müßten von *einem* Schauspieler gespielt werden« –, sondern auch Ratschläge des erfahrenen Schriftstellers: »Ich möchte Ihnen auch abgewöhnen, so ins Blaue hinein zu schreiben, wie es Ihre Gewohnheit zu sein scheint. Da passieren dann solche Schlüsse. Das ›Blaue‹ darf nur in der Mitte sein.«

Wäre also die kritische Aufnahme der *Spuren* eine beachtliche, aber im Grunde nicht außergewöhnliche gewesen, vorwiegend lobend und wohlmeinend tadelnd? Zählt man die Besprechungen der englischen Ausgabe hinzu, die 1956 bei R. Hall in London unter dem Titel *Gabrielle* erschien, so verstärkt sich der positive Eindruck noch mehr. In England wurde das Buch als spannende und gut komponierte Lektüre gelesen, wie beispielsweise das *Times Literary Supplement* bescheinigt (18. 5. 56). *Der Rochdale Observer* (28. 4. 56) vergleicht es mit Eric Amblers *Eine Maske für Dimitrius*, einem ungemein spannenden und informativen Roman über die Wirren der Balkanländer während der zwanziger Jahre. Von dem fehlenden oder vorhandenen politischen Gehalt der *Spuren* ist hier nicht die Rede.

Eine Diskussion darüber hat in der deutschen Kritik, und zwar in West und Ost, dennoch stattgefunden. Sie entzündete sich an den Feldpostbriefen, die der junge Reinhold Lenz aus Frankreich und dann von der Ostfront an Gabriele schreibt. Sie erregten zuerst den Unwillen von Hans Schwab-Felisch, der sie in der *Neuen Zeitung* »falscher Innerlichkeit« zieh. Dann ging Helene Rahms mit ihnen ins Gericht (s. o. S. 105), weil sie in ihnen eine Verklärung des Kriegs sah. »Da steht es, ungeheuerlich, schwarz auf weiß: ›... ich gehöre dazu. Auf Gedeih und Verderb. Ich will kein Ausnahmeschicksal mehr ... Es sind viele Schlacken abgefallen. Der Kern ist gut. Bei allen hier vorn. Vielleicht ist der Krieg im letzten doch ein Sieg des ›Menschlichen‹, Sieg der Humanitas im unmenschlichen Kriege? ...‹« Diese Passage nimmt ein halbes Jahr später die Ostberliner *Weltbühne* auf. (25. 5. 1955) Unter dem Titel »Christinchens Humanitas« wiederholt sie zum Teil wörtlich Formulierungen aus der Rezension von Helene Rahms, nicht ohne dem Bertelsmann Verlag, »Deutschlands großer Literaturfabrik«, und seinem Cheflektor, der im Krieg am Reichssender Leipzig »über Blut und Boden referierte«, einige Seitenhiebe zu versetzen. Sie zitiert dieselbe Briefpassage wie Helene Rahms und fügt hinzu: »Da haben wir es schwarz auf weiß, der Hitlerkrieg war ein Sieg der Humanitas!«

Diese Feldpostbriefe waren aber nicht so singulär. So oder ähnlich wurden sie zu Tausenden verfaßt. Ein Blick in die Sammlung *Briefe gefallener Studenten*, die 1952 von Hans und Walter Bähr herausgegeben wurde, erklärt, warum die fiktiven Briefe bei so vielen Lesern des Romans ein so starkes Echo fanden. Dem Sinnlosen verzweifelt einen Sinn geben zu wollen versuchten unzählige junge Soldaten. Dazu mußten dann beispielsweise Hölderlin-Zitate herhalten, und wenn sich die Briefschreiber dabei an die Hölderlin-Vorlesungen von Martin Heidegger erinnerten, ergab das Briefe, denen gegenüber sich die des Reinhold Lenz noch nüchtern ausnehmen. Da dessen Briefe jedoch unreflektiert und kommentarlos in den Roman gestellt sind, wurden sie fälschlich als Kriegsverherrlichung gedeutet.

In der Taschenbuchausgabe von 1967 fehlte die Briefpassage, in einer neuen Buchausgabe 1978 wurde sie wiederaufgenommen, ohne daß sie auf Kritik stieß, und in *Jauche und Levkojen* hat die Autorin vorläufig das letzte Wort in der Debatte gesprochen. Da muß die sechzehnjährige Maximiliane einen Aufsatz über ein Zitat aus Ernst Jüngers *Wäldchen 125* schreiben: »Hier gibt der Krieg, der sonst so vieles nimmt . . .« Maximilianes Aufsatz ist kurz. »›Unser Nachbar hat im Krieg seinen rechten Arm verloren. Unser Inspektor hat im Krieg seine Heimat verloren. Ich habe im Krieg meinen Vater verloren [. . .] Ich sehe nicht, was ein Krieg einem Volk geben könnte.‹ Da stand das nun, schwarz auf weiß [. . .]« (S. 138)

Im selben Roman ist noch eine weitere Replik auf eine

Rezension versteckt. Die *Überlebensgeschichten* waren 1973 in der *Frankfurter Allgemeinen Zeitung* von Elisabeth Kaiser etwas kurz, dabei aber nicht negativ, abgefertigt worden. Die Rezensentin zitierte in ihren wenigen Sätzen auch den Ausspruch einer Schweizerin, die einmal gefragt hatte, warum wohl die Deutschen »immer diese Schicksäler« hätten. Diesen Ausdruck legt dann die Autorin in *Jauche und Levkojen* einer Küchenmamsell in den Mund. (S. 118)

In den *Ungehaltenen Reden* schließlich hat Christine Brückner mit einer genialen Formulierung den Unterschied zwischen Leser und Kritiker definiert und sie Christiane von Goethe in den Mund gelegt. »Ich war wie's Publikum. Und Sie waren seine Kritikerin«, (S. 10) sagt sie der abwesenden Frau von Stein, deren Freundschaft mit Goethe zerbrochen war, während er Christiane Vulpius geheiratet hatte. Autor und Leser(in) im Bild des Liebes- und Ehepaars. Ein schöneres und treffenderes Gleichnis für das Verhältnis, wie Christine Brückner es sieht, hätte sich nicht finden lassen.

Die Autorin hat in Publikationen wie *Westermanns Monatshefte* und *Deutsches Allgemeines Sonntagsblatt* selbst zahlreiche Buchkritiken geschrieben und darin einen untrüglichen Instinkt für Qualität bewiesen. Im *Schwarzen Sofa* äußert sie sich verschiedentlich über die Kritiker, »die für Geld Bücher lesen«. (S. 18) Was sie sich wünscht, ist ein »kritischer Liebhaber, ein liebender Kritiker«, (S. 257) als den sie Hans Weigel einmal apostrophiert. Was sie haßt, ist der erbarmungslose Kritiker ohne »Güte«, der keinen Versuch unternimmt, die Fehler anderer zu verstehen und verständlich zu machen. »Es geht ihm einzig und allein um die Sache. Aber Künstler sind Menschen, keine Sache, keine Objekte!« (S. 232)

Die Ursache dieses Haders liegt darin, daß die Autorin zunächst den Autor mit seinem Werk identifiziert. Das Werk jedoch ist Gegenstand der Kritik, und es ist die »Sache« des Kritikers, sachlich davon zu handeln. Da die Autorin aber auch den Leser mit Werk und Autor identifiziert, sieht sie in einer schlechten Kritik nicht nur eine Kränkung des Autors, sondern darüber hinaus eine Kränkung seiner Leser. (S. 223)

Wie es in ihrem Lesepublikum aussieht, darüber weiß Christine Brückner seit der Veröffentlichung ihres ersten Romans Bescheid. Sie gehört zu den Autoren, die ihre Leser in besonderem Maße dazu anregen, sich ihnen mitzuteilen. Das zu immer neuen Forschungen und Entdeckungen anregende Phänomen der Leserrezeption ist in ihrem Fall ganz außergewöhnlich, denn sie läßt ihre Leser wiederum an dieser Erscheinung teilnehmen. Im *Glücklichen Buch der a.p.* und im *Schwarzen Sofa* gibt es zahlreiche Erwähnungen von Zuschriften aus dem Leserkreis, in das *Schwarze Sofa* wurde sogar eine ganze Briefserie einer Leserin aufgenommen.

Eine solche Leserkorrespondenz kommt selbstverständlich nur zustande, weil die Autorin die Briefe ihrer Leser beantwortet. Hierin ist sie Hermann Hesse ähnlich, von dem wir ebenfalls wissen, daß er nahezu täglich Briefe aus dem Kreis seiner Leser erhielt und sich bemühte, wenn auch wohl weniger klaglos als Christine Brückner, sie alle zu erwidern.

Die Briefe an die Autorin setzten mit der Veröffentlichung des Romans *Ehe die Spuren verwehen* ein. Da sind zunächst die Äußerungen von Fachleuten, die Zustimmung, Ergänzungen und Korrekturen liefern. Manchmal stehen sie völlig im Widerspruch zur literarischen Kritik. Hatte zum Beispiel Helene Rahms die »wissenschaftlich unhaltbare Andeutung erblicher Nymphomanie« kritisiert, so zeigt sich dagegen ein Jenaer Professor der Medizin von dem »medizinischen Halbfall«, der »Fastkrankheit« in der Familie der Hauptfigur gefesselt und wünscht sich einen zweiten Band! Ein anderer Nerven- und Kinderarzt findet die psychiatrischen Schilderungen, »die ich sehr gut beurteilen kann, wahrhaftiger als die mancher unserer bedeutendsten Dichter«.

Der Großteil der Briefschreiber fühlt sich jedoch zu einer

spontan enthusiastischen Äußerung gedrängt. Das kann ganz einfach Dank für eine unterhaltende, informative oder inspirierende Lektüre sein. Die meisten der Briefe aber stammen von Lesern, die vom Schicksal der Gabriele Feldcamp persönlich angesprochen wurden und sich – fast immer zum ersten Mal – gedrängt fühlen, einen Brief an einen Schriftsteller zu schreiben. Dabei zeigt sich, daß dieses oft als »Frauenroman« bezeichnete Buch Männer gleichermaßen fasziniert. »Ich weiß nicht, was mich wünschen läßt, Gabriele möge nicht nur eine Figur Ihrer dichterischen Gestaltungskraft sein, sondern tatsächlich existiert haben«, schreibt ein Leser und drückt damit das Bedürfnis vieler Leser überhaupt aus, in Büchern Wiederzuerkennendes zu finden, seien es geographisch fixierte Orte, historische Ereignisse oder seelische Zustände. Ein anderer zeigt sich »noch nie im Leben von einem Roman so gefesselt« und berichtet, wie er noch 1964 auf einer Reise in Köln aus dem Zug steigen mußte, um eine Straße zu suchen, in der, wie er vermutet, die Heldin einmal gelebt hat. Ein anderer erzählt, daß er als junger, kriegsverwundeter Mann auch vor der Frage gestanden habe: »Machst du Schluß oder nicht?«

Er gehört zu der weitaus größten Lesergruppe, die in den Büchern Christine Brückners ihre Zeit, ihre Erlebnisse, ihre Leiden und Freuden abgebildet finden und die daraus Befriedigung schöpfen. Darunter befinden sich verständlicherweise viele Frauen. Oft stammen sie selber aus Pfarrhäusern oder sind Pfarrfrauen wie eine Pastorenwitwe, die der Autorin 1954 schrieb: »In vielem gleicht mein Schicksal dem der Gabriele.« Es habe sie vieles klarer sehen lassen und ihr Trost gespendet, »mein Herz wurde tief angerührt [. . .], welch eine wunderbare Gabe hat Gott Ihnen geschenkt, daß sie solch eine tiefe Kenntnis des menschlichen Herzens haben«.

Solche Leser fühlen sich in der Tat durch negative Kritiker gekränkt, wenn sie überhaupt von ihnen Kenntnis nehmen, was nur in seltenen Fällen geschieht. Dann aber ergreifen sie für die Autorin Partei. »Die Kritikerin, nach der ich mich hier vorsichtig erkundigte, wurde allgemein als eine prachtvolle und mit durchaus vernünftigen Ansichten ausgestattete Frau hingestellt«, schreibt solch eine Leserin 1954. »Aber ihre Kritik war giftig [...], oder sie weiß nicht, was Liebe ist, was ein junger, einsamer Mensch ist. So wie Sie schreiben, so ist es [...]« 27 Jahre später ereignet sich Ähnliches anläßlich einer Rezension des *Glücklichen Buchs*. Da schreibt eine Leserin über eine Kritikerin: »Ich bedaure sie, diese Dame war nie glücklich.« Die Bemerkung von Harald Hartung über *Nirgendwo ist Poenichen*, »hier fällt niemand aus Gottes Hand«, erklärt ein Leserbrief folgendermaßen: »Der das höhnisch kritisierte, hat das wohl auch nur getan, weil er sehr tief und verborgen in sich selbst eine Bejahung erspürte, gegen die er sich selbst noch zur Wehr setzt.« Wenn dann aber Walter Jens 1983 die *Ungehaltenen Reden* im *Stern* preist, kann das zu folgendem Echo aus dem Leserkreis führen: »Nun hat sich also die erste Garnitur unserer Literaturkritiker Ihrer bemächtigt und Ihnen damit hohe literarische Ehren verliehen. *Verdient!*« Das schreibt eine Leserin, »die Ihnen diesen Rang auch ohne Prof. Jens schon früher zuerkannt hätte«.

Jene Bücher Christine Brückners, die Identifikation und Wiedererkennen erlauben, haben von jeher ein stärkeres Leserecho hervorgerufen. So gibt es zum *Frühling im Tessin* und dem *Letzten Jahr auf Ischia* kaum Äußerungen von Lesern, es sei denn, sie klagen über die Beschreibung der Insel, die doch in Wirklichkeit ganz anders sei, die sie also nicht wiedererkennen können. Es fehlt auch das schriftlich fixierte Leserecho auf *Die Zeit danach*. Der Roman scheint trotz der detaillierten Schilderung eines Lebens nach der Scheidung den Wiedererkennungseffekt nicht erzielt zu haben, wie das im Fall des Romans *Der Kokon* geschah, der das Altern einer verwitweten Frau beschreibt. Dieses Buch hatte einer Leserin »in schwerstem Leid erlösende Erfahrungen« vermittelt. »Ich habe wieder Mut.«

Das den Leser bewußt in einen Dialog mit der Autorin einbeziehende *Glückliche Buch der a.p.* und *Mein schwarzes Sofa* regen wiederum Leser zu dankbaren und zustimmenden Äußerungen an. So schreibt eine Leserin »aus spontanem Bedürfnis« über das *Schwarze Sofa*, sie habe beim Lesen »das anmaßende Gefühl gehabt, das Buch sei nur für mich geschrieben. Ja, ich war oft eifersüchtig auf Sie, denn wie oft wünschte ich, daß ich das alles geschrieben hätte. Für Ihre Offenheit und Ihr Vertrauen, das Sie in Ihre Leser setzen, danke ich Ihnen. Es gelingt dem Leser, indem er Sie in Ihren Büchern kennenlernt, auch sich selbst zu erforschen und zu entdecken.« Das Bekenntnis der Autorin: »Kein Wunsch nach Vermehrung. Nur ich, damit Schluß!« fordert dieselbe Leserin zum Widerspruch heraus: »Das ist nicht wahr! Sie hinterlassen mehr als jede Mutter. Welcher Mann und welche Kinder lernen jemals die Frau und Mutter so gut kennen, wie es in Ihren Büchern möglich ist? Sie können Ihre Gedanken nach außen mitteilen. Sie können sich äußern [...]«

Die Sprache der Autorin, die den Leser auf ihre Seite stellt, fördert das persönliche Verhältnis zu ihm, und das spiegelt sich wiederum in Leserbriefen. Immer neue Identifikationspunkte werden gefunden. Waren es in dem ersten Roman Herkunft, Beruf und Erfahrungen der Heldin, so sind es später Namen, Erlebnisse und Eigenschaften der Autorin, die ihre Leser dazu veranlassen, sich in ihr wiederzuerkennen. Zahlreiche Briefschreiber gestehen, das Gefühl zu haben, sich mit ihr unentwegt zu unterhalten – »Ich habe sogar schon Dialoge mit Ihnen geführt. Sie wußten nur nichts davon« – ja, mit ihr verwandt zu sein. Besonders dasselbe Geburtsjahr regt zu solchen Identifizierungen an. Das Jahr 1921 habe nicht nur einen ausgezeichneten Wein hervorgebracht, heißt es in einem solchen Brief, sondern auch verletzbarere, behutsamere, nachdenklichere Menschen, von denen manche zerbrochen seien und viele ein zweites Leben begonnen hätten. Auf dieser Ebene kommen Autorin und Leser einander besonders nah. Leser schreiben ihr nicht nur, wie sie ihre Bücher lesen – »von der Mitte an langsamer, um nach erhöhter Einstiegsdosis einen gleichmäßigen Brücknerspiegel« zu erhalten –, sie schicken ihr auch Lorbeer- und Ginkgoblätter zum Zeichen ihrer aufmerksamen Lektüre und zu Maximilianes Geburtstag Levkojen, oder sie stellen Geschenke wie eine Kleinplastik in Form eines schwarzen Sofas her.

Das glückliche Buch der a.p. mit seinem optimistischen Ton ist von den Lesern genauso aufgenommen worden, wie es gemeint war, als Modell. »In meine Ehe«, schreibt eine Frau, die bereits dem Selbstmord nahe war, »ist seitdem viel Wärme gekommen. Ich habe mich geändert.« Die Ehrlichkeit der a. p., in deren Erfahrungen die eigenen wiedererkannt werden, verhilft dazu, Schwierigkeiten zu akzeptieren und zu bewältigen. Eine weitere Leserin berichtet, wie sie das Buch 1972 während ihrer unglücklichen ersten Ehe gelesen und als Wunschtraum und Utopie empfunden habe. Jetzt, zwölf Jahre später, sei sie zum zweiten Mal und glücklich verheiratet. »Ich staune wie ein Kind atemlos und verwundert, daß Sie eine (Ihre?) Liebe beschreiben, als wäre es mein neues Leben, als würden Sie mich kennen!«

Schließlich wird das *Schwarze Sofa* mit seinem noch viel größeren Themenkreis zu einem Buch, das die Leser neben dem Bett liegen haben. Der noch nicht einmal assoziative, sondern von einem Thema zum anderen springende Stil, der den Band in buchstäblich Tausende von in sich geschlossenen Abschnitten zerteilt, erweist sich für die Lesegewohnheiten berufstätiger Menschen als ein Segen. Auch davon berichten die Leser, die das Buch auf der Fahrt zur Arbeit, in Omnibus, S- und U-Bahn lesen und sich durch keine Unterbrechung stören lassen.

Repräsentativ für viele Leserinnen ist eine jüngere Frau, die einen Arzthaushalt mit drei kleinen Kindern zu versorgen hat und dabei ständig von der Angst geplagt wurde, »den Anschluß zu verlieren«. Die Teilnahme an einer Frauengruppe mit viel Frauenlektüre brachte keine Erleichterung. Im Gegenteil, sie fühlte sich in den letzten Jahren wie »auf der Strecke geblieben«. Da fiel ihr das *Schwarze Sofa* in die Hände und half ihr, »den heiteren Überblick« wiederzugewinnen. Am Schluß fügt sie einen jener spontanen und für die Leserrezeption Christine Brückners bezeichnenden Sätze hinzu: »Ich liebe nicht nur Ihre Bücher, ich koche auch so.«

Die Reaktion der Leser auf das *Schwarze Sofa* ist nicht verwunderlich. »Das Buch bezieht den Leser auf eine Art ein, die ihn zum Freund macht«, hatte es in der Rezension der *Neuen Zürcher Zeitung* (5. 2. 82) geheißen. Daß die *Poenichen*-Romane ein ebenso positives Echo auch unter den Vertriebenen hervorriefen, ist schon erstaunlicher. Man erinnert sich: Maximiliane Quint hatte in den fünfziger Jahren weder den »Block der Heimatvertriebenen und Entrechteten« gewählt, noch war sie dem »Pommern-Verband« beigetreten. Zum Pommerntag fährt sie nur ein einziges Mal, und auf dem »Tag der Heimat«, wohin sie mehr aus Zufall gerät, wird ihr schlecht. Alle drei *Poenichen*-Romane behandeln das Thema der Vertreibung im Sinn von Versöhnung, wobei Versöhnung nur durch Verzicht möglich wird. Auf verzichtende Versöhnung und versöhnenden Verzicht ist die Trilogie von Beginn an angelegt, und zwar auf so überzeugende Weise, daß auch die Leser am Ende mit dem Verzicht der Quints auf Poenichen versöhnt sind.

Das gelang vor allem durch die Fülle von Details, die in den Roman eingegangen sind und ihm seinen starken Wahrscheinlichkeitscharakter verleihen. Diese Autorin, so empfanden ihre Leser, weiß, wovon sie spricht. Die Beschreibung der Pommerschen Landschaft und Bevölkerung, das symbiotische Verhältnis von Gutshaus und Dorf, in das der Nationalsozialismus zerstörend eingreift, und die Flucht, die allem ein Ende setzt, aber auch der Wiederbeginn im westlichen Deutschland und die Bereicherung der Bundesrepublik durch die ehemaligen Flüchtlinge weisen die Autorin als eine der Ihren aus. Immer wieder äußern die Leser ungläubiges Staunen darüber, daß Christine Brückner nicht aus Pommern stammt, nicht dort aufgewachsen ist und nicht die Flucht in langen Trecks mit all ihren Schrecken erlebt hat. »Diese beiden Bücher geben ein Lebensschicksal wieder und beschreiben eine Zeit und ein Land, wie es eine wirklich von dort stammende Zeitgenossin mit einem ähnlichen Erleben nicht wahrer und eindringlicher gekonnt hätte«, schrieb eine einundsiebzigjährige Lehrersfrau aus Pommern 1980 an die Autorin. Auch die Schilderung der nationalsozialistischen Ära in Hinterpommern findet bei ihr Bestätigung. »Nach der Machtübernahme traten solche ›Quints‹ zutage. Es waren fast ausschließlich Einheimische mit wenig Bildung und Erfahrung.« Sie erhielten Parteiposten, »und da Macht hungrig macht«, wurden sie immer mehr. Die Gutsherren lehnten, so die Leserin, »die NSDAP ab, bis es nicht mehr ging. Jeder hatte einen Quint am Ort.«

Mit welch einfachen erzählerischen Mitteln sich eine solche Wirkung erreichen läßt, zeigt die verhältnismäßig kurze Episode in Maximilianes Leben, die in dem Hermannswerder Internat spielt. Immer wieder schreiben Leserinnen: »Niemand kann Hermannswerder so lebhaft schildern, der dort nicht gelebt hat.«

Der Prozeß des Wiedererkennens treibt dabei die seltsamsten Blüten. Wiederholt berichten Leser, daß sie sich an Personen und Ereignisse erinnern, die mit der Romanhandlung in Zusammenhang stehen, die es aber entweder nicht gegeben hat oder die sie, was wahrscheinlicher ist, im nachhinein mit dem Gelesenen verbinden. In dem Vortrag »Phantasie und Wirklichkeit« in der Sammlung *Hat der Mensch Wurzeln?* gibt Christine Brückner verblüffende Beispiele für durch die Romane in Gang gesetzte Leserphantasie. So erinnerte sich eine alte Dame, in ihrer Jugend mit dem Baron Joachim von Quindt auf einem Ball im Berliner Hotel Adlon getanzt zu haben. Eine andere hatte auf der Flucht seine Leiche vor dem Gutshaus liegen sehen. Ein Leser berichtet von seinen genauen Erinnerungen an Maximilianes Fischbude in Marburg, wo er oft gegessen und jedesmal einen kleinen Trupp Kinder hinter der Theke beobachtet habe. Andere finden zumindest die Pommerschen Typen so genau getroffen, daß sie auch in ihren Familien niemanden kennen, der sich bei der Lektüre nicht an mindestens einen, diesen Figuren entsprechenden Menschen aus Pommern erinnert hätte, wie Rita Schiller in einer Rezension in der *Pommerschen Zeitung* (5. 11. 77) schreibt.

Das Ereignis, das im Zentrum der Erinnerungen der ehemaligen Flüchtlinge steht, ist die Flucht selbst. Sie bestätigen der Autorin immer wieder die Parallelen zwischen den Erlebnissen Maximilianes und ihren eigenen und beschreiben ausführlich die selbsterlebte Flucht. »Die vielen Einzelheiten, die man gar nicht erzählen kann und die einem keiner glaubt, haben Sie so wunderbar nachempfunden [...] Mit diesen Büchern haben Sie den Vertriebenen ein Denkmal gesetzt, und dafür danke ich Ihnen.«

Das Wiedererkennen eigener Erfahrungen ist das eine Element des Rezeptionsvorgangs, das zweite besteht darin, daß die Leser in der Autorin eine Sprecherin für ihre Sache sehen. Ihr ist es gegeben zu sagen, was sie nicht sagen können oder nur so, »daß es einem keiner glaubt«. Jahrelang angestaute Empfindungen werden vor allem durch die ersten beiden *Poenichen*-Bände plötzlich frei und befreien gleichsam die Leser, was sich in Lob und Dankbarkeit äußert. »Nicht nur für mich, sondern für unzählige Frauen unseres Alters haben Sie so einmalig erfaßt, *was* war, wie es war. Sie haben das ausgedrückt, wozu wir, im Alltag gar nicht zur Besinnung kommend, keine Muße hatten, es aufzuschreiben [...] Sie haben nicht nur die Frauen reich beschenkt, sondern auch die Kinder. Die Frauen, weil sie all das *allein* durchgezogen haben. Wie vielen, die heute allein stehen oder in Ehen mit sehr kaputten oder stumpfen Heimkehrern leben, ist der Mund verschlossen.« Ein Vertriebener aus Pommern, der sich Jahre mit der »Erstellung einer Vertriebenendokumentation« abgemüht hatte, meint, *Jauche und Levkojen* sei »das bisher Beste auf dem Gebiet der Vertriebenenliteratur«, eine Steigerung sei »niemals mehr zu erreichen«, und in einem Brief der »Pommerschen Landsmannschaft« wird der Autorin 1977 mitgeteilt, daß sie bei den Pommern »außerordentliche Verehrung« genieße und auch bei den »Nachbarlandsmannschaften in großem Ansehen« stehe.

Mit den *Poenichen*-Romanen hat sich Christine Brückner mehr als mit jedem anderen Buch ein männliches Lesepublikum gewonnen. So nennt ein Arzt die Trilogie »sicher nicht nur für mich das schönste Stück deutscher Literatur nach dem 2. Weltkrieg [. . .] Ich glaube nicht zu übertreiben, wenn ich sage: Die Poenichensaga ist das deutsche Epos des 2. Weltkriegs schlechthin!«

Solche Leserstimmen helfen, das Bild eines Lesepublikums zusammenzusetzen, das nach zeitgenössischen Stoffen in den Formen der realistischen Erzähltradition verlangt, nach Hoffnung und Optimismus, die der Gesellschaftskritik, die es in den Büchern Christine Brückners durchaus gibt, zumindest die Waage halten. In einem Aufsatz über »Das Elend des Krisengeredes« (*FAZ*, 5. 3. 87) meint Norbert Oelles, die Literatur sei heute »nicht mehr publikumswirksam zu vermitteln«, weil sie diese Balance nicht mehr halten könne. Der Erfolg der Bücher von Christine Brückner beruht jedoch auf den von ihm beschriebenen »Konsumenten«, die vom »Kunstcharakter der zeitgenössischen Literatur ausgeschlossen« werden, die aber von der Literatur wie Leser seit jeher Sinn und Bedeutung und die Erregung des Kantschen »interesselosen Wohlgefallens« erwarten.

Aus dem Lese- und Theaterpublikum der *Ungehaltenen Reden* haben sich ebenfalls Stimmen vernehmen lassen, wenn auch in etwas geringerer Zahl als aus dem Kreis der *Poenichen*-Leser. Die Frauen-Monologe wurden als feministische Proklamationen ebenso mißverstanden wie als Ausdruck einer antifeministischen Haltung. Dafür ist der Brief eines männlichen Lesers Beweis, der die *Reden* preist, weil sie »tief mitleidsvoll« das Leiden der Frauen darstellen als etwas, »das die Leidende hinnimmt, ja in dem sie ihre Bestimmung sieht, indem sie nur eins tadelt: daß niemand davon Notiz nimmt. Manche scheinen nur zu sagen: Ich will ja gar nicht recht haben, darauf kommt es mir nicht an. Ich will nur, daß du das weißt und nicht als selbstverständlich hinnimmst.« Ein besseres Beispiel dafür, wogegen sich feministisches Denken richtet, könnte man kaum finden.

Die meisten Leserinnen haben die Reden aber als an ihrer Statt gehaltene empfunden. Von Zuschauerinnen der Aufführungen werden die Reden der Gudrun Ensslin und der Katharina Luther als die eindrucksvollsten genannt, nicht die der Christiane von Goethe, Klytämnestra oder Laura, die wiederum Theaterkritiker stärker beeindrucken. Andere machen Vorschläge für weitere Reden (oder für das Schweigen) von Frauen wie Brünhilde, Elsa von Brabant oder Bettina von Arnim. Sie berichten, wie sie mit dem aufgeschlagenen Buch vor ihre Männer getreten seien und daraus vorgelesen hätten oder wie sie sich unter Tränen in Effi Briest wiedererkannten, »aber es hat mir gutgetan«.

Wenn du geredet hättest, Desdemona veranlaßt schließlich eine Kennerin der Bücher von Christine Brückner zu ihrem ersten Brief an einen Autor überhaupt. Den Plan, an andere zu schreiben, hatte sie – »mag sein, daß mich Bescheidenheit bzw. ein gewisser Mangel an Selbstbewußtsein daran gehindert hatten« – nicht ausgeführt. Die Hemmschwelle wurde aber wohl nicht gerade zufällig bei dieser Autorin überwunden. So entstand ein Dokument der Leserrezeption Christine Brückners, das in vielem bezeichnend ist für die gesamte Erscheinung. Auch diese Leserin ist eine Pfarrerstochter, wie denn die Zahl der Brückner-Leser in Pfarrhäusern besonders hoch ist. »Darum konnte ich der Gudrun Ensslin vieles nachempfinden – wenngleich ich ihr Handeln nicht billige.« Die Briefschreiberin bewundert die jeweils »eigene Sprachweise« der Frauengestalten in den *Reden*. »Wie fanden

Sie für jede Aussage zu einem ganz bestimmten Problem *die* Frau aus den Jahrhunderten heraus [. . .] Ist im Grunde nicht jede Fragestellung der einzelnen Kapitel ›eine Sache, die uns unbedingt angeht?‹ (Tillich) Uns, die bewußt lebenden Frauen?«

Das Leben auch dieser Leserin wurde durch den Zweiten Weltkrieg entscheidend beeinflußt, der ihr »die Rolle als Kriegerwitwe« übertrug. Ein weiterer Beziehungspunkt ergibt sich aus ihrem Interesse für Polen und für die deutschpolnische Verständigung. Am meisten fühlt sich die Briefschreiberin aber von den Frauengestalten Christine Brückners angesprochen, die in jedem Fall »die Erlebnisse einer sich bewußt entwickelnden Frau« mit verschiedenen Partnern darstellen, »ihre Sehnsucht nach körperlich/geistiger Erfüllung und Ergänzung«. Gerade die Partnerwahl sieht sie »speziell für Pfarrerskinder« als besonders schwierig an. »Es wird angenommen, daß die Zuneigung [. . .] zur tragfähigen Liebe wird, die [. . .] ein Leben lang halten kann und muß! [. . .] Ja, wir Pfarrerskinder sind geprägt durch Generationen vererbter geistiger Substanzen. [. . .] Wir sind vielfach begabt, aktiv, aber auch gehemmt, zugleich uns selbst zu erkennen und *unser* eigenes Leben zu leben. Was wir schließlich an unserer Erziehung und an unseren Eltern als Stückwerk empfunden haben, können wir keineswegs besser machen als die Eltern; höchstens anders, was auch wiederum Stückwerk ist und sein wird!« Der Dank dieser Leserin ist zahllosen anderen aus dem Herzen gesprochen. Sie dankt dafür, »daß Sie als Pfarrerstochter ein ungewöhnliches Leben gewagt haben! Daß Sie Ihre Gedanken, die Meditationen einer klugen Frau, meisterhaft gestaltet haben! Daß es zu einem Genuß wird, Sie, Christine Brückner, als *meine* Brückner zu lesen!«

Das Leserecho ist endlich auf ganz konkrete Weise an den Verkaufszahlen von Büchern abzulesen. Im Falle Christine Brückners schneiden, wie nicht anders zu erwarten, die *Poenichen*-Romane am besten ab. Sie erwiesen sich bereits als größter Erfolg der Autorin, lange bevor sie für das Fernsehen verfilmt wurden. Ohne jegliche Werbekampagne setzte sich *Jauche und Levkojen* gegen alle Marktprophezeiungen, die einem Buch mit diesem Titel keine Chance geben wollten, schon in den ersten Wochen durch. Auf der Bestsellerliste des *Spiegels* erschien Christine Brückner zum ersten Mal 1977 mit *Nirgendwo ist Poenichen* unter dem *Butt* von Günter Grass und vor den *Dornenvögeln* von Colleen McCullough und Wolfgang Hildesheimers *Mozart*. Dort blieb es über 100 Wochen verzeichnet. Die *Quints* eroberten im Dezember 1985 den ersten Platz vor der *Rättin* von Günter Grass, Patrick Süskinds *Parfüm*, Isabel Allendes *Geisterhaus* und Bölls *Frauen vor Flußlandschaft* – alles Romane, von denen sich die Leser Unterhaltung, Information, Sinn, Bedeutung und »die Erregung interesselosen Wohlgefallens« versprachen.

Die Verbreitung der Bücher Christine Brückners im Ausland entspricht der allgemeinen Situation. Die Zahl der Übersetzungen deutscher Autoren in andere Sprachen steht zu der ausländischer Bücher ins Deutsche in gar keinem Verhältnis. *Ehe die Spuren verwehen* und *Katharina und der Zaungast* wurden sofort nach Erscheinen ins Englische übersetzt, *Katharina* auch ins Portugiesische. *Letztes Jahr auf Ischia* erschien auf tschechisch, vier *Überlebensgeschichten* auf japanisch. Die ersten beiden *Poenichen*-Romane wurden in den USA auf englisch veröffentlicht. *Wenn du geredet hättest, Desdemona*, das zunächst in dänischer Übersetzung erschien und auch ins Chinesische, Französische, Griechische und Italienische übertragen wurde, wird wahrscheinlich den Übersetzungsrekord unter den Brücknerschen Büchern erreichen, da seine Thematik über den deutschen Erfahrungs- und Problemkreis hinausreicht.

Die Aufnahme ihrer Bücher durch die Leser war für Christine Brückner von Beginn an entscheidend. Wäre der Erfolg des ersten Romans ausgeblieben, hätte sie einen anderen Beruf ergriffen. Sie zitiert im *Schwarzen Sofa* die Antwort des provençalischen Dichters Gabriel Mistral auf die Frage, »wozu er sich so sehr in seiner Kunst abmühe, die kaum ein paar Menschen bekannt würde: ›Ich bin zufrieden mit wenigen. Ich bin zufrieden mit einem. Ich bin zufrieden mit gar keinem.‹« Ihr Kommentar zeigt, daß ihr die Existenz eines Autors ohne Leser ganz unbegreiflich bleibt: »Ist Mistrals Äußerung ein Ausdruck der Bescheidenheit oder ein Ausdruck der Anmaßung? Ohne Leser hätte ich nicht weitergeschrieben.« (S. 222) Desgleichen ihre Bemerkung, »ein Buch, das nicht gelesen wird, ist kein Buch, sondern nur bedrucktes Papier.« (S. 190)

In den Lesern, die sie recht eigentlich zur Autorin gemacht haben, sieht sie ihre Partner. Wiederholt bemerkte sie, wie in dem SDR-Interview von 1984, daß sich zwischen dem allein schreibenden Autor und dem allein lesenden Leser ein partnerschaftliches Verhältnis entwickle. Die Leser, die sich in Briefen an sie wendeten, seien eben jene, die keinen anderen Partner hätten, »dem sie alles sagen können«.

Wie ernst die Autorin den Leser nimmt, zeigt sich zunächst daran, daß sie alle Leserbriefe beantwortet. Als passionierte Briefschreiberin beginnt sie jeden Arbeitstag mit dem Verfassen von zehn bis zwölf Briefen. Das ist nicht nur ein »Sich-warm-Schreiben« und mehr als reines Mitteilungsbedürfnis. Es ist Schreiben als Form der Geselligkeit.

Christine Brückner ist eine gesellige Natur. Der hohe Wert, den sie heiterer Geselligkeit als zivilisierender Kraft beimißt, läßt sich in allen ihren Büchern erkennen. Das beginnt mit den *Spuren*, in denen die Heldin als Gastgeberin in einer Sommernacht mit leichter Hand ein kleines Fest arrangiert. Der Mangel an Geselligkeit sowie gestörte Geselligkeit sind Zeichen für ein zutiefst gestörtes Verhältnis zu den Mitmenschen, wie es sich am deutlichsten in der Hauptfigur der *Zeit danach* und in den gespannten geselligen Zusammenkünften im *Letzten Jahr auf Ischia* zeigt. In den *Poenichen-*

Romanen hingegen spielt die heitere Geselligkeit eine bedeutende Rolle. Wie in den Romanen Fontanes finden die Höhepunkte menschlichen Zusammenlebens am festlichen Eßtisch statt. Es muß nicht näher darauf hingewiesen werden, wie eng Geselligkeit und Unterhaltung miteinander verbunden sind und wie sehr die in einem Roman dargestellte Geselligkeit dessen Unterhaltungswert erhöht.

Auch in der Zweierbeziehung zwischen Autor und Leser strebt Christine Brückner ein geselliges Verhältnis an. Ein großer Teil der 50 000 bis 60 000 Briefe, die sie in den vergangenen dreißig Jahren geschrieben hat, sind an Leser gerichtet. Immer gehen sie auf die Anliegen des Briefschreibers ein und stellen so von vornherein ein dialogisches Verhältnis her. Fragen werden beantwortet; auch vorher nicht angekündigte, unverlangt eingesandte Manuskripte werden gelesen und begutachtet, und selbstverständlich wird den vielen Briefschreibern gedankt.

Der Grundton der Briefe Christine Brückners ist heiter, und noch ein Trostbrief aus traurigem Anlaß strahlt Optimismus aus. Der Wunsch, sich mitzuteilen, der ja zunächst die Briefschreiber an die Autorin schreiben läßt, stößt durchaus auf ihr Verständnis und kommt ihrem eigenen Mitteilungsbedürfnis entgegen. Nicht ohne Grund hat sie dem Brief eine dominierende Rolle in dem stark autobiographisch gefärbten *Glücklichen Buch der a.p.* zugewiesen, aber auch in anderen Romanen. Angefangen von den Feldpostbriefen in den *Spuren* bis zu dem wichtigen Brief, den Maximiliane in den *Quints* an ihren Sohn Joachim schreibt, haben Briefe eine bedeutende Funktion. Der Brief Bismarcks an den alten Quindt, in dem er diesen um das Rezept der Poenicher Wildpastete bittet, ist eine perfekte Imitation und konnte nur einer erfahrenen Briefschreiberin gelingen.

Auch die sprachlichen Mittel machen Christine Brückners Briefe zu unverwechselbaren Beispielen ihres Talents. Sie pflegt darin eher einen Sprech- als einen Schreibstil. Kurze Sätze, von Fragen unterbrochen, knappe, den Sprachwitz pflegende Formulierungen beweisen, mit welch leichter Hand da geschrieben wird. »Irgendeine kluge französische Marquise hat einmal gesagt, sie sei mit Versuchungen immer fertig geworden, indem sie ihnen rasch erlegen sei – ich gehe also der Versuchung nach, Ihnen einen Brief zu schicken« – so mag ein Schreiben beginnen, und wer läse da nicht erheitert und gespannt weiter? Über die eigenen Arbeiten wird ebenfalls mit spannungerregenden Andeutungen berichtet, wiewohl Christine Brückner zu jenen Autoren gehört, die sich in ihren Briefen nicht ausführlich zu ihren Büchern, weder den gerade entstehenden noch den vollendeten, äußern. »Warten Sie nur, bis ich *meine* Klytämnestra geschrieben habe! Da wird dann Schuld abgetragen (von den eigenen – Klytämnestras! – Schultern) und dorthin gepackt, wohin sie gehört.« Ereignisse aus dem Schriftstellerinnenleben werden gestreift: »[. . .] hie und da tauchen Reporterinnen auf und wollen wissen, wie es um meine Emanzipation steht. Eins der wenigen Menschheitsprobleme, das an mir ungenutzt vorbeigeht«, heißt es noch 1977, sechs Jahre vor der Veröffentlichung der »Ungehaltenen Reden«, und weiter: »Ich hoffe, daß wir eines Tages das Menschengeschlecht nicht mehr in Männlein und Weiblein einteilen und uns statt dessen menschlich gemeinsam weiterentwickeln. Wozu ich sehr alt werden müßte? – Dann muß ich verzichten!« Kleine Berichte aus dem politischen Leben: »Ich griff zum ersten Mal ins Wahlgeschehen ein, und: voilà, gestern gab Brandt seine Regierungserklärung, zur Stunde wird er von Barzel attackiert [. . .] Kiesinger hat vermutlich die letzten Wochen die Wahl an jedem Tag aufs neue verloren.« Und immer wieder erscheinen in den Briefen die liebevollsten Erwähnungn des Lebenspartners: »Diese Schriftstellerey samt der Ehekumpaney geht nun bald ins 12. Jahr. Unbeschadet. Man wird uns später ausstopfen und ausstellen [. . .]« Für Christine Brückner gilt noch mehr als für die meisten Autoren: in ihren Briefen ist sie uns am nächsten.

Zwischen dem an einen bestimmten Empfänger gerichteten Brief und dem an ein unbekanntes Publikum gerichteten Buch gibt es noch ein drittes Kommunikationsmittel, das sich ebenfalls an ein Publikum, aber ein direkter und rascher erreichbares, wendet, als es die Leser von Büchern sind: das Zeitungspublikum. Christine Brückner hat sich vom Frühjahr 1978 bis zum Sommer 1984 mit einer monatlichen, ab 1981 zweimonatlichen Kolumne in einer Tageszeitung, der in Kassel erscheinenden *Hessischen/Niedersächsischen Allgemeinen*, auch an dieses Publikum gewandt. Bei der Lektüre der Artikel, die zum Teil in das *Schwarze Sofa* aufgenommen wurden, wird deutlich, daß die Autorin als Kolumnistin ebenso in ihrem Element ist wie als Briefschreiberin. Die Kolumne erlaubte es ihr, zu gesellschaftlichen, wirtschaftlichen und kulturellen Themen Stellung zu nehmen und »Aus meiner Sicht«, wie die Kommentare überschrieben waren, ihre Meinung kundzutun. Diese Meinung war nicht immer genehm. Bereits die erste Kolumne, »Aus deutschen Landen frisch auf den Tisch« (*Mein schwarzes Sofa*, S. 242–45), die sich gegen die Übermechanisierung und -technifizierung in der Landwirtschaft wandte, besonders gegen die chemische Behandlung von Boden, Tieren und Pflanzen, erregte unter den Landwirten Nordhessens und im südlichen Niedersachsen starken Widerspruch, der sich in Leserbriefen an die Zeitung niederschlug. Christine Brückner verfügt jedoch über einen solchen Fundus von Fachwissen auf landwirtschaftlichem Gebiet, daß der Widerspruch der Leser sie nicht anfocht. Von Kindheit an mit der Landwirtschaft vertraut, hatte sie durch Fachlektüre und lange Studienaufenthalte auf Gutshöfen ihr Wissen vertieft und in Aufsätzen und Artikelserien verbreitet. Für eine der Serien war sie vom Schleswig-Holsteinischen Bauernverband mit einem Preis ausgezeichnet worden. Auch in Erzählungen und Romanen schlägt sich dieses Fachwissen nieder, vor allem in der *Poenichen*-Trilogie. Probleme der modernen Schweinezucht, wie sie Maximiliane auf dem holsteinischen Gutshof ihrer Stieftochter Edda in den *Quints* antrifft, scheinen von einer Schweinezuchtexpertin beschrieben. Als landwirtschaftliche Spezialistin tritt Christine Brückner mit Autorität auf, sie formuliert scharf – »außerdem möchte ich nicht wie eine Giftmischerin am Herd stehen!« –, aber viele der Bedenken und ahnungsvollen Fragen dieser Kolumnen nehmen im nachhinein nahezu prophetischen Charakter an. »Können wir dem Weingesetz trauen«, hieß es da 1978, »in dem ja eigentlich nur von Zucker- und Alkoholzusatz die Rede ist?«

Mit dem Kommentar über »Die unruhigen und unzufriedenen Frauen« (S. 177–79) packte die Verfasserin wieder ein heißes Eisen an. In vielen anderen Kolumnen stieß sie auf breite Zustimmung. »Was feiern wir zu Ostern?« (S. 138–40) oder »Zeit der fröhlichen Geber und Nehmer« (S. 125–27), diese Überlegungen einer christlichen Zeitgenossin wurden auf mancher Kanzel zitiert. In allen ihren Kolumnen, ob sie sich mit moderner Kunst befassen, mit Sprachgewohnheiten, dem Verhalten Behinderten gegenüber oder der Möglichkeit, durch halbe oder Viertel-Planstellen die Arbeitslosigkeit zu mindern, erweist sich die Autorin als Pragmatikerin und Moralistin.

Schließlich muß auch noch eine weitere Variation des Autor-Leser-Kontakts genannt werden: die Autorenlesung. Mehrmals im Jahr unternimmt Christine Brückner Lesereisen, oft zusammen mit Otto Heinrich Kühner. Dabei liest sie gewöhnlich aus ihrem neuesten Buch. Solche Lesungen sind für Autoren wie Leser von nicht zu unterschätzender Wichtigkeit, wie in »Der Zug hat voraussichtlich 40 Minuten Verspätung« in *Erfahren und erwandert* erklärt wird. »Man hat seinen Leser vor Augen, der Leser hat seinen Autor vor Augen.« (S. 85) Zahlreiche Leserbriefe knüpfen an solche Begegnungen an, bei denen der Autor sein Senkblei in dieses nie ganz auszulotende Phänomen »Publikum« senkt: Wie groß ist es? Wie alt? Wie viele Frauen sitzen da? Wie viele Männer? Wie reagieren sie? Für den Leser sind diese Veranstaltungen ebenso kritische

Momente, in denen er sein Bild des Autors an der Wirklichkeit mißt.

In das Verhältnis zwischen Autor und Leser schaltet sich eine dritte Figur, der Kritiker, ein. Im *Schwarzen Sofa* gibt es eine längere Passage über das Dreiecksverhältnis zwischen Leser, Kritiker und Autor, dessen Spannung der Autor, und besonders der erfolgreiche, am stärksten zu spüren bekommt. (S. 189–94) »Solange in deutschen Romanen vornehmlich reflektiert, kommentiert, experimentiert und lamentiert, aber nicht erzählt wird, solange die Verleger die auf dem Weltmarkt erfolgreichen Romane risikolos auf den deutschen Markt bringen, genauso lange wird es bleiben, wie es ist«, hatte Christine Brückner bereits 1969 in dem Aufsatz »Was unterhält, ist schon verdächtig« gesagt. Zwölf Jahre später konnte sie das wörtlich wiederholen, weil sich, wie es schien, in der Zwischenzeit nichts geändert hatte.

Die Literaturwissenschaft hat zwar seit Jahren die längst überfälligen Bemühungen unternommen, die Unterhaltungsliteratur in ihre Forschungen mit einzubeziehen, in das Bewußtsein der Literaturkritik ist das aber noch immer nicht voll eingedrungen. Manfred Jurgensen, der in seinem Aufsatz »Der Unterhaltungsroman der Gegenwart« in Manfred Durzaks *Deutsche Gegenwartsliteratur* von 1981 die Ergebnisse der letzten 15 Jahre auswertet, weist auf das hin, was bisher alles bedenkenlos in den einen Topf »Unterhaltungsliteratur« geworfen wurde und wie man inzwischen zu unterscheiden gelernt hat. Auch meint er, es sei an der Zeit, »den Ausdruck ›trivial‹ von einer gesellschaftspolitischen Betrachtung gegenwärtiger Unterhaltungsliteratur auszuschließen«. In der Gegenwartsliteratur habe ein Nivellierungsprozeß eingesetzt, der die »Umwandlung des literarischen Werkes in Ware, seines Autors in Markenartikel« zur Folge hätte, so daß der »neue Grass« dann ein ebensolcher Markenartikel sei wie alle anderen Titel, die auf der Bestsellerliste erschienen. Otto Heinrich Kühner nennt beispielsweise in seinem Aufsatz »Umgang mit Christine Brückner« in *Lachen, um nicht zu weinen* ihr »c.b.«, das sie unter ihre Briefe setzt, ein »Firmenzeichen«.

Die wichtigste Erkenntnis der Unterhaltungsliteraturforschung ist aber, daß der Leser, nach Jurgensen, aus einer »sinnvollen Literaturgeschichte« nicht mehr ausgeschlossen werden kann. Das schließt eine ebenso »sinnvolle« Buchkritik dieser Literatur ein. Peter Uwe Hohendahl hat die »Bedingungen wirkungsvoller populärer Buchkritik« in seinem äußerst wichtigen Aufsatz »Promoter, Konsumenten und Kritiker« in Manfred Braunecks Sammelband *Der deutsche Roman im 20. Jahrhundert* II (Bamberg 1976) umrissen. Sie ist nur möglich, wenn die Trennung der Literatur in »ernste« und daher ernst zu nehmende und »unterhaltende« und somit leicht abzutuende aufgehoben wird, denn sie läuft auf eine veritable »Publikumsfeindlichkeit« hinaus.

Auch der 1987 von der Darmstädter Akademie für Sprache und Dichtung veröffentlichte Band *Angst vor Unterhaltung?* beschäftigt sich mit dieser Trennung, indem er »über einige Merkwürdigkeiten unseres Literaturverständnisses« Auskunft gibt. Zu diesen Merkwürdigkeiten gehört die Tatsache, daß die »Vorbehalte des Deutschen [gemeint ist die deutsche Kritik] gegenüber dem Unterhaltenden«, (S. 19) wie sie Herbert Heckmann in der von ihm herausgegebenen Aufsatzsammlung bis zurück zu Luther verfolgt, von jeher gerade dem Roman besonders abträglich waren. »Der Roman, der seinem Wesen nach die Nähe zur gesellschaftlichen Wirklichkeit verlangt, fand bei unseren idealistischen und idealisierenden Ästhetikern keine Gnade. Schiller nannte den Romanschreiber despektierlich einen ›Halbbruder‹ des Dichters. Was Wunder, daß jede Unterhaltlichkeit, die einen Roman auszeichnete, seinem Verfasser sogleich zum Vorwurf gemacht wurde.« (S. 22)

Diese Abwertung des Romans im allgemeinen findet im 20. Jahrhundert in der Abwertung des realistischen Romans ihre Fortsetzung. Da der unterhaltende Roman auch stets realistisch ist, wird er davon ebenfalls in Mitleidenschaft gezogen. Bezeichnenderweise ist es ein Engländer, Keith Bullivant, der 1987 in seiner Studie *Realism Today* gezeigt hat, wie der deutsche Roman der Nachkriegszeit sich eher auf die idealistische als auf die realistische Tradition besann. Werke wie Elisabeth Langgässers *Unauslöschliches Siegel* von 1946 oder Hermann Kasacks *Die Stadt hinter dem Strom* von 1947 wurden zu den bedeutendsten Romanen der Epoche gezählt, gerade weil sie »Sinnbilder der Realität« schufen, wie Kasack es nannte, und sich nicht mit der Realität selbst auseinandersetzten. Die Gründe für diese Erscheinung sieht Bullivant einerseits in der Unfähigkeit vieler Nachkriegsautoren, angesichts der faschistischen Exzesse und der immer schärferen ideologischen Trennung durch den kalten Krieg anders als mit unpolitischen Kategorien auf Krieg und Nachkriegszeit zu reagieren. Andererseits macht Bullivant auch den Mangel an Entwicklungsromanen der deutschen Literatur des 19. Jahrhunderts verantwortlich, und es ist bezeichnend, daß Christine Brückner, die sich um die Realismus-Debatte der fünfziger und sechziger Jahre nicht gekümmert hat, in deren Verlauf beispielsweise Walter Jens 1955 in der Zeitschrift *Texte und Zeichen* ein »Plädoyer für die abstrakte Literatur« hielt, gerade an die realistische Literatur und an den unterhaltlichen Realisten Fontane anknüpft.

Denn der Leser will unterhalten werden. Diesem Bedürfnis kommt das ebenso starke Bedürfnis Christine Brückners zu unterhalten entgegen. Im *Schwarzen Sofa* findet sie die einfache Formel, den Leser »zum Lachen und zum Weinen« bringen zu wollen. (S. 116) Daß dafür nur ein Teil der Leserschaft empfänglich sei, bestreitet Gert Mattenklott in seinem Beitrag zu *Angst vor Unterhaltung?*: »Gibt es U- und E-Leser?« Schon Jurgensen hatte festgestellt: »Es ist längst nicht mehr bloße Vermutung, daß die gleichen Leser hohe und populäre Literatur konsumieren.« In dieser Unterscheidung sieht Mattenklott nichts als die »Erfindung des

18. Jahrhunderts«, die den Literaturstreit zwischen »Pragmatikern«, die den Buchmarkt einem breiten Publikum zur Aufklärung der Bürgerkultur erschließen wollten, und den Kritikern dieses Marktes, den »klassischen Verächtern des Massengeschmacks«, hervorrief. (S. 34) Unter die wichtigsten Vertreter der zweiten Kategorie zählt Mattenklott auch Friedrich Schiller, während Goethe nach dessen Tod »mit wachsender Unbedenklichkeit« Unterhaltliches aus »Volksliteratur, Reiseberichten und Memoiren« in seinen Schriften mitgeteilt habe.

Mattenklott leitet aus der unseligen Trennung die noch heute bestehende und beherrschende »Fiktion der zwei Lager, gar die von zwei Kulturen« ab, die bis in die Medien und ihre säuberliche Trennung von U- und E-Programmen in den Rundfunkanstalten, der entsprechenden Spezialisierung der Verlage, der vermittelnden Agenturen im Kunstbetrieb überhaupt wirksam sei. Das Resultat sei eine »Ausgrenzung von Eliten«, eine »innere kulturelle Deklassierung«. (S. 35) Der unbestreitbare Unterhaltungswert von Werken der sogenannten hohen Literatur – Mattenklott nennt Dante, Shakespeare und Goethe, wir dürfen getrost auch Fontane dazuzählen – und die Gewohnheiten der Leser, die eben »sehr viel leichtsinniger in der Zusammensetzung ihrer Lektüre zu sein pflegen, als die polarisierenden Theorien es wahrhaben wollen«, (S. 40) dienen schließlich zum Beweis der These, daß der U-Leser sich nicht vom E-Leser trennen läßt.

Noch ein weiterer Aspekt dieses interessanten Aufsatzes trägt zur Diskussion über erfolgreiche Autoren und ihre Leser bei. Wie sich gezeigt hat, liegt ihr Erfolg zum großen Teil im Unterhaltungswert ihrer Bücher begründet. Mit dem Vorwurf der Kritiker gegen das eine geht der gegen das andere einher. Dazu gesellt sich noch die Vorstellung, solche Autoren kämen dem Publikumsgeschmack entgegen. Mattenklott erwidert darauf mit einer zunächst überraschenden Behauptung: »An einem empirisch-konkreten Publikum wird kein Autor sich orientieren können; höchstens mag ihm bleiben, das Vertrauen zu fingieren, es gebe ein paar Leser, die ihm ähnlich wären.« (S. 39)

Gilt das auch für Christine Brückner, die, wie wohl nur wenige Autoren, über ihre Leser von diesen selbst unterrichtet wird? Liegt es nicht nahe zu vermuten, sie schriebe ihnen gleichsam entgegen, richte sich nach den Leserwünschen und lenke somit den eigenen Erfolg?

Es gibt in der Tat viele Äußerungen der Autorin, die ihr Eingehen auf den Leser beweisen. Das beginnt mit der Forderung nach »Lesbarkeit«, dieser »Tugend gegenüber dem Leser«, wie es im *Schwarzen Sofa* (S. 192) heißt, und es zeigt sich in dem »Erbarmen mit dem Leser« (S. 221), der nicht provoziert werden soll. Auch seinem Unterhaltungsbedürfnis kommt die Autorin ganz offen entgegen. Als 1968 in der Zeitschrift *Kursbuch* eine heftige Debatte über die Existenzberechtigung der Belletristik entfacht wurde, galt ihr erster Gedanke dem Leser. Im *Glücklichen Buch* berichtet die Schriftstellerin a. p. dem Schriftsteller J. W. H.: »Heute morgen schlug ich das Feuilleton auf und las (auf nahezu nüchternen Magen): Der Roman ist tot. Die Literatur befindet sich in einer permanenten Krise. Und da soll man sich hinsetzen und Bücher schreiben, deren Tod konstatiert wird, bevor sie noch fertig sind. [. . .] Aber der Leser! Der Leser ist doch noch nicht tot. Sollte nicht auch beim Roman gelten, was bei jedem anderen Bedarfsartikel gilt: Die Nachfrage regelt das Angebot?« (S. 53) Noch deutlicher wendet diese Pragmatikerin die Gesetze der freien Marktwirtschaft auf die Produktion von Literatur an, wenn sie sich fragt, »wonach der deutsche Leser hungert [. . .] Wenn man das nicht herausfindet, muß man es am Ende selbst: hungern«. (S. 19) Das entspricht den Ausführungen Robert Musils über die »Novelle als Problem«. Dort heißt es: »Dichtungen sind nur in einer Wurzel Utopien, in einer andren aber wirtschaftliche und soziale Produkte. [. . .] Man schreibt Dramen, Romane, Novellen und Gedichte, weil es diese Kunstformen nun einmal gibt, weil Nachfrage besteht und weil sie sich zu vielem eignen.«

Dennoch gilt die These, daß sich kein Autor an einem »empirisch-konkreten Publikum« orientieren könne, auch für Christine Brückner, die mit der einen Ausnahme des zweiten *Poenichen*-Bandes, der bereits zusammen mit dem ersten konzipiert war, ihren Lesern mit jedem ihrer Romane stets ein Buch vorgelegt hat, von dem sie nicht wissen konnte, wie es von ihnen aufgenommen werden würde. Hätte sie die Wünsche ihrer ersten Leser erfüllt, so hätte sie weitere Romane nach dem Muster von *Ehe die Spuren verwehen* geschrieben. Statt dessen schrieb sie nur wenige Jahre später *Die Zeit danach*, einen Roman, der wohl bei einer großen Zahl früherer Leser Erstaunen erregen mußte, von dem noch befremdlicheren *Letztes Jahr auf Ischia* gar nicht zu reden. Wenn sich dahinter eine Absicht verbarg, dann wohl die, ein neues Publikum zu gewinnen, aber das war dann weder konkret vorstellbar noch durch Erfahrung bekannt.

Christine Brückner spricht bezeichnenderweise auch nur selten vom Publikum, viel öfter vom Leser im Singular. »Ich schreibe Bücher, als wären es Briefe«, hatte sie im *Buchreport* (5. 9. 75) gesagt. »Im Grunde bin ich ein Leser geblieben. Ich stehe auf seiner Seite [...]« Wie sich diese Haltung stilbildend ausgewirkt hat, ist an dem Roman *Der Kokon* zu erkennen, in dem der Leser in zahlreichen Wendungen als anwesend gedacht und gleichsam ins Vertrauen der Autorin gezogen wird. Dies erregte zwar das Mißfallen der Kritikerin Gabriele Wohmann in den *Frankfurter Heften* (1967, H. 2), es ist jedoch ein alterprobtes Verfahren, dessen Verschwinden aus der erzählenden Literatur Christine Brückner im *Schwarzen Sofa* bedauert: »›Lieber Leser!‹, ›Geneigter Leser!‹, diese schönen altmodischen Anreden sind verschwunden. Der heutige Autor hat sein Gegenüber verloren, dabei sucht er doch den Dialog mit dem Leser, warum sonst schriebe er und veröffentlichte das Geschriebene, verlangte Aufmerksamkeit dafür?« (S. 190/91) Sie selbst verwendet die »schönen altmodischen Anreden« ebenfalls nicht mehr, erreicht aber, wie sich gezeigt hat, auf andere Weise den gleichen Effekt.

Damit stellt sich Christine Brückner in die Tradition deutscher Erzähler des 19. Jahrhunderts. Unterhalten ist ja auf weite Strecken mit Erzählen gleichzusetzen, und nie war die deutsche Literatur unterhaltender als in den Romanen und Erzählungen von Fontane, Raabe, Keller und vor ihnen in denen des Meistererzählers und Fabulierers Jean Paul. Gerade er hatte ein ungemein enges Verhältnis zu seinem Leser, den er sich geradezu erfand, »um mit ihm vertraulich umgehen zu können«, wie Ralph-Rainer Wutenow in seinem Aufsatz »Lese-Lüste« in *Angst vor Unterhaltung?* (S. 23–33) an zahlreichen Beispielen gezeigt hat. In dem vertraulichen Umgang zwischen dem Autor Jean Paul und seinem Leser ist der trostbringende Gestus des Erzählers unübersehbar, so etwa, wenn er in seiner Vorrede zum *Hesperus* den Leser folgendermaßen anredet: »Komm, liebe müde Seele, die du etwas zu vergessen hast, entweder einen trüben Tag oder ein überwölktes Jahr oder einen Menschen, der dich kränkt, oder einen, der dich liebt, oder eine entlaubte Jugend oder ein ganzes schweres Leben; und du, gedrückter Geist, für den die Gegenwart eine Wunde und die Vergangenheit eine Narbe ist, komm in meinen *Abendstern* und erquicke dich mit seinem kleinen Schimmer [...]«

Auch in Jean Pauls Einteilung des Publikums in drei Gruppen, das Kauf-, das Lese- und das Kunstpublikum, wie er sie in der Vorrede seines *Siebenkäs* unternimmt, lassen sich interessante Parallelen zum zeitgenössischen Lesepublikum unterhaltender Literatur ziehen. Das, was Jean Paul das »Kunstpublikum« nennt, »die wenigen [...] solche wie Herder, Goethe, Lessing, Wieland und noch einige, kommen mit ihren Stimmen bei einem Autor auch außer der Minderzahl derselben schon darum, weil sie ihn nicht lesen, wenig in Betracht«. Also auch hier ist bereits die unglückliche Trennung in die wenigen und die vielen zu spüren. Schließlich gibt Wuthenow eine Fülle von Beispielen für die Identifikationen von Autoren erzählender Literatur mit ihren Figuren, die auch bei Christine Brückner stark ausgeprägt ist. »Flaubert wird beinahe krank an der Sterbeszene der Emma Bovary, er hat den Geschmack des Giftes im Munde [. . .]« In ihrem Vortrag »Phantasie und Wirklichkeit« berichtet die Autorin ebenfalls von ihren Angewohnheiten, ihre eigenen Figuren nachzuahmen, zu leben wie sie, auch wenn ihr das gar nicht bekommt. Wie nahe ihr die eigenen Figuren stehen, wird in dem Text »Auf der Suche nach Poenichen« in *Erfahren und erwandert* deutlich, in dem die Verfasserin auf der Reise nach Pommern auf Schritt und Tritt von Maximiliane Quint begleitet wird.

Rezensenten der Bücher Christine Brückners haben sich wiederholt mit dem gänzlich unlogischen und daher falschen Gegensatz der sogenannten U- und E-Literatur und der Position der Autorin zwischen diesen beiden Polen auseinandergesetzt. In bezug auf *Letztes Jahr auf Ischia* hatte Gerhard Zwerenz erklärt, hier konfrontiere uns der Unterhaltungsroman »mit der Fragwürdigkeit seines Begriffs«. (s. o. S. 111/2)

Viele versuchen dem abwertenden Begriff der Unterhaltungsliteratur »mit modischen Tricks zu entkommen«, schrieb Kyra Stromberg in ihrer Besprechung der *Zeit danach* (*Deutsche Zeitung*, Literarische Rundschau, 13. 1. 62) und führt die immer wieder als Beispiel vorgestellten Engländer an, die hohe literarische Qualität unterhaltsam machten. Auch bei den Franzosen habe »leichte Unterhaltung selbstverständliche literarische Qualitäten«. Den Deutschen dagegen fehle die Selbstironie, die aller Milieuschilderung und Psychologie noch Unwirklichkeit mitteile. Statt dessen finde sich bei deutschen Autoren »besonnene Eindringlichkeit und Distanz«, was dann zu dem Begriff »gehobene Unterhaltung« führt, den wiederum Helene Henze in ihrer Besprechung des *Kokon* (*FAZ*, 4. 10. 66) mit Recht als »lächerliche, vage Bezeichnung« abtut, da sie lediglich Verlegenheit vor dem schwankenden Niveau spiegele. Dahinter steht bereits die Erkenntnis, daß hier Angst vor Unterhaltung herrscht und es an Mut zur Unterhaltung gebricht. Jurgensen bemerkt: »Insbesondere die angelsächsische, die französische und (in vieler Hinsicht auch) die russische Literatur haben eine Trennung zwischen hoher Prosadichtung und unterhaltsamem Gesellschaftsroman nie mit der für die deutsche Literaturwissenschaft so symptomatischen Schärfe gezogen« und nennt von Jane Austen über George Eliot zu Graham Greene eine Reihe von Autoren, »die alle in der Tradition einer unterhaltenden Literatur [Defoe] geschrieben haben und gelesen wurden«.

Mit solchen Kommentaren mußte sich Roland Koch in seinem Beitrag über die Autorin im *Kritischen Lexikon zur deutschsprachigen Gegenwartsliteratur* weidlich abplagen. Sein Kompromiß, Christine Brückner zu einer »Vermittlerin von U- und E-Literatur« zu erklären, zeigt nur erneut den Unsinn einer Trennung von sogenannter unterhaltender und ernster Literatur, wenn sich mit ihr ein Werturteil verbindet. Ob ein Roman ein Unterhaltungsroman ist, ist nicht von Belang, sondern, ob er gut ist. Dann wird er allemal unterhalten, und es wird ihm auch nicht an Ernst fehlen.

Die Absicht, unterhaltend zu erzählen und erzählend zu unterhalten, beeinflußt Themenwahl und Stilmittel Christine Brückners. »Der Leser muß unterrichtet, er muß auch umworben werden«, sagt sie im *Schwarzen Sofa* (S. 190). Dabei darf er aber nicht überfordert werden. Daß Literatur »ein Ärgernis« und »Provokation« (S. 192) sein soll, ist ihr eine fremde Vorstellung. Ob es sich um Liebesaffären in ihren Romanen oder Ereignisse im Zweiten Weltkrieg handelt, immer wird der Leser geschont, es kommt, wie Pastor Merzin in Poenichen gesagt hätte, nie »zum Äußersten«.

Auch die Unterrichtung des Lesers ist eine Aufgabe des Autors. Er soll etwas erfahren, »was er vorher nicht wußte«, (S. 193) ohne daß er dabei andere Hilfsmittel zu Rate ziehen oder gar mit Vorwissen an die Lektüre herangehen müßte.

Das beginnt mit den vielen Zitaten, die besonders die *Poeni-chen*-Romane anreichern. Sie sind stets als solche kenntlich gemacht, nicht nur, wenn sie als Motto über einem Kapitel stehen, sondern auch, wenn sie in den Text integriert werden. Techniken, wie sie Christa Wolf in der Erzählung *Kein Ort. Nirgends* benutzt, in der die langen Gespräche zum großen Teil aus Zitaten der romantischen Literatur einschließlich der Briefe und Tagebücher bestehen und daher nur Eingeweihten erkennbar sind, würde Christine Brückner nie verwenden.

Als Realistin, als die sie sich in den *Ungehaltenen Reden* gegenüber der Kollegin Malwida von Meysenbug zu erkennen gibt, zeigt sie sich auch in ihrem erzählerischen Verfahren. Sie benutzt einperspektivische realistische Darstellungsmethoden, wie sie sich seit dem 19. Jahrhundert bewährt haben, und wendet moderne Sprachformen nur behutsam an. Wie die mehrperspektivische Erzählweise bei ihr selten zu finden ist, so fehlt ihren Romanen auch ein komplexes Zeitgerüst. Dagegen werden etwa im *Kokon* Abschnitte aus der Vergangenheit der Hauptfigur mit solchen aus der Gegenwart, aus der rückblickend erzählt wird, versetzt, so daß der Eindruck eines komplizierteren Zeitgerüsts entsteht, als es in Wirklichkeit ist. Innerer Monolog und erlebte Rede, die Techniken, mit denen der moderne Roman seit James Joyce oder die Erzählung seit Arthur Schnitzler die Spiegelung der in ihrem geschlossenen Zusammenhang leicht einsehbaren Wirklichkeit gleichsam zerbrochen hat, kommen bei Christine Brückner auch dann nicht vor, wenn sich diese Stilmittel angeboten hätten, wie in *Die Zeit danach* und *Letztes Jahr auf Ischia.* Ihre Ich-Erzählerinnen fungieren als Beobachter der äußeren Welt, die nicht in den Bewußtseinsstrom der Erzählfiguren eindringt. Der »innere« Monolog widerspräche auch der für Christine Brückner charakteristischen dialogischen Erzählhaltung, weil er den Leser sozusagen nicht braucht. So sind die *Ungehaltenen Reden* ebenfalls keine inneren Monologe.

Auch die Montagetechnik wendet Christine Brückner nur begrenzt und damit auf eine dem Leser einsichtige Weise an, wenn sie beispielsweise in den Roman *Die Zeit danach* Erzählungen oder Erzählstoffe einmontiert. Diese fiktiven Elemente sind ebenfalls kein Fremdmaterial wie die Zeitungsmeldungen in Uwe Johnsons *Jahrestage* oder die vielen Wirklichkeitspartikel aus politischer Propaganda, Handbüchern und Musiktexten in Ulrich Plenzdorfs Geschichte *kein runter, kein fern.*

Indem sich Christine Brückner auf die Seite des Unterhaltung suchenden Lesers stellt, stellt sie sich gleichzeitig gegen jene Literatur, die sich diesem Leser verweigert. Im *Schwarzen Sofa* geschieht das auf recht apodiktische Weise, wovon allein das bei der Autorin im allgemeinen an Ausrufungszeichen reiche Satzbild Zeugnis gibt: »Wenn ich lese, will ich nicht ständig die Mühe spüren, die das Schreiben dem Schriftsteller bereitet hat; das ist seine Sache, nicht meine«, heißt es da, ganz aus der Leserperspektive gesprochen. »Aber nicht nur die Machart, auch die Inhalte der Romane machen mich oft ungeduldig. Wieviel Unzufriedenheit, Verdrossenheit, Ekel und Trotz in der heutigen Literatur! Das kann aber doch nicht der einzige Antrieb zum Schreiben sein! Wem nutzt es? Ich vermute, daß sich diese Autoren nicht einmal den eigenen Ekel von der Seele schreiben, sondern dem Leser aufbürden, so daß dieser seine eigene Lebenslast nur noch lastender empfindet.« (S. 190) Solche summarischen Bemerkungen gibt es wiederholt, etwa im *Glücklichen Buch*: »Die modernen Autoren geben vor, sie schrieben von Liebe. Aber sie verwechseln Liebe und Sex. Sie brechen das eine Tabu und stellen das nächste auf.« (S. 300)

Diese Urteile verraten, daß Christine Brückner, in ihrem Bestreben, den Leser zu schonen, aus ganz anderen Impulsen schreibt als die von ihr kritisierten Autoren. Während sie den Menschen über die Kunst stellt, stellen diese in ihren Augen die Kunst über den Menschen. Oft ist es ihnen nicht gegeben, die Leiden der Welt in versöhnlichen Inhalten und in versöhnlicher Sprache auszudrücken. Mit »Urvertrauen« und »Gottvertrauen« sind sie nicht gesegnet. In einem ausführlichen Interview, das sie nach der Veröffentlichung des *Schwarzen Sofas* gab, in dem ihre kritische Haltung gegenüber der Gegenwartsliteratur besonders deutlich hervortritt, hat die Autorin ihre Ansichten zunächst etwas genauer dargelegt. Auf die Frage, ob sie es zeitgenössischen Autoren »vorwerfe«, daß sie, im Gegensatz zu ihr, den Leser »aus den Augen verlieren«, nimmt sie den Vorwurf zurück: »[...] aber ich stelle fest: Sie [die Gegenwartsliteratur] schreibt weitgehend am Leser vorbei, achtet ihn nicht und hat die Kritik sehr viel mehr vor Augen. Und dabei, glaube ich, fängt der Autor an ›zu schielen‹. Ich lernte einmal einen dieser Autoren kennen, und ich fragte ihn: ›Lesen Sie gerne, was Sie schreiben?‹ Und da sagte der: ›Um Gottes willen!‹ Das ist zwar anekdotisch, aber es ist etwas dran. Früher mußte ja Literatur nicht ein Ärgernis sein, sondern sie hatte diese ganz berechtigte Aufgabe, auch zu unterhalten.« Christine Brückner gesteht im gleichen Zusammenhang aber auch zu, daß es Bücher geben muß, welche die Lesegewohnheiten in Frage stellen, indem ihre Autoren »auf das Experimentierfeld gehen; aber es sind zu viele darauf, deren Talent nicht ausreicht, diese vielen kleinen Heißenbüttelchens, die wir haben«. Dadurch, daß Christine Brückner keine Sprachexperimente ausführt und das, was sie »diese modischen Trends« nennt, nicht mitmacht, erreicht sie ein viel größeres Publikum, dem sie gleichwohl, ohne es zu schockieren, Unbequemes vortragen kann. In dem Interview führt sie die *Poenichen*-Romane als Beispiel an, die mit Krieg und Vertreibung »die großen Themen des Jahrhunderts« aufgreifen. »Ich hoffe, daß das auch unbequem gewesen ist; auch für die, die die Vertriebenen schlecht behandelt haben.« Mehr als nur unbequem war dann für viele Leser die Rede der Gudrun Ensslin, in der Christine Brückner zum ersten Mal eine ihrer Figuren eine unversöhnliche Sprache sprechen läßt.

Es war schon immer die Absicht der Autorin, den Leser zum Nachdenken zu veranlassen. Nur so kann unter Umständen auch eine Veränderung in ihm bewirkt werden, die ihr nur im einzelnen vorstellbar ist. »Ich glaube, daß man beim einzelnen ungeheuer viel bewirken kann. Aber ich glaube nicht, daß ich die Gesellschaft verändere. Das hat Kunst einfach nie getan.« (»Leserpflege statt Kritikerpflege«, *Börsenblatt für den deutschen Buchhandel*, Nr. 68, 7. 8. 81, S. 1016–28).

Diese Ansicht hat der Autorin Widerspruch und Kritik eingetragen. Im *Schwarzen Sofa* berichtet sie von einer Lesung vor dänischen Deutschlehrern, in der ihr gerade das zum Vorwurf gemacht wurde. (S. 291) Dennoch muß in ihren immer neuen Versuchen, auf die Meinungsbildung und -umbildung des Einzelnen einzuwirken, die Absicht gesehen werden, damit auf indirekte Weise auch die Gesellschaft zu erreichen. Ganz deutlich wird das in den *Quints*, in denen sogar ein Politiker als Romanfigur eingeführt wird, dessen wichtigste Funktion es ist, Reden zu halten und Interviews zu geben, um darin seine gesellschaftsverändernden Ideen bekanntzumachen.

Soviel »Leserpflege« hat wiederum »Autorenpflege« zur Folge, die sich nicht nur in Briefen kundtut. Im *Glücklichen Buch* schreibt a.p.: »Den Morgen verdarb mir heute eine Zeitungskritik, den Mittag verschönt ein Paket: ein Leser (der ›Narben‹) schickte Wein von seinem Weinberg.« (S. 109) Bei einer dergestalt gegensätzlichen Wirkung auf ein und dasselbe Buch ist es verständlich, daß sich die Autorin auf die Seite der Leser gezogen fühlt. Das hat höchst außergewöhnliche Folgen. So nimmt Christine Brückner beispielsweise die Briefe einer Leserin in das *Schwarze Sofa* auf. Unter den zahllosen Leserzuschriften, aus denen sich in einigen Fällen eine Korrespondenz zwischen Autorin und Leser ergab, wählt sie nicht von ungefähr die Briefe der Paula L., um sie wiederum anderen Lesern mitzuteilen.

Paula L. ist eine Leserin, welche die Autorin aus verschiedenen Gründen interessieren mußte. Etwa gleichaltrig und aus dem gutsituierten Mittelstand, aus dem die meisten Figuren Christine Brückners stammen, erweist sie sich als gebildet und belesen und kann Jean Paul ebenso zitieren wie Peter Handke. Die Autorin vertraut dieser Leserin sogar das noch unveröffentlichte Manuskript des Romans *Das eine sein, das andere lieben* an, das diese ihr mit einem Kommentar zurückschickt, wie ihn sich die Verfasserin nicht besser wünschen kann: »Ich habe Ihr Manuskript fotokopiert! Sie könnten ›Die Person‹ in einem Anfall zorniger Gekränktheit vernichten. [...] Mario(n) wird sich auf seine/ihre Weise schon durchsetzen. [...] Manchmal habe ich losgelacht, aber auch oft losgeweint, aus vollem Herzen.« (S. 249) Die Leserin vertritt aber durchaus eine eigene Meinung, auch wenn sie zu der Autorin im Widerspruch steht. »Sie sind viel zu optimistisch!« schreibt sie im Hinblick auf deren Vorstellung von der alle Krisen überdauernden Ehe. »Männergleich? Das hieße doch: frei von Geburten...« (S. 170) Und später: »Sie schreiben da etwas über ›Abtreibung‹. Was wissen Sie schon! Aber Respekt vor Ihrer Meinung.« (S. 204) Oder die erstaunlich freimütige Bemerkung: »Für alle Lebenslagen haben Sie die passenden Bücher geschrieben, dafür danke ich Ihnen, und manchmal hasse ich Sie dafür.« (S. 238)

Aber am meisten interessiert sich die Autorin für die Geschichte ihrer Leserin, die diese ausgezeichnet formuliert erzählt. Sie ist die Tochter eines gewalttätigen Vaters und einer tyrannischen Mutter und selber die Mutter einer unglücklichen Tochter. Diese oder ähnliche Konstellationen einer Frauenexistenz haben Christine Brückner schon immer fasziniert. Hier erfährt sie eine Variante des Musters und macht sie gleichsam literaturwürdig und literaturfähig, obwohl sie auch Passagen aus den Briefen der Paula L. zitiert, die sie nie selber geschrieben hätte, so die Abtreibungsversuche von Paula L.s Mutter. Über diese alte Frau, die von ihrer Tochter – »Ich bin ein altgewordenes Rotkäppchen, wissen Sie!« – mit Nahrung und Dienstpersonal versorgt wird, schreibt Paula L. ausführlich und zitiert dabei gelegentlich wieder Briefstellen der Autorin, so daß sich der Leser ein Bild der Korrespondenz machen kann. »Scheiden lassen kann man sich von seiner Mutter nicht«, haben Sie mir einmal geschrieben, und: ›Sie hat Ihnen das Leben gegeben.‹« (S. 201) Die Leserin befolgt die Ermahnungen der Autorin: »Ich halte die Familie fest zusammen [...] Morgens hänge ich an der Telefon-Nabelschnur der Tochter, abends an der Telefon-Nabelschnur der Mutter [...]« (S. 237)

Die Leserin Paula L. wird durch die Aufnahme ihrer Briefe in ein Buch der Autorin von dieser auf die Stufe einer Mitverfasserin erhoben. Eine innigere Beziehung zwischen Leser und Autor ist kaum vorstellbar. Da die Briefe der Leserin sich sprachlich und, mit wenigen Ausnahmen, auch thematisch ohne Schwierigkeiten in den Text der Autorin integrieren lassen, wird sie gleichzeitig zu einer ihrer Figuren.

In den Briefen der Paula L. wird auch der zweite Grund deutlich, warum die Bücher Christine Brückners ein so starkes Leserecho hervorrufen: Es ist nicht nur dem hohen Unterhaltungswert der Romane und Erzählungen zu verdanken, denn die Autorin will mehr als ihre Leser gut unterhalten, sie möchte sie auch belehren, »damit sie ein wenig klüger, vielleicht sogar ein wenig zuversichtlicher« werden, wie es im *Schwarzen Sofa* (S. 193) heißt, sie will Trost geben, den eine Vielzahl von Lesern zweifellos in der Literatur wie in der Kunst überhaupt seit jeher sucht und auch findet. Es sei nur an Jean Pauls Absicht erinnert, in seinem *Hesperus* den Leser zu trösten. Nicht von ungefähr hat Christine Brückner unter Ärzten und Pfarrern besonders viele Leser, Berufe, in welchen die Trostbedürftigkeit des Menschen täglich aufs neue vor Augen geführt wird. »Warum soll der Schriftsteller dem Leser nicht ›wohltuen‹? Sind Schriftsteller Folterknechte? Ist es eine Schande, dem Leser zu ›helfen‹, ihm ein Stück Hoffnung zu schenken?«

hatte eine Leserin nach der Lektüre des *Glücklichen Buchs der a.p.* gefragt.

Christine Brückner hat mit ihren Werken auf diese rhetorischen Fragen eine klare Antwort gegeben.

Anhang

1921 am 10. Dezember in Schmillinghausen/Waldeck geboren; Vater Carl Emde (1867–1940), Pfarrer, später Kirchenrat (Superintendent); Mutter Clothilde geb. Schulze (1878–1959)

1926 formlose Einschulung in Schmillinghausen

1930 Besuch der Bathildisschule (Mittelschule für Mädchen) in Arolsen

1933 Besuch des Reform-Realgymnasiums (jetzt Christian Rauch-Gymnasium) in Arolsen

1934 der Kirchenrat Emde scheidet am 1. November nach dem Streit zwischen Deutschen und Bekennenden Christen aus seinem Pfarramt und zieht mit seiner Familie nach Kassel; Besuch des Oberlyzeums in Kassel

1936 Umzug ins eigene Haus im Auefeld

1937 mittlere Reife; Schulaufführungen des ersten eigenen kabarettistischen Theaterstücks *Die Berufsberatung*; Besuch einer privaten Handelsschule in Kassel

1938/39 ›Pflichtjahr für deutsche Mädchen‹ in drei verschiedenen Haushalten in Wolfhagen und in Kassel

1939 Dienstverpflichtung zum Stellvertretenden Generalkommando IX. AK; Arbeit in der Geheimregistratur

1942 im Sommer zehntägige Reise nach Zuchow in Pommern auf das Gut des Onkels; im Herbst Freistellung von der Kriegsdienstverpflichtung für den Schulbesuch

1943 am 22. Oktober wird Kassel durch Bomben weitgehend zerstört, auch die Schule und das Elternhaus; zu Weihnachten wird die Mutter nach Pommern gebracht

1944 im Januar Kriegsdienstverpflichtung als Köchin im Hotel ›Kaiserhof‹ in Bad Salzschlirf; nebenher Externen-Abitur in Fulda; im April zum Bibliothekarspraktikum nach Halle/Saale; im November Kriegsdienstverpflichtung zu den Siebel-Flugzeugwerken (bis Juni 1945); Bekanntschaft mit dem schwerkriegsbeschädigten Philologie-Studenten und späteren Industriegestalter Werner Brückner (1920–1977)

1945 im Oktober aus der russischen in die amerikanische Besatzungszone, zu Mutter und Schwester nach Marburg

1946 Abschlußsemester an der Büchereischule in Stuttgart; im Oktober Examen als Diplom-Bibliothekarin; Leiterin der Mensa academica der Philipps-Universität Marburg für zwei Semester; nebenher Studium der Volkswirtschaft

1947 Assistentin am Forschungsinstitut für Kunstgeschichte (Foto-Marburg) bei Richard Hamann-MacLean; nebenher Studium der Kunstgeschichte, Literaturwissenschaft und Psychologie

1948 am 28. August Heirat mit Werner Brückner in Schmillinghausen

1949 Frankreich-Exkursion mit dem Institut zu Loire-Schlössern und gotischen Kathedralen, nach Paris, Chartres, Reims etc.; Volkshochschulkurse, Artikel für die *Marburger Presse* u. a.

1950 Streichung der Stelle am Forschungsinstitut für Kunstgeschichte, unentgeltliche Mitarbeit

1951 von Februar bis November Redakteurin der Zeitschrift *Frauenwelt* in Nürnberg; Übersiedlung zu Werner Brückner nach Krefeld

1952 Beiträge für das *Sonntagsblatt* (später *Deutsches Allgemeines Sonntagsblatt*) u. a. m.

1953 Beteiligung am Romanwettbewerb des Bertelsmann Verlages; Niederschrift des Romans *Ehe die Spuren verwehen* vom 8. August bis 2. November

1954 im Frühjahr Umzug nach Düsseldorf; Werner Brückner wird Mitbegründer des ›Studios für Industriegestaltung‹; die Mutter zieht zur Tochter nach Düsseldorf; im Mai wird das Romanmanuskript mit dem ersten Preis des Wettbewerbs ausgezeichnet; im Sommer erscheint das Buch; vom 11. bis 15. September Teilnahme an einer »Freizeit ›Junge deutsche Autoren‹« des Rheinisch-Westfälischen Jungbuchhandels Köln in Bad Godesberg, erste Begegnung mit Otto Heinrich Kühner

1958 Scheidung

1959 im April Tod der Mutter

1960 Umzug nach Kassel; Regieassistentin am Staatstheater Kassel, Schauspiel, u. a. bei dem Oberspielleiter Otto Kurth

1964 viermonatige Reise durch die USA; der Aufsatz *. . . Bauer sein dagegen sehr* wird mit dem Preis des Wettbewerbs ›Der Bauer in dieser Zeit‹ ausgezeichnet, den der Schleswig-Holsteinische Bauernverband gemeinsam mit dem Schleswig-Holsteinischen Schriftstellerverband veranstaltete

1965 Kauf des Hauses in der Hans-Böckler-Straße, Kassel

1967 im Oktober Heirat mit Otto Heinrich Kühner (*1921)

1972 im Herbst schwerer Autounfall im Schwarzwald; seit den fünfziger Jahren wiederholt längere Aufenthalte in Italien, Frankreich, Griechenland und Schweden

1976–1982 Mitglied im ›Literarischen Beirat zur Förderung zeitgenössischer Schriftsteller‹ für zahlreiche Buchgemeinschaften

1976–1986 Stellvertretende Vorsitzende des Kuratoriums der Paul-Dierichs-Stiftung, Kassel

1978–1984 regelmäßige Kolumnen für die *Hessische/ Niedersächsische Allgemeine,* Kassel

1980–1984 Vizepräsidentin des PEN-Zentrums der Bundesrepublik Deutschland, Arbeit für ›Writers in Prison‹

1982 im Januar Verleihung des Wappenrings der Stadt Kassel und der Goethe-Plakette des Landes Hessen

1984 Stiftung ›Kasseler Literaturpreis für grotesken Humor‹, gemeinsam mit Otto Heinrich Kühner

1987 Ehrenbürgerin der Stadt Kassel

Bibliographie

Bücher von Christine Brückner:

Ehe die Spuren verwehen, Roman, Gütersloh (C. Bertelsmann) 1954; auch als Taschenbuch (Ullstein), Sonderausgabe (Ullstein) 1978, Neuausgabe (Ullstein) 1988, Lizenzausgaben, Übersetzungen u. a. ins Dänische, Englische, Finnische, Holländische, Japanische, Portugiesische, Schwedische, Spanische

    Kleine Spiele für große Leute, Gütersloh (C. Bertelsmann) 1956, Neuausgabe (Sigbert Mohn) 1967

    Katharina und der Zaungast, Roman, Gütersloh (C. Bertelsmann) 1957, Übersetzung ins Englische

    Ein Frühling im Tessin, Roman, Frankfurt am Main und Berlin (Ullstein) 1960; auch als Taschenbuch, Sonderausgabe 1983, Lizenzausgaben

    Die Zeit danach, Roman, Frankfurt am Main und Berlin (Ullstein) 1961; auch als Taschenbuch, Neuausgabe 1980, Lizenzausgaben

    Bella Vista und andere Erzählungen, Frankfurt am Main und Berlin (Ullstein) 1963

    Letztes Jahr auf Ischia, Roman, Frankfurt am Main und Berlin (Ullstein) 1964; auch als Taschenbuch, Sonderausgabe 1979, Neuausgabe gemeinsam mit *Ein Frühling im Tessin* und *Die Zeit danach*, mit einem Nachwort von Sigrid Bauschinger, 1987; Lizenzausgaben, Übersetzungen

    Alexander der Kleine, Kinderbuch, München (Rudolf Schneider) 1966 [erschienen 1967]; Neuausgaben Bad Aib-

ling (Gundert) 1980 und unter dem Titel *Der kleine Alex-*
ander, Reinbek bei Hamburg (Carlsen) 1988

Der Kokon, Roman, Frankfurt am Main und Berlin (Ullstein) 1966; als Taschenbuch unter dem Titel *Die Zeit der*
Leoniden, Neuausgabe 1982, Lizenzausgaben

Das glückliche Buch der a.p., Roman, Frankfurt am Main
und Berlin (Ullstein) 1970; auch als Taschenbuch, Neuausgabe 1980

Wie Sommer und Winter, Roman (Jugendbuch), Reutlingen (Ensslin und Laiblin) 1971; auch als Taschenbuch
(Ullstein); Neuausgabe unter dem Titel *Komm wieder, Ca-*
tarina (Ensslin und Laiblin) 1980; Neuausgabe (Ullstein)
1989

Überlebensgeschichten, Erzählungen, mit einem Nachwort
von Hans Weigel, Frankfurt am Main und Berlin (Ullstein) 1973; auch als Taschenbuch, Neuausgabe 1986;
Auswahl unter dem Titel *Lewan, sieh zu!*, mit einem autobiographischen Nachwort, Stuttgart (Reclam Universal-Bi-
bliothek) 1974; Lizenzausgabe in Auswahl unter dem Titel
Die Doppelrolle in Japan

Die Weltreise der Ameise, Kinderbuch, Reutlingen (Ensslin und Laiblin) 1974

Jauche und Levkojen, Roman, Frankfurt am Main und
Berlin (Ullstein) 1975; auch als Taschenbuch, Sonderaus-
gabe 1978; als Doppelband gemeinsam mit *Nirgendwo ist*
Poenichen unter dem Titel *Die Poenichen-Romane* 1981;
Neuausgabe des Doppelbandes unter dem Titel *Jauche und*
Levkojen/Nirgendwo ist Poenichen 1985; gekürzte Veröffent-
lichung in ›Readers Digest Auswahlbücher‹, Stuttgart (Das
Beste) 1977; Lizenzausgaben, Übersetzungen u. a. ins
Amerikanische und Holländische

Die Mädchen aus meiner Klasse, Roman, Frankfurt am
Main und Berlin (Ullstein Taschenbuchverlag) 1975,
Übersetzung ins Koreanische

Nirgendwo ist Poenichen, Roman, Frankfurt am Main und
Berlin (Ullstein) 1977; auch als Taschenbuch, Sonderaus-

gabe 1979, Doppelbände (s. u. *Jauche und Levkojen*), Lizenzausgaben, Übersetzung ins Amerikanische

Erfahren und erwandert, Reise-Erzählungen, gemeinsam
mit Otto Heinrich Kühner, Frankfurt am Main und Berlin
(Propyläen) 1979; auch als Taschenbuch (Ullstein)

Das eine sein, das andere lieben, Roman, Frankfurt am Main
und Berlin (Ullstein) 1981; auch als Taschenbuch, Lizenzausgabe

Mein schwarzes Sofa, Aufzeichnungen, Frankfurt am Main
und Berlin (Ullstein) 1981; auch als Taschenbuch

*Wenn du geredet hättest, Desdemona. Ungehaltene Reden un-
gehaltener Frauen,* Hamburg (Hoffmann und Campe) 1983;
auch als Taschenbuch (Ullstein), Lizenzausgaben, Raub-
drucke, Übersetzungen ins Chinesische, Dänische, Finnische, Französische, Griechische, Holländische, Italienische

Was ist schon ein Jahr. Frühe Erzählungen, Frankfurt am
Main und Berlin (Ullstein), 1984; auch als Taschenbuch

Lachen, um nicht zu weinen. Ein Lesebuch, Sankt Augustin
(Richarz) 1984; auch als Taschenbuch (Ullstein)

Die Quints, Roman, Frankfurt am Main und Berlin (Ullstein) 1985; auch als Taschenbuch, Lizenzausgaben

Deine Bilder/Meine Worte, gemeinsam mit Otto Heinrich
Kühner, Frankfurt am Main und Berlin (Propyläen) 1987

Hat der Mensch Wurzeln? Autobiographische Texte, herausgegeben und mit einem Vorwort versehen von Gunther
Tietz, Frankfurt am Main und Berlin (Ullstein) 1988; zugleich als Taschenbuch

Texte für Bilderbücher:

Momoko und der Vogel, 1972; *Momokos Geburtstag,* 1973;
Momoko und Chibi, 1974; *Ein Bruder für Momoko,* 1977;
Momoko ist krank, 1979; *Mal mir ein Haus* (gemeinsam
mit Otto Heinrich Kühner), 1981, alle Hanau (Peters)

Herausgaben:

Botschaften der Liebe in deutschen Gedichten des 20. Jahrhunderts, Frankfurt am Main und Berlin (Propyläen) 1960

An mein Kind. Deutsche Gedichte des 20. Jahrhunderts, Frankfurt am Main und Berlin (Propyläen) 1962

Juist. Ein Lesebuch, Frankfurt am Main und Berlin (Ullstein) 1984

Lesezeit. Eine persönliche Anthologie, Frankfurt am Main und Berlin (Ullstein) 1986

Theaterstücke:

Die Bürgerinnen von Calais, Komödie in vier Akten, 1963

Der Kokon oder Die Verpuppung der Wiepe Bertram. Komödie in vier Akten, 1981; uraufgeführt am 2. 6. 1983 am Grenzlandtheater Aachen

Ungehaltene Reden ungehaltener Frauen. Zehn Monologe für eine jüngere und eine ältere Schauspielerin, 1983; uraufgeführt am 3. 3. 1984 auf der Landesbühne Niedersachsen in Wilhelmshaven

Hörspiele:

Hier darf nur geflogen werden, Erstsendung am 9. 10. 1962, Westdeutscher Rundfunk

Das Telegramm, Erstsendung am 7. 4. 1963, Radio Bremen

Der Haifisch und die Uhr, Erstsendung am 30. 6. 1967, Süddeutscher Rundfunk

Nichts als Theater, gemeinsam mit Otto Heinrich Kühner, Erstsendung am 24. 8. 1970, Hessischer Rundfunk; nachgedruckt in: Otto Heinrich Kühner, *Die Übungspatrone. Hörspiele,* Frankfurt am Main und Berlin (Ullstein Taschenbuchverlag) 1981

Beiträge in Sammelwerken u. ä., die nicht in Bücher der Autorin aufgenommen wurden:

Der Rat der Weltunweisen, Roman, gemeinsam mit Heinrich Böll u. a., Gütersloh (Sigbert Mohn) 1965

Kassel, in: Wolfgang Armin Nagel, *Städte in Hessen*. Mit Textbeiträgen von Karl Krolow u. a., Hanau (Peters) 1972

Herr Wolke lächelt, in: Renate Boldt, Uwe Wandrey (Hrgg.), *Da kommt ein Mann mit großen Füßen. Tag- und Nachtgeschichten. Weckbuch 1*, Reinbek bei Hamburg (Rowohlt Taschenbuchverlag) 1973

Der Gedankenflug, in: Renate Boldt, Uwe Wandrey (Hrgg.), *Quatsch. Bilder, Reime und Geschichten. Weckbuch 2*, Reinbek bei Hamburg (Rowohlt Taschenbuchverlag) 1974; nachgedruckt in: Friedrich Block (Hrg.), *Die beflügelte Schnecke. Grotesker Humor aus sechs Jahrhunderten*, Frankfurt am Main und Berlin (Ullstein) 1988

Woraus ist denn Zement? in: Horst Nitschke (Hrg.), *Wie war das mit dem lieben Gott? Erfahrungen – Erinnerungen – Einsichten*, Gütersloh (Gerd Mohn) 1976

Kassel. Moderne Stadt mit Tradition. Bildband mit Texten von Christine Brückner und Manfred Hausmann, Kassel (Friedrich Lometsch) 1977

Ich bitte dich; Positano (2 Gedichte), in: Jan Hans (Hrg.), *Aber besoffen bin ich von dir. Liebesgedichte*, Reinbek bei Hamburg (Rowohlt Taschenbuchverlag) 1979

Es wagt's der alte Apfelbaum, in: Gerd E. Hoffmann (Hrg.), *Schaffen wir das Jahr 2000?* Düsseldorf und Wien (Econ) 1984

Die Reise nach Utrecht, in: *Heyne Jahresband 1986*, München (Wilhelm Heyne) 1986; auch als Sonderdruck, Gießen 1986

Erfahrungen einer Fußgängerin, in: *Autogramm. Eine Anthologie zum Thema »Automobil«*, Köln (Ford Werke) 1987

Kassandra ist nicht mehr weiblichen Geschlechts, in: Walter Jens (Hrg.), *Leben im Atomzeitalter. Schriftsteller und Dichter zum Thema unserer Zeit*, Gräfelfing vor München (Moos und Partner) 1987

Ich habe nie an Gott gezweifelt, in: Claus Jacobi, Josef Nyary (Hrgg.), *Meine schönste Bibelstelle. Bekenntnisse gläubiger Menschen*, München und Berlin (Herbig) 1988

Worte sind meine Währung, in: Heinz Friedrich (Hrg.), *Mein Kopfgeld. Die Währungsreform – Rückblicke nach vier Jahrzehnten*, München (Deutscher Taschenbuchverlag) 1988

Die beste Telefonnummer, in: Johannes Kuhn (Hrg.), *Manchmal setzt der Himmel Zeichen. Die Bibel in meinem Leben*, Stuttgart (Quell) 1989

Diese Bibliographie strebt – unter den genannten Aspekten – Vollständigkeit an; die sehr zahlreichen Zeitungs- und Zeitschriftenbeiträge, Aufsätze, Kommentare sowie die große Zahl der Rezensionen, die Christine Brückner im Laufe der Jahre schrieb und veröffentlichte, zu erschließen war hier nicht möglich. D. Hrg.

Autoren-Hinweise

Sigrid Bauschinger, 1934 geboren, studierte Literatur und Philosophie in Frankfurt. Seit 1968 lehrt sie deutsche Sprache und Literatur an der Universität von Massachusetts. Veröffentlichungen zur modernen deutschen Literatur, u. a. *Else Lasker-Schüler. Ihr Werk und ihre Zeit*, 1980, Mitverfasserin von *Amerika in der deutschen Literatur*, 1975, Mitherausgeberin von *»Was soll ich hier?« Exilbriefe von Else Lasker-Schüler an Salman Schocken*, 1986, und der *Amherster Kolloquien zur deutschen Literatur*.

Joachim Biener, 1924 geboren, studierte Germanistik und Geschichte in Leipzig, Dissertation über *Fontane als Literaturkritiker*, Habilitationsschrift über Berliner Theaterkritik der zwanziger Jahre, von 1951 bis 1986 Dozent für Literaturgeschichte an der Pädagogischen Hochschule (vor 1972 Pädagogisches Institut) Leipzig, Veröffentlichungen u. a. über Heinrich von Kleist, C. F. Meyer, Fontane, die naturalistische Bewegung, Alfred Kerr, Thomas Mann, Carl Sternheim, Helene Herrmann.

Heinz Gockel, 1941 geboren, studierte Germanistik, Philosophie und Theologie in Freiburg im Breisgau und in Münster; dort promovierte er 1971 und habilitierte sich 1979. Er war Gastprofessor am Middlebury-College in Vermont, USA; seit 1980 ist er Professor für Neuere deutsche Literatur an der Universität Bamberg; Herausgeber der historisch-kritischen Ausgabe der Briefe von und an Friedrich

Heinrich Jacobi, Veröffentlichungen zu Lichtenbergs Aphorismen, zu Max Frisch und zum Mythosbegriff der Neuzeit.

DER HERAUSGEBER:

Gunther Tietz, geboren 1961, aufgewachsen in Kassel, studierte in Berlin Geschichte und Germanistik, schreibt Gedichte *(Die Verteidigung der Schmetterlinge)*, Erzählungen, Feuilletons. Im Ullstein Verlag veröffentlichte er als Herausgeber *Malwida von Meysenbug. Ein Portrait* und *Christine Brückner, Hat der Mensch Wurzeln? Autobiographische Texte.*

Editorische Notiz

Friedrich Sieburgs Rezension *Ausflug mit einer Toten* erschien ursprünglich unter dem Titel *Geliebter Schatten*; der Nachdruck folgt der zweibändigen, von Fritz J. Raddatz herausgegebenen Werkausgabe *Zur Literatur*, hier dem ersten Band, *Zur Literatur 1924–1956*, S. 406–408 (Ullstein Werkausgaben 37061); Copyright 1981 by Deutsche Verlags-Anstalt Stuttgart.

Der Brief von Harry Buckwitz ist leicht gekürzt und wird hier erstmals veröffentlicht mit freundlicher Genehmigung von Frau Nuri Buckwitz.

Der Abdruck der Rezension *Hommage à Theodor Fontane* von Clara Menck erfolgt mit freundlicher Genehmigung von Frau Eva Vezon-Daunis und Herrn Thomas Menck.

Martin Gregor-Dellins Rezension *Aus der Bahn geworfen* erscheint mit freundlicher Genehmigung von Frau Annemarie Gregor-Dellin.

Alle anderen Beiträge erscheinen mit freundlicher Genehmigung der Autoren.

Sigrid Bauschingers Rezension der *Überlebensgeschichten* erschien in amerikanischer Sprache und wurde für diesen Band von der Autorin ins Deutsche übertragen.

Die Beiträge von Heinz Gockel, »*Man darf mich beim Wort nehmen*«. *Die sehr ernsten Sprachspiele der Christine Brückner*, von Joachim Biener, *Die Fontane-Rezeption im erzählerischen Schaffen Christine Brückners*, und von Sigrid Bauschinger, *Christine Brückner: Das Werk und seine Leser*, sind Originalbeiträge für diesen Band.

Auch Wolfgang Frühwalds *Einführung zur Lesung in Augsburg am 6. Juni 1984* sowie das im März 1989 geführte Gespräch des

Herausgebers mit der Autorin, »*Ich will mich verständlich machen*«, werden hier erstmals veröffentlicht.

Über das hier in den Mittelpunkt gestellte schriftstellerische Werk hinaus am Leben, an der Autobiographie der Autorin interessierte Leser seien auf den vom selben Herausgeber besorgten Band autobiographischer Texte *Hat der Mensch Wurzeln?* (Ullstein 1988 und Ullstein Taschenbuch 20979) verwiesen.